马术（赛马）运动系列教材

马术俱乐部运营与管理

Mashu Julebu Yunying yu Guanli

主 编 周东华 吴 钟 余 刚
副主编 刘骁蓓 张 骞 张夏青 周 胜

华中科技大学出版社
http://www.hustp.com
中国·武汉

内 容 简 介

随着我国社会经济的发展和人民生活水平的提高,马术这一特色体育运动越来越普及,作为一种健康、高雅的休闲娱乐活动逐渐受到人们的广泛欢迎。而马术俱乐部的兴起,正是马术运动发展的必然趋势,如何运营和管理好马术俱乐部却是需要科学理论和实践指导的系统工程。本书基于管理学基础理论及俱乐部运营管理理论,针对目前马术俱乐部运营管理的问题和现状,主要从马术俱乐部的运营管理模式、组织结构体系管理、人力资源管理、财务管理、客户服务管理、组织文化管理、信息管理、安全风险管理、绩效管理、品牌管理、营销管理等十一个方面进行了系统阐述。

本书既可作为本科院校、高职高专院校学生学习教材及教师教学参考用书,也可供马术俱乐部管理人员学习参考。

图书在版编目(CIP)数据

马术俱乐部运营与管理/周东华,吴钟,余刚主编. —武汉:华中科技大学出版社,2018.1(2024.12重印)
ISBN 978-7-5680-3607-8

Ⅰ.①马… Ⅱ.①周… ②吴… ③余… Ⅲ.①马术运动-俱乐部-运营管理-高等学校-教材 Ⅳ.①G882.11

中国版本图书馆 CIP 数据核字(2017)第 312239 号

马术俱乐部运营与管理 周东华 吴 钟 余 刚 主编
Mashu Julebu Yunying yu Guanli

策划编辑:周 琳	
责任编辑:张 琳	
封面设计:原色设计	
责任校对:何 欢	
责任监印:周治超	
出版发行:华中科技大学出版社(中国·武汉)	电话:(027)81321913
武汉市东湖新技术开发区华工科技园	邮编:430223
录 排:华中科技大学惠友文印中心	
印 刷:广东虎彩云印刷有限公司	
开 本:787mm×1092mm 1/16	
印 张:13	
字 数:277 千字	
版 次:2024 年 12 月第 1 版第 9 次印刷	
定 价:38.00 元	

本书若有印装质量问题,请向出版社营销中心调换
全国免费服务热线:400-6679-118 竭诚为您服务
版权所有 侵权必究

前　言

目前，马术运动在全世界得到了普及与发展，全世界约有169个国家和地区开展了此项目。随着我国社会经济的快速发展，物质生活资料的不断丰富，人民生活水平也不断提高，人们的闲暇时间增多，对休闲娱乐的需求日益强烈。马术运动作为一种健康、高雅的休闲娱乐活动逐渐受到人们的广泛欢迎。《国务院关于加快发展体育产业促进体育消费的若干意见》(国发〔2014〕46号)明确将马术列为我国体育产业优先发展项目，马术运动作为新兴体育产业有望成为新的消费热点。

在我国，马术运动发展的主要载体是马术俱乐部。目前我国各种规模的马术俱乐部有1000多家，主要分布在东部发达城市周边。尽管中国马术俱乐部的数量正在攀升，但资料显示，全国90%以上的专业马场(马术俱乐部)目前都是"赔本赚吆喝"，仅依靠企业和个人爱好者苦苦支撑。因此，如何运营和管理好马术俱乐部，需要科学、系统的理论和实践指导。

马术俱乐部的运营和管理是一个系统工程。本书基于管理学基础理论及俱乐部运营管理理论，针对目前马术俱乐部运营管理现状和出现的问题，经过教材编委会的多次讨论，主要从马术俱乐部运营管理模式、马术俱乐部组织结构体系管理、马术俱乐部人力资源管理、马术俱乐部财务管理、马术俱乐部客户服务管理、马术俱乐部组织文化管理、马术俱乐部信息管理、马术俱乐部安全风险管理、马术俱乐部绩效管理、马术俱乐部品牌管理、马术俱乐部营销管理等十一个方面进行了系统的阐述。每一章后都附有典型案例，通过理论与案例分析相结合，使读者更容易理解和掌握马术俱乐部运营管理的知识，并将理论知识应用到马术俱乐部运营管理的实践活动中去。

本书是我国首套马术(赛马)运动系列教材之一，是编者多年的教学工作及实践管理的经验总结，同时也是武汉商学院重点科研课题"赛马(马术)人才职业标准研究"(项目编号：2015KA008)和湖北省教育厅人文社科项目"一带一路战略下赛马人才培养鄂疆合作模式研究"(项目编号：17G073)，以及湖北省高等学校优秀中青年科技创新团队计划项目"赛马产业服务与管理"(项目编号：T201628)的研究成果。本书既可作为本科院校、高职高专院校学生学习教材及教师教学参考用书，也可供马术俱乐部管理人员学习参考。

　　本书在编写过程中参考了众多马术运动先进研究成果,也参考了各马术俱乐部的运营管理经验和实践,在出版过程中得到武汉商学院教务处及华中科技大学出版社的大力支持,在此表示诚挚的感谢!

　　本书在编写过程中得到吴钟博士、余刚副教授、刘骁蒨博士、张骞博士、张夏青博士和周胜经济师的大力支持和帮助,对他们的辛勤付出表示衷心的感谢!虽然编委们进行了积极的工作和不懈的努力,但书中难免存在一些疏漏和错误,恳请各位专家、读者给予指教和建议,以期再版修订时不断完善和提高。

　　本书由武汉商学院资助出版。

周东华
于武汉商学院鹤鸣湖畔

Contents 目 录

第一章　绪论 …………………………………………………………………… 1
第一节　马术俱乐部的产生与发展 ………………………………………… 1
第二节　马术俱乐部的概念与内涵 ………………………………………… 4
第三节　我国马术俱乐部的类型与分布 …………………………………… 5
第四节　我国马术俱乐部发展现状及特点 ………………………………… 7
第五节　我国马术俱乐部发展存在的问题与发展趋势 …………………… 8
第六节　学习马术俱乐部运营与管理的作用及意义 ……………………… 13

第二章　马术俱乐部运营管理模式概述 …………………………………… 16
第一节　马术俱乐部运营管理理论基础 …………………………………… 16
第二节　马术俱乐部运营管理模式的概念及内涵 ………………………… 19
第三节　国内外马术俱乐部运营管理模式概况 …………………………… 19
第四节　我国马术俱乐部运营管理模式影响因素 ………………………… 23
第五节　马术俱乐部运营管理对策及建议 ………………………………… 26

第三章　马术俱乐部组织结构体系管理 …………………………………… 31
第一节　组织职能概述 ……………………………………………………… 31
第二节　组织结构形式 ……………………………………………………… 33
第三节　马术俱乐部组织结构案例分析 …………………………………… 41

第四章　马术俱乐部人力资源管理 ………………………………………… 57
第一节　人力资源管理内涵及其组织结构 ………………………………… 57
第二节　人力资源组织职能与作用 ………………………………………… 59
第三节　马术俱乐部人力资源组织结构及职能 …………………………… 62
第四节　马术俱乐部人力资源管理的主要内容 …………………………… 70

第五章　马术俱乐部财务管理 ……………………………………………… 73
第一节　财务管理概述 ……………………………………………………… 73
第二节　财务管理目标 ……………………………………………………… 76
第三节　财务管理的一般原则 ……………………………………………… 84

第四节　马术俱乐部财务管理的任务、程序和内容 …………… 88

第六章　马术俱乐部客户服务管理 ………………………………… 91
　　第一节　客户服务管理的内涵及本质 …………………………… 91
　　第二节　马术俱乐部客户服务管理的组织结构及职能 ………… 92
　　第三节　马术俱乐部客户服务的内容 …………………………… 96
　　第四节　我国马术俱乐部客户服务体系的现状及建议 ………… 99

第七章　马术俱乐部组织文化管理 ………………………………… 105
　　第一节　马术俱乐部组织文化的内涵 …………………………… 105
　　第二节　马术俱乐部组织文化的基本要素 ……………………… 107
　　第三节　马术俱乐部组织文化的功能 …………………………… 109
　　第四节　塑造马术俱乐部组织文化的主要途径 ………………… 111

第八章　马术俱乐部信息管理 ……………………………………… 119
　　第一节　马术俱乐部信息管理的内涵 …………………………… 119
　　第二节　马术俱乐部信息管理的内容 …………………………… 125
　　第三节　马术俱乐部信息管理的方法 …………………………… 128

第九章　马术俱乐部安全风险管理 ………………………………… 135
　　第一节　马术俱乐部安全风险管理概述 ………………………… 135
　　第二节　马术俱乐部安全风险的类型 …………………………… 138
　　第三节　马术俱乐部安全风险防范机制 ………………………… 142

第十章　马术俱乐部绩效管理 ……………………………………… 146
　　第一节　马术俱乐部绩效管理概述 ……………………………… 146
　　第二节　马术俱乐部绩效管理的价值 …………………………… 152
　　第三节　马术俱乐部绩效管理的方法 …………………………… 156
　　第四节　马术俱乐部绩效管理存在的问题 ……………………… 165

第十一章　马术俱乐部品牌管理 …………………………………… 168
　　第一节　马术俱乐部品牌管理概述 ……………………………… 168
　　第二节　马术俱乐部品牌管理的价值 …………………………… 172
　　第三节　马术俱乐部品牌管理的内容 …………………………… 174
　　第四节　马术俱乐部品牌管理的策略 …………………………… 181

第十二章　马术俱乐部营销管理 …………………………………… 190
　　第一节　马术俱乐部营销管理概述 ……………………………… 190
　　第二节　马术俱乐部营销管理渠道 ……………………………… 193
　　第三节　马术俱乐部营销管理趋势分析 ………………………… 196

参考文献 …………………………………………………………………… 200

第一章 绪 论

内容提要

- 马术俱乐部的产生与发展
- 马术俱乐部的概念与内涵
- 我国马术俱乐部的类型与分布
- 我国马术俱乐部运营与管理面临的问题及发展趋势

学习目标

- 掌握马术俱乐部的概念及内涵
- 了解马术俱乐部的发展历程、现状及趋势
- 明确学习马术俱乐部运营与管理的目的及意义

第一节 马术俱乐部的产生与发展

一、马术俱乐部产生的背景

马术俱乐部主要是由马术运动的发展和马术运动项目的推广及普及而逐步形成的。马术俱乐部是马术运动人群接受马术训练、骑乘和比赛等休闲娱乐的主要场所和载体,其产生的原因主要是社会经济和文化发展的推动。

(一) 世界马术运动的发展

马术起源于原始人类的生产劳动过程。马术是从古代的生产和战争中演化而来的,赛马是人类驾驭马匹进行的一种竞技活动,属于马术运动的一个主要的基础项目,它也是世界性的传统体育项目。在公元前 7 世纪,古希腊奥林匹克运动会设立了四驾马车竞赛,在此前双驾马车竞赛已流行。四驾马车竞赛出现的 40 多年后,赛马才改由骑手

驾驭进行。公元前1500年,古埃及人已经开始了骑马竞赛的活动,古罗马时代,人们也在竞技场上把骑马竞赛作为一项娱乐,此后的奥运会上就陆续出现了有马加入的竞赛项目。但是,我们现在所熟悉的马术运动直到18世纪末才成为一个独立的体育项目。大约在16世纪,阿拉伯马传入欧洲大陆,赛马运动随之兴盛,中世纪的古罗马、古希腊骑士精神蔚然成风,成为欧洲贵族们追求的时尚。骑马、赛马作为骑士的七技之一而被贵族们大加炫耀。1174年,在英国伦敦出现了赛马场地,每周五,大批王公贵族云集于此。1195年英国国王查理一世将一袋金子悬赏给在一次赛程为4.828公里赛马比赛的获胜者,这是马术史上有证可考的第一笔赛马奖金。

现代马术运动起源于英国,16世纪传入欧洲。其竞赛方法比古代赛马更先进和科学。因为当时只有王公贵族才能享受此项运动,所以马术运动一直具有无比高贵的气派。加之参赛者都穿着华丽的礼服出赛,且现场观赛者众多,骑士们常常被誉为"运动的王者"。1900年,在第二届现代奥林匹克运动会上,马术的"超越障碍"作为正式比赛项目。在法国巴黎举办了第1次马术国际比赛后,马术运动发展很快。1906年以冯罗森(Clarence von Rosen)伯爵为首的一些瑞典军官向顾拜旦提出马术进入奥运会的建议,并受顾拜旦的委托起草了具体的比赛方案。1907年在海牙举行的奥林匹克代表大会通过了该方案,拟在1908年的伦敦奥运会纳入马术比赛。但是伦敦奥运会组委会未执行该决议。直到1912年在瑞典斯德哥尔摩举行第五届奥运会中,马术才进入奥林匹克赛场,来自10个国家的62名马术选手(均为军官)进行了首届奥林匹克马术项目角逐。马术比赛扩大为盛装舞步赛、超越障碍赛和三日赛三项。从1952年起,女骑师被允许参加奥运会的马术比赛,马术也成为奥运会中唯一一个男女同场竞技的比赛项目。作为一个团队,马匹和选手将共同获得奖牌和名次。1953年举办了首次世界场地障碍马术锦标赛。1966年起开始举办花样骑术锦标赛。2005年7月,国际奥委会第117次全会决定2008年奥运会马术比赛在中国香港举行。

目前,世界上马术运动发展较好的国家和地区有英国、法国、美国、德国、爱尔兰、意大利、澳大利亚、日本以及我国的香港、澳门和台湾地区等。

(二)我国马术运动的发展

我国马术运动的历史源远流长,在汉唐时期,上至王侯将相,下至平民百姓,无论男女老幼均有许多人热衷于骑射、马球等娱乐活动。目前,在我国的新疆、内蒙古等地,也有套马、骑马等一些具有民族色彩的传统马术运动。不过,在国际马术联合会(简称国际马联)规定的比赛项目中,中国的竞技实力仍较弱。我国的现代马术运动始于19世纪60年代,1982年,我国申请加入了国际马联,当年赛马被列入全国锦标赛正式比赛项目,直到1987年全运会结束后才由于重点发展奥林匹克马术项目而停止。1991年4月,中华人民共和国第一个赛马俱乐部在深圳诞生。1992年4月26日,"金马杯中国马王广东邀请赛"在广州市郊黄村开锣。继广州马王赛之后,全国各地的赛马活动此起彼伏,我国赛马运动开始升温。

在我国,由于军事、生产的发展,由此发展而来的马术运动历史悠久,种类繁多。中国的马术文化兴起于周代,商周时期,"御"(驾驭车马)即六艺之一,春秋时期赛马已十分盛行。马术运动在唐代已达到较高水平。至于马球运动,汉魏时期已有记载,当时最具代表性的是马球、马戏,包括舞马和马技。从宋到元、明时期,马球和骑射仍受到重视,但清代禁止异族养马和开展军事体育活动,使马术运动由盛而衰。我国的马术运动是在中华人民共和国成立以后得到重视。20世纪50年代末,国家决定在全国范围内开展马术运动。1979年中国马术协会成立(简称中国马协),1982年加入国际马联,1983年起恢复了全国性马术竞赛活动和奥运会三项赛(盛装舞步赛、超越障碍赛和三日赛)及民间民族马术运动。我国2008年正式有运动员参加奥运会马术比赛。

二、马术俱乐部的发展历程

1734年在美国弗吉尼亚成立了查尔列斯顿马术俱乐部,这是世界最早的马术俱乐部。

1750年在英国的纽马克特由一批贵族资助成立的赛马俱乐部(The Jockey Club),是世界上第一个按照所有权与经营权分离原则运营、具有现代法人治理结构模式的商业化和职业化体育俱乐部。其他许多体育项目也纷纷效仿这种运行模式,并由此开始了世界上最早的体育产业化之路。

19世纪初叶,英国赛马俱乐部的模式流行到美国,许多年轻人纷纷按照英国人的模式成立体育俱乐部,但由于缺少赞助,难以维持。1828年,纽约的一家赛马俱乐部会员考德沃德·科尔顿建议俱乐部出售股票并向观众出售门票,由此开启了体育商业化的先河。

1982年,中国申请加入了国际马联。1985年5月,中国第一家广义上的马术俱乐部——稻香湖乡村马术俱乐部成立。1989年,曾为中国马术运动立下汗马功劳的石景山马术俱乐部成立,创始人正是曾经叱咤摇滚乐坛的黑豹乐队主唱栾树。1991年4月,中华人民共和国第一个赛马俱乐部在深圳诞生。自此,中国的马术俱乐部如雨后春笋般出现,其中运营与管理比较成功的要数香港马会和北京天星调良马术俱乐部,其运营与管理模式堪称中国马术俱乐部的典范标杆。

自2008年北京奥运会我国6名选手首次获得参赛资格亮相赛场后,马术在中国呈现出快速发展之势,也让国人重新认识了马术这项运动。近年来,国内马术俱乐部和马术爱好者的数量不断攀升,具备专业场地、从业者、马匹的俱乐部也逐渐出现,甚至国内骑师中还出现了华天等在国际马术界崭露头角的青年才俊。2012年4月12日,中国国家马术队在北京成立,29名马术运动员正式入选国家队,这意味着中国越来越重视马术运动和马术事业的发展。

第二节　马术俱乐部的概念与内涵

一、俱乐部的概念

基于不同的认识角度，人们对俱乐部的定义也不尽相同，归纳起来，主要有以下几种。

(1)《辞海》定义。我国《辞海》中是这样定义俱乐部的：俱乐部是进行社会、文化、娱乐、艺术活动的团体和场所。

(2) 早期研究者的定义。俱乐部是一群有着相同爱好的人自发地经常进行沟通、交流并举办各种活动的场所。这是对早期俱乐部形成时的一种定义，突出了俱乐部会员具有共同的爱好、自发地组成俱乐部并进行活动。这种定义虽然体现了俱乐部的一些特征，能够给研究者启发，但是不够严谨。

(3) 经济学定义。一个群体自愿共享或共同分担一种或多种因素以取得共同利益，这些因素如生产成本、成员特点或具有排他利益的产品等。

(4) 其他定义。通常来说，俱乐部是针对特定的消费人群，提供相对私密服务的产业和产业机构。日本文部省曾为体育俱乐部下过一个定义：体育俱乐部是以体育爱好者自发性、自主性的结合为基础，为增进健康和促进相互间的协调和睦而进行持续性体育活动的组织。

德国著名学者海尔曼认为，体育俱乐部是一个以自由的成员资格、以成员利益为准则、不依赖第三者、义务参加工作和民主决策为特征的自由团体。

俱乐部的内涵丰富、范畴广泛，其定义应分为狭义与广义两种。狭义的俱乐部是指具有相同特征的人自愿组成或加入，共担成本，并具有一定私密性、小规模、非营利性的会员制组织。其具有的相同特征包括相同或相似的社会地位、收入、兴趣爱好、职业、居住地址等。广义的俱乐部是指具有俱乐部性质的、以会员制为主体或主要盈利方式的营利性或非营利性组织。

二、俱乐部内涵

俱乐部内涵主要体现在两个方面：一是俱乐部会员属性，即寻求成就感和归属感；二是俱乐部本身属性，即排他性和非竞争性。

(1) 成就感。不是什么人都可以成为会员，只有具备一定资格的人才能成为会员。在一些俱乐部，成为会员是一种标志，是一种地位的象征。

（2）归属感。俱乐部就像一个大家庭，会员们在这里可以找到知己，有人倾诉，被人接纳。

（3）排他性。俱乐部就像一张无形的网，将会员与非会员隔离开来，表明会员与非会员的不同。

（4）非竞争性。经济学一直强调俱乐部物品是具有非竞争性的。其含义是俱乐部物品在会员消费时是不会影响到其他会员的，为了保持俱乐部的非竞争性，这就要求俱乐部的规模不能太大。

三、马术俱乐部定义

马术俱乐部是蓄养马匹、提供马匹骑乘体验和骑乘教学的服务机构，有些马术俱乐部还提供其他休闲娱乐康体服务。马术俱乐部一般建在城郊或旅游区，经营目标以繁育马匹为基础，以提供各种娱乐服务、组织和参加赛事等为重点。国外大多数马术俱乐部不但以繁育马匹为基础，训教马匹也成为其工作的重要内容，但大多数的国外马术俱乐部主要提供马术骑乘教学服务。

第三节 我国马术俱乐部的类型与分布

一、俱乐部的类型

（一）按照规模划分

以规模为标准来划分，可以将俱乐部划分为小型俱乐部（会员人数少于50人）、中型俱乐部（会员人数在51～200人之间）和大型俱乐部（会员人数在200人以上）。

（二）按照营利性质划分

以营利性质为标准，可将俱乐部划分为营利性俱乐部和非营利性俱乐部。

（三）按照会员属性划分

以会员属性为标准，可将俱乐部划分为私人俱乐部和大众俱乐部。

（四）按照职业性划分

以职业性为标准，可将俱乐部划分为职业俱乐部和业余俱乐部。

（五）按照经营性质和内容划分

以经营性质和内容为标准，可将俱乐部划分为商务会所型俱乐部、健康休闲型俱乐部、主题型俱乐部和客户型俱乐部。

（六）按照地域性质划分

以地域性质为标准，可将俱乐部划分为城市俱乐部和乡村俱乐部。

二、我国马术俱乐部的分布概况

我国现代赛马始于19世纪60年代。到20世纪30年代，除香港赛马业迅速发展外，全国的赛马场也发展到20多个。上海跑马厅在中华人民共和国成立前一度成为亚洲最大的赛马场。自我国加入国际马联后每年都会举行一次全国马术锦标赛，赛马被列入全国锦标赛的比赛项目，直到后来重点发展奥林匹克马术项目而停止。由于历史原因，赛马活动一度销声匿迹。随着改革开放和市场经济的发展，人们生活水平大幅度提高，思想观念也发生变化，开始向往和追求丰富多彩的文化享受。在这一背景下，赛马项目再度应运而生，发展迅猛。1991年中华人民共和国成立后的第一个赛马俱乐部在深圳诞生，第二年该俱乐部就举行了"猜头马"平地赛。1992年的广州马王赛之后，全国各地的赛马活动此起彼伏，中国赛马运动开始升温。改革开放以后，特别是20世纪90年代以来，我国马术运动在几乎是零的起点上获得了较快的发展。尽管目前我国马术俱乐部的建造水平较低，但近年来通过引进先进设施、积极开展与国外马术交流活动，我国也有少数马术运动设施达到了国际水准，具备了举办国际大赛的条件。如2003年国际马联世界盛装舞步挑战赛在广州黄村训练基地举行。有来自我国新疆、内蒙古、西藏、广东等地区及其他国家的代表队参加了这次挑战赛。随着我国经济的不断发展和人民生活水平的日益改善，曾作为一项贵族运动的马术运动会越来越普及，马术俱乐部也会越来越多。到目前为止我国的马术俱乐部接近1000家，主要分布在东部发达城市周边，其中大部分集中在北京、上海、广州、深圳等大城市，并且大量高档房地产项目和旅游发展项目也开始介入现代马术俱乐部。

三、我国马术俱乐部的主要类型

据统计，截至2016年3月10日，我国大陆地区马术俱乐部数量达到823家，俱乐部类型主要包括对外经营型俱乐部、会员制俱乐部、私人马场和竞技型俱乐部等。详见《马术》杂志提供的数据图1-1。

图 1-1 我国大陆地区马术俱乐部主要类型图

第四节 我国马术俱乐部发展现状及特点

2008年北京奥运会之前,我国的马术俱乐部呈现的特点有以下几个方面。

(1)基本都是民营资本,经营者大多数是爱马且财力雄厚的企业主,客户群主要是企业主、企业高管、白领和演艺明星等。

(2)投资额低至十万、高至几百万,马匹数量在十几匹到几十匹之间,以国产马和半血马居多。

(3)主要经营马匹寄养、提供会员与散客的马匹骑乘体验与教学服务,但很少有能提供专业马术教学的。

(4)大部分鲜有盈利,靠老板的主业收入来支撑维持。

2008年以后,我国的马术俱乐部总数在持续上涨的同时出现了以下一些新的发展趋势。

(1)职业资本甚至国有资产逐渐进入,投资规模迅速上升。

(2)马匹数量增多,纯血马、阿拉伯马以及温血马的比例显著上升。

(3)地域分布和经营项目开始走向多元化,儿童开始成为重要客源。

(4)省市级马术俱乐部协会数量增加,赛事明显增多。

第一,如今我国马术俱乐部进入了迅速发展的阶段,但缺乏与社会环境的和谐统一。第二,我国马术俱乐部发展虽潜力大,但其布局不均,缺乏策略指导。第三,我国马术俱乐部已形成产业链雏形,但产业结构混乱。第四,我国马术俱乐部运营已呈现多元化,但俱乐部本身缺乏竞争力。

第五节　我国马术俱乐部发展存在的问题与发展趋势

一、我国马术俱乐部发展存在的问题

我国马术发展模式不同于美国的休闲骑乘模式和德国的马术教学模式。我国马术运动的经营方式主要是以俱乐部模式为主的会员制方式,俱乐部以马术为主题平台提供针对会员的马术技术培训,通常建在城郊或旅游区。大多数俱乐部的经营状况并不理想,造成这种局面的原因是多方面的,主要体现在以下几方面。

（一）民众对马术运动的认识依然严重不足

马术在人们心中仍然是一个模糊的概念,民众对马术运动的认识依然严重不足,马术运动的普及程度很低,大多数人觉得去景区骑马照相或者骑在马背上溜达两圈就是马术,缺乏广泛的群众基础。

（二）建设运营成本高昂,多数马术俱乐部承受不起

马术运动涉及马匹的繁育、饲养、进出口检疫、日常护理、兽医以及马术和骑师用品采购等众多环节,成本高昂,部分马术俱乐部因承担不起费用而被迫关门,资金无疑是阻碍我国马术运动发展的巨大障碍之一。马术运动被称为马上的贵族运动,它的耗资可想而知。国外马匹的价格很高,一匹成年马的价格一般都是几千美元,拍卖会上好品种的一岁马的价格一般都在4000万美元左右。马匹的相关物品也是很昂贵的,无论是几百美元的服装还是几千美元的马具,以及马匹的高额饲养费用等,都令人望而生畏。马术运动开销不菲,因为马匹需要专业机构繁育、认证和检疫,再加上饲养、护理和运输的费用,开支巨大。在我国马术界,大部分的马术选手来自私人的马术俱乐部,由于马术运动的日常维护费用普通人负担不了,许多优秀的选手都不得不因为资金的问题最终选择了退出,即使有的选手坚持下来,也会由于训练水平的参差不齐和训练经费的不足导致与其他运动员竞技水平悬殊较大。

尽管中国马术俱乐部的数量正在攀升,但资料显示,全国90%以上的专业马场目前都是"赔本赚吆喝",仅依靠企业和个人爱好者苦苦支撑。如南京国家赛马场历经十运会的盛况后,便基本闲置,每年亏损600多万元;新疆博乐赛马场,除了博州一年一度的那达慕草原节在此举办外,其余时间基本属于闲置状态。由此可见,因为马术运动在国内没有形成成熟的产业链,也不能够产生规模效益和良好的经济收益,最终很难吸引更多的民间资本继续投入。而耗资巨大的马术运动,如果单单依靠国家的投入是远远不够

的,而且也不现实,必然需要走出一条适合马术运动生存的市场化道路,最终与国际化的管理接轨。

(三)经营模式单一,马术俱乐部的场地、设备和马匹利用率很低

大多数马术俱乐部没有全天候的室内马术场地,这导致马术运动受天气和季节影响明显,在雨雪天、过于严寒或闷热的天气时马术运动难以开展。由于消费主要集中在假期和周末,平时马术俱乐部的场地、设备和马匹利用率很低,经常处于闲置或半闲置状态,但日常的运营成本却在持续增长,导致入不敷出。

(四)缺乏行业标准,没有完善的马术法律法规

目前国内的马术体制尚未健全,很多选手在国外训练,由于检疫的原因,马匹带回国后就不能再带出国外,这样对于运动员和马匹都是一种损失。

(1)相关制度建设落后。西方发达国家马术运动的发展实践证明,马术运动市场离不开法治的规范和约束。由于我国马术运动相关制度建设落后,马术运动市场存在着准入门槛低、服务不到位、相关职业技能标准模糊等突出问题,在我国高端体育运动快速发展的同时,相关的制度建设却相当落后,在马术运动发展过程中,建立专业服务人员的技能标准和马术运动从业人员审批制度是非常重要的,一旦标准缺失,就会使市场陷入混乱,只有依照相关规定对马术运动的资源开发和市场进行监管,才是维护马术运动市场健康发展的必要手段。

(2)马术运动相关法律的缺失。马术运动发展迅速,与我国的经济、社会、文化等多个行业密切相关,相关法律的出台对马术运动发展至关重要。从目前的总体市场来看,包括马术运动在内的我国俱乐部市场秩序、市场体系、法律法规体系及监督机制不够完善,马术市场活动中出现的很多问题经常由于无法可依而得不到解决。有关部门要加快完善相关法律法规的步伐,要用法律来约束和规范高端体育市场活动中的主体,保障合法权益,是我国马术运动产业发展的必然要求。在我国现有的法律环境下相关法律体系远远不能适应马术运动的发展需求,马术市场的快速、健康的发展迫切需要相关法律的制定。

(五)专业马术俱乐部运营管理人才缺乏,不能满足俱乐部需求

大中专院校对马术运动普遍缺乏关注,全国仅几所院校开设相关专业和方向,但招生人数远不能满足俱乐部发展的需要。此外,目前国内优秀的马术教练、马术人才奇缺。由于马术在国内尚处起步阶段,很多人只是作为业余爱好,真正懂马术与马术教学的专业人员屈指可数。人才的极度缺乏也导致了中国马术暂时很难走向国际,很难与世界顶级选手一较高下。

通过对马术从业人员的调研发现,87.6%的从业人员半路转行进入赛马(马术)产业

就业。从业人员大多没有经过系统性的专业学习和训练,其知识体系结构、应用能力、素质水平、学习创新能力都难以适应我国赛马(马术)产业的快速发展的需求。令人遗憾的是,我国高等教育中本科层次培养赛马(马术)产业人才的专业尚未出现。与之相关的是,目前除了武汉商学院开设了马术运动与管理(体育经济与管理本科专业方向)本科课程,其他只有中国农业大学、青岛农业大学、内蒙古农业大学开办了动物科学(马科学专业方向)本科专业,该专业主要面向马属动物的育种与繁殖、营养、医学等方面,而对于直接面向赛马(马术)产业现实人才的需求,该专业的人才培养显得杯水车薪,高素质专门型人才的供需矛盾无法缓解。除此以外,北京体育大学成立了马术运动学院、上海体育学院开始招收马术专业专科学生、山东体育学院也开设了相关专业,天津体育学院2009年与武汉商学院合作培养马术运动竞赛与管理方向的体育专业硕士,其他的还有四川传媒学院、山东旅游职业学院、青岛科技大学、内蒙古师范大学、兴安职业技术学院、云南体育运动职业技术学院、辽宁林业职业技术学院、山东畜牧兽医职业学院、新疆昭苏县马术学校等也开设了相关专业。但总体而言,赛马(马术)产业领域人才无论是数量上还是质量上,都难以适应当前马产业发展需求。据估计,我国赛马(马术)产业未来20年需要从业人员约300万人,因而培养赛马(马术)产业人才刻不容缓。

(六) 政府支持不足

2014年,由中国马术协会和国家体育场主办、多美马术承办的北京国际马术大师赛在北京举行,这是中国首次举办的国际马联三星级(FEI CSI3)马术障碍赛,代表中国马术障碍赛的最高级别,填补了奥运会马术项目未能在内地举办的遗憾;2016年,中华人民共和国农业部在回复政协十二届全国委员会第四次会议3048号提案答复中提出支持湖北、新疆结合本地实际,统筹现有资金和渠道,支持新兴赛马竞赛表演业的发展,并明确告知中央财政通过现代农业生产发展资金支持包括马业在内的农业发展;2017年,中华人民共和国文化部采取央地共建的方式支持马文化特色小镇的建设等,但这些政策的受惠面及影响度还是远远不够支撑马术运动产业链的发展。

(七) 盈利模式的盲目

马场投资对盈利模式和核心竞争力考虑不足,出现冲动型投资比较常见。很多项目没有引入行业专家进行项目的前期可行性研究,投资往往是根据投资者个人的马术爱好或马术情结,或者是当地政府或投资商的某种宣传需要,而不是根据市场需求;投资往往是根据个人的主观设想,而不是根据对国内市场与当地消费形态和消费习惯的调研;投资往往是针对速度赛马或泛马场马术(或场地障碍),而缺乏单项特色、地域特色和竞争优势,在众多竞争中难以保持其竞争优势。所以,在马场选址、核心马术项目的选择、人群的定位等方面,如果投资人过于主观,那么在项目一开始便埋下了经营失败的种子。

(八)技术水平和专业标准的缺失

据调查,不少马场建设和管理水平,以及运动马匹的采购,取决于总教练或马房经理的水平与偏好。而且目前国家行业标准还没有完备和推广,导致投资人无所适从,盲目跟随落后的技术与观念,在马场建设方面缺乏细节,经验主义成分多,缺乏全面性、系统性和前瞻性,缺失标准以及缺失专业的质量监管。例如,全国现有俱乐部中有90%的俱乐部比赛训练场地设施及地面不符合专业要求,对马匹易造成伤害,有60%的俱乐部的马厩不符合专业要求。

(九)马场营销推广手段落后

不少行业专家、顾问都是侧重于技术,如马匹繁育、马术竞赛等,对于马术企业的经营实战缺乏经验,对于马术消费者行为分析和市场运营缺乏第一手资料。所以不少投资人和投资顾问乐于思考马场建设的细节,却不敢面对经营推广的细节;重视硬件设施,忽视服务和软件环境;投资花钱踊跃,而推广销售乏力;另外,守株待兔的经营,使不少马场陷入恶性循环。马术运动的潜在人群在哪里?如何低成本地吸引他们?如何有效地影响他们进行消费?这是需要重视的专业问题。

(十)机构不全,方向不明

我国现代马术运动的起步较晚,相关的组织机构和管理体系尚未健全,如马匹的繁育、认证、检疫、饲养、护理、运输、医疗、服务、调教、钉掌、训练、管理、科研等,对马术运动的性质和特征还有待深入研究。我国马术运动朝哪个方向努力和发展,现在还处于探索和认识阶段。

二、我国马术俱乐部未来发展趋势

马术运动历来以其快捷、惊险、雄健、优美的特色,吸引着越来越多的人参与。从休闲健康的角度看,经常骑马,可使人的体型更匀称、结实,精神更振奋、自信;经常观看赛马操练,可从赛马、骑师拼搏中激发竞争意识,不知不觉陶冶了性情,这些促进人类更加深入地了解马匹,使人与马的关系达到一种更完美的境界;马术还能够缓解和治疗人类的心理疾病。因此,这项运动在中国属于朝阳产业,亟须大力发展。随着社会经济的发展,我国马术俱乐部要想改变目前亏损的状况,需要在运营与管理方面做出变革,借鉴国外马术俱乐部成功运营的经验,结合中国的经济发展模式,未来的马术俱乐部将朝着更加专业化、多元化、联盟化和合作化的方向发展。

(一)多数俱乐部平民化,部分马术俱乐部高端化、国际化

随着社会经济的发展、居民经济收入的提高,以及我国体育产业的发展和马术运动

的普及,加之人们对健康和休闲娱乐运动的重视,未来的马术运动将是多数人的选择和参与的活动,因而未来大多数马术俱乐部的定位都应将目光瞄向普通大众,少数俱乐部可以走精英高端化的路线,因而未来的马术俱乐部的运营应该根据参与的人群特征进行分类、分层的差异化经营。同时通过建立国际体系认证以及与国际马术机构和马术赛事的交流和参与,使得中国的马术运动逐步与国际接轨,逐步走向国际化。

(二)马术俱乐部经营项目多元化

根据消费者对马术运动需求的不同,马术俱乐部应该提供适合消费者需求的服务活动,因而马术俱乐部应该采取多元而不是单一的服务模式,包括产品的多元化、品类的多元化以及服务的多样化,如将马术与农庄文化相结合,马术与旅游探险相结合,马术与展会相结合等。

(三)马术俱乐部的职能分工化、专业化

未来的马术俱乐部的管理要更加专业化,内部分工要更加细致,不能一人身兼数职,而应该是专业人做专业事,人尽其才,才尽其职,同时运用科学的管理技术和管理方法加强俱乐部的运营,这样才能提供更加高效、高质量的服务,从而促进马术俱乐部持续稳定的发展。

(四)马术俱乐部发展联盟化

以后的马术俱乐部不再是单兵作战,而是以省、市为单位甚至以国家为单位将所有的马术俱乐部联合起来,成为一个统一的马术产业联盟,大家取长补短,互通有无,协同作战,整合资源,形成强大的产业链,或者通过收购、并购、加盟、连锁经营等方式增强马术俱乐部发展的一体化。

(五)马术俱乐部与其他行业的合作化

在未来互联网更加发达的时代,借助大数据和"互联网+",马术俱乐部与其他行业需要紧密合作,产生合力,如马术与旅游合作形成马术+旅游,马术与农业合作形成马术+生态农业,马术与医疗合作形成马术+康复保健产业等。

(六)马术俱乐部发展和谐化

马术俱乐部发展和谐化主要是指未来的马术俱乐部要想持续运营发展,需要与社会的经济和文化发展相协调,与自然环境和谐发展,与其他俱乐部、其他体育产业和谐发展,与农业、畜牧业及旅游业和谐发展,总之,是产业的共同和谐发展。

(七)马术俱乐部发展信息化

21世纪是信息化的世纪,在这个信息高度发达的社会,信息为王。随着大数据的广

泛应用,马术俱乐部的管理也应该与时俱进地采取信息管理模式。开发各种马术俱乐部骑乘App,运营与管理好马术俱乐部微信公众号及马术俱乐部网站,做好马术俱乐部会员、顾客、马匹、马主等的数据收集、信息管理,才能使马术俱乐部更好地掌握马匹、马主、会员、员工、顾客的需求动态,从而进行更加科学和人性化的精准管理。因而,未来的马术俱乐部运营管理"得信息者得天下"。

第六节　学习马术俱乐部运营与管理的作用及意义

一、有利于促进马业的发展、促进体育产业的发展

马术俱乐部的发展是马业和马术运动发展的载体,加强马术俱乐部的运营与管理,促使更多的资本投入马产业,吸引更多的居民参与马术运动,成为马术俱乐部会员、马主甚至马术赛事运动员,有利于促进马业的发展与繁荣,促进体育产业的发展。

二、有利于提高马术俱乐部的运营与管理水平,提高马术俱乐部盈利能力

通过理论学习与实践研讨,掌握马术俱乐部内部的组织运行规律,掌握马术俱乐部人力资源管理、财务管理、客户服务管理、组织文化管理、品牌推广管理、营销绩效管理、安全风险管理、信息管理等内容和知识,并在实践中应用,总结经验教训,从而提高个人运营和管理马术俱乐部的水平,让马术俱乐部扭亏为盈,持续健康发展。提高马术俱乐部的盈利能力,能解决社会就业问题,创造更多社会财富。

三、有利于推动马术俱乐部资源整合,促进马术俱乐部持续健康发展

通过学习马术俱乐部运营管理相关知识,有效整合马术俱乐部内部人、财、物、信息等资源,发挥马术俱乐部运营管理的整体功能,优化资源,提高马术俱乐部品牌影响力,促进马术俱乐部快速、持续、健康发展。

案例分析

我国台湾地区的马术运动

我国台湾地区目前有近60家马术俱乐部,有近1000匹运动用马。台湾的马术运动

的发展历程如下。

1. 初级阶段(1973—1993年)

1973年当时台湾地区只有两座马场：台中后里马场及台北骑马俱乐部，均隶属于台湾当局警备总部管辖。后里马场于1952年5月成立，为联勤种马牧场，主要是以改良马种、繁殖军需、民用马匹和延续传统骑兵与马政为目的。之后于1997年由后里乡公所代管，转型为以观光休闲为目的，向马场公园化、设施现代化、经营多元化等方向发展。马场内处处绿草如茵，百龄以上的古树苍翠萧郁，马嘶鸟鸣，更保存了传统马场的历史建筑物。台北骑马俱乐部则因土地被台北市政府收回，回归公园用途。

为促进养马事业，发展全民马术运动，培养教练、裁判、选手与掌工，并能参与亚运会，进军奥运会，政府指示军方警备总部筹备组成中华马术协会。培养的相关裁判、教练、选手、兽医、掌工等渐渐形成健全体系，早期马术教练、裁判、选手有九成以上均来自这两个马术基地。

中华马术协会以人才培训为重点工作，改善马术环境，积极提升专业知识和技术，持续选派如孙清廉、林增雄、陈庆文、白捷勇、杨敦义、蔡惠祥、彭惟珂、钟彦晖、吴上林、赵善德、李政宪、刘泓邑、梁永昌等先后到其他国家接受教练、裁判训练，以充实协会发展。同时聘请外籍教练来我国台湾地区担任教职，使选手获益良多。1988年5月聘请香港赛马会掌工师谭铃泰先生来台湾地区进行为期两周的掌工技术与观念提升训练，当时的15名学员，至今仍是岛内掌工的主流骨干。

民间马术俱乐部也陆陆续续开办，经过十余年的耕耘，终于在1989年汉城举办的第一届亚洲马术障碍超越赛中第一次获得国际正式锦标赛奖牌，郑益昌获得金牌，高经清获铜牌，谢焕祥取得第六名。

2. 近阶段(1993—2006年)

因台湾当局警备总部裁撤马术协会事务交棒给民间马术俱乐部主导，于1994年日本主办的广岛亚运会上赢得了空前战果。在场地障碍赛中，林增雄任教练，黄汉文、周明坤、陈辉铭、苏政宏四位选手获得团体银牌；在马场马术赛中，钟彦晖任教练，康瑜、陈祥甫、蓝忠雄三位选手获得团体铜牌。其中，陈祥甫先生为马主，后在上海经商，其余两位教练、六位选手现均各自经营或管理马术俱乐部，奉献于马术界。

2002—2005年FEI挑战杯马场马术全球第九区排名赛中，在St George级、Advanced级、Novice级三个级别分别多次获得前三名。

思考与讨论：请阅读本案例并查阅我国台湾地区马术运动及马术俱乐部运营管理相关资料，小组讨论并阐述台湾地区马术运动及马术俱乐部发展特点及现状、存在的问题，以及我们可以借鉴的经验。

复习思考题

1. 目前我国的马术俱乐部主要表现为哪些类型？

2. 我们为什么要重视马术俱乐部的运营与管理？
3. 目前我国的马术俱乐部运营管理存在哪些方面的问题？
4. 学习马术俱乐部运营与管理有什么作用及意义？

（周东华）

第二章　马术俱乐部运营管理模式概述

内容提要

- 马术俱乐部运营管理模式理论
- 马术俱乐部运营管理模式的概念及内涵
- 国内外马术俱乐部运营管理模式概况
- 我国马术俱乐部运营管理模式影响因素
- 马术俱乐部运营管理对策及建议

学习目标

- 掌握马术俱乐部运营管理的理论基础
- 理解马术俱乐部运营管理模式的概念与内涵
- 了解国内外马术俱乐部运营与管理模式
- 分析我国马术俱乐部运营管理模式的影响因素

第一节　马术俱乐部运营管理理论基础

一、马斯洛需求层次理论

马斯洛需求层次理论把需求分成生理需求(physiological needs)、安全需求(safety needs)、爱和归属感(love and belonging)、尊重(esteem)和自我实现(self-actualization)五类,依次由较低层次到较高层次排列,其具体含义如下。

(一)生理上的需要

这是人类维持自身生存的最基本要求,包括饥、渴、衣、住、性的方面的要求。如果这些需要得不到满足,人类的生存就成了问题。从这个意义上说,生理需要是推动人们行动的最强大的动力。马斯洛认为,只有这些最基本的需要满足到维持生存所必需的程度后,其他的需要才能成为新的激励因素,而到了此时,这些已相对满足的需要也就不再成为激励因素了。

(二)安全上的需要

这是人类要求保障自身安全、摆脱事业和丧失财产威胁、避免职业病的侵袭、接触严酷的监督等方面的需要。马斯洛认为,整个有机体是一个追求安全的机制,人的感受器官、效应器官、智能和其他能量主要是寻求安全的工具,甚至可以把科学和人生观都看成是满足安全需要的一部分。当然,当这种需要一旦相对满足后,也就不再成为激励因素了。

(三)爱和归属的需要

这一层次的需要包括两个方面的内容。一是友爱的需要,即人人都需要伙伴之间、同事之间关系的融洽或保持友谊和忠诚;人人都希望得到爱情,希望爱别人,也渴望接受别人的爱。二是归属的需要,即人都有一种归属于一个群体的感情,希望成为群体中的一员,并相互关心和照顾。感情上的需要比生理上的需要来得细致,它和一个人的生理特性、经历、教育、宗教信仰都有关系。

(四)尊重的需要

人人都希望自己有稳定的社会地位,要求个人的能力和成就得到社会的承认。尊重的需要又可分为内部尊重和外部尊重。内部尊重是指一个人希望在各种不同情境中有实力、能胜任、充满信心、能独立自主。总之,内部尊重就是人的自尊;外部尊重是指一个人希望有地位、有威信,受到别人的尊重、信赖和高度评价。马斯洛认为,尊重需要得到满足,能使人对自己充满信心,对社会满腔热情,体验到自己活着的用处和价值。

(五)自我实现的需要

这是最高层次的需要,它是指实现个人理想、抱负,发挥个人的能力到最大程度。达到自我实现境界的人,接受自己也接受他人,解决问题能力增强,自觉性提高,善于独立处事,要求不受打扰地独处,完成与自己的能力相称的一切事情的需要。也就是说,人必须干称职的工作,这样才会使他们感到最大的快乐。马斯洛提出,为满足自我实现需要所采取的途径是因人而异的。自我实现的需要是在努力实现自己的潜力,使自己越来越成为自己所期望的人物。

二、消费者需求理论

消费者需求理论是西方经济学理论中的一个重要内容。我国的市场由卖方市场转变为买方市场以后,研究消费者需求理论,对于指导企业的生产和经营有着十分重要的意义。需求就是指消费者具有货币支付能力的实际需要,具体包括两个方面的内容:一是消费者的实际需要;二是消费者愿意支付并有能力支付的货币数量。前者取决于消费者实际需要的商品的价格(P)和替代商品的价格(P');后者取决于消费者的实际收入水平(I)和消费者的支付心理(E)。于是,消费者需求可以用函数模型表示为

$$Q = f(P, P', I, E)$$

根据函数模型,可以得出以下结论。

(1) 消费者需求由消费者的实际需要决定。

(2) 消费者需求量总是受消费者收入水平的限制。作为理性的消费者总是希望用较少的钱去获得尽可能多的商品。因此,商品的价格与需求量成反比例关系。

(3) 消费者的收入增加,有利于消费支出的增加。但是理性的消费者绝不会愿意用更多的钱去购买与过去完全同质的商品。因此,只有提高商品的档次,才能满足收入增加后的消费者的实际需要。

(4) 只要有替代商品存在,相互替代的商品的价格由商品的差异决定。

三、俱乐部理论

根据布坎南(Buchanan,1958)的俱乐部理论(club theory),任何一个产品(包括物品、服务甚至社会价值观)效用对于每一个人都是不同的,只有具有类似消费水平和偏好的人,才能支付和消费以共享为特征的公共物品。布坎南认为,俱乐部理论可以解释从纯粹私人物品到纯粹公共物品的所有情况,纯粹私人物品就是最优会员数量为1的物品,而纯粹公共物品是最优会员数量为无穷大的物品。绝大多数物品都介于二者之间,具有某种程度上的公共性和私人性,其最优消费集体成员数量大于1小于无穷大。俱乐部理论的核心问题,是决定俱乐部的最优规模(成员数量)和成员对俱乐部物品最优消费之间的相关关系。

俱乐部理论认为,通过某些技术设计或制度设置能够实现公共物品消费的排他性。通过排除部分公共成员参与和"搭便车",俱乐部能够以私人的、自愿的方式提供公共物品。俱乐部物品对于俱乐部以外的消费者是可以有效实施排他的,因而俱乐部物品都是具有排他性的物品。俱乐部是能够以合理成本建立排他机制的集团,只要排他机制的成本低于获取的收益,这种安排就有效率性质。俱乐部是这样一种组织,只对其成员开放,对成员提供集体物品,但成员为此付费,付费的典型形式是支付入会费或使用费,具体可以通过设置收费亭、警卫、围墙或者售票处等方式实现收费,进而实现排他。只有那些付费的人才能够通过排他设置并使用有关物品或享用特定服务。

俱乐部在一定会员规模以内,会员之间并不产生排他性、竞争性,而超过一定人数则会产生拥挤效应,即随着新成员的加入,俱乐部公共产品边际收益呈现递减状态。这时,就会有一个俱乐部的最佳规模的确定问题。

俱乐部成员的效用受到三个因素影响,即私人物品消费量、俱乐部物品消费量、俱乐部的拥挤程度。任何一个社会成员都力求个人效用最大,为此他首先得决定是否加入俱乐部。而一旦加入俱乐部后,他还得决定对俱乐部的利用率。如何利用俱乐部又取决于俱乐部物品数量、成员人数和会费。这些都是俱乐部一般理论要解决的问题。当每个社会成员实现最大个人效用时,我们就说实现了俱乐部内外同时均衡。

第二节 马术俱乐部运营管理模式的概念及内涵

一、运营管理和模式的概念

运营管理(operation and management)是指对运营过程的计划、组织、实施和控制,是与产品生产和服务创造密切相关的各项管理工作的总称。运营管理的对象是运营过程和运营系统。运营过程是一个投入、转换、产出的过程,是一个劳动过程或价值增值的过程,它是运营的第一大对象,运营必须考虑如何对这样的生产运营活动进行计划、组织和控制。运营系统是指上述变换过程得以实现的手段。它的构成与变换过程中的物质转换过程和管理过程相对应,包括一个物质系统和一个管理系统。

模式(pattern)是指某种事物的标准形式或使人可以照着做的标准样式。

二、马术俱乐部运营管理模式的概念

马术俱乐部运营管理模式就是指在马术俱乐部运营过程中的计划、组织、领导、控制、决策和创新等管理职能所采取的标准形式或样式。马术俱乐部的运营管理模式对于俱乐部是否盈利以及是否能持续稳定发展具有很重要的意义,因此每一位马术俱乐部的管理人员都应非常重视该俱乐部的管理模式。

第三节 国内外马术俱乐部运营管理模式概况

一、国外马术俱乐部运营管理模式

(一)美国——休闲骑乘马业模式

马业对美国的贡献远远超于铁路、广播电台和电视,无论是就业等社会效益还是对

于财政收入等经济贡献都十分巨大。在美国,马业的主要发展模式为休闲骑乘马业模式,有数据显示美国有43%的马用于休闲骑乘,马的主要功能不是耕作、交通运输,而是提高国民生活质量、满足人们的精神需要。典型代表地区为"世界马都"的美国肯塔基州。

休闲骑乘的马业活动主要有竞技比赛、展示表演以及其他一些活动,这些活动主要是在城市举行,而养马却多在农村。这样的运营模式最大的好处就是为农村人民提供了工作,为城市居民提供了娱乐,是双赢的举措。

(二)德国——马术教学+马匹交易模式

德国马术教学主要有两个目标客户群:高端马术爱好者和专业马术运动员。高端马术爱好者基本上由成功的企业家、高收入的自由职业者(如医生、律师等)组成。专业马术运动员则大部分来自国外,如邻国奥地利、南美洲的智利和玻利维亚、亚洲的印度和日本。俱乐部为专业马术运动员定期开设训练营,聘请顶尖教练授课,如前世界冠军胡戈·西蒙和前奥运冠军伊莎贝尔·维特。

马匹交易是俱乐部的另一个重要收入来源。俱乐部与遍布德国各地的马场建立了业务联系,并且创建了俱乐部内部使用的马匹信息数据库,详细记录待售马匹血统、年龄、系谱、特点等,参加过比赛的成年马还附有成绩一栏。在商务旅游方面,俱乐部为世界各地前来德国进行商务考察的旅行团展示德国的马术运动,提供接触德国马文化的机会。

(三)法国——俱乐部联盟经营+建立区域联合体+跨行业合作模式

法国马术俱乐部的成功发展不仅是因为其完善的硬件设施和拥有大量的专业人才以及规范的法律体系,更取决于其良好的发展模式。法国也是奥林匹克马术运动和世界平地赛马运动发展较好的国家,法国的赛马在欧美久负盛名。赛马除了有博彩意义之外,对于喜爱马的法国人而言,赛马本身也是一种文化。如今全法国有274个跑马场、3500名马主,共有5万人从事与赛马有关的工作。

法国马术俱乐部采用携手合作、共同营销的方式。因此马术俱乐部的发展可以通过俱乐部之间相互联合宣传、经营等建立区域性的联合体,推出逐站式的体验线路等。或者可以跳出行业圈,联合消费群体交叉度较高、特质相投的其他行业主体(如高尔夫俱乐部、户外运动俱乐部等),通过会员共享、积分累积、合办活动等方式开展跨行业合作。以此克服力量薄弱、市场狭小、竞争加剧的困难,实现互惠共赢。

(四)英国——皇室支持+完整马产业链+深厚马文化+赛事+育马+教育+多功能经营模式

英国是英纯血马的故乡,也是世界赛马业的发源地。赛马业是英国马业的核心,由英国赛马委员会全英赛马业的管理机构进行管理。英国的马术运动历史悠久,得到了英国皇室成员支持和推动,英国女王及其皇室成员都是爱马人士,有的甚至本人就是国际马联官员或者曾获得马术运动赛事的冠军,因而,在英国上至皇室下到普通百姓,都积极参与马术运动,尤其是英国的赛马产业链完整且发展成熟,赛马博彩业的发展也极大地推动了马术运动的繁荣,2015 年,观看马术运动赛事的英国观众有 6800 万人,同时英国建有多个马术特色小镇,比较出名的有纽马基特、切尔滕汉姆,以及利物浦安翠赛马场、英国皇家赛马场、塞伦赛斯特马球场等,每年举办种类繁多的马术赛事。

英国的马场和马术俱乐部的主要运营特色为通过赛事带动育马、马术培训,同时安排婚庆、会议、展览、演唱会等多种功能和活动,成功实现马场的运营。

(五)澳大利亚——顶级设施+赛事+时尚+美食+休闲+多功能运营模式

澳大利亚的马文化非常丰富,通过以马文化为载体,打造高端且设施功能齐全的马场、会所和马术俱乐部,通过定期的马术赛事及表演和特色活动(如墨尔本杯赛马会、赛马嘉年华、美食节、时尚比赛等),带动观众在时尚及美食方面的消费,同时通过组织婚庆、展览、时装发布会、时尚聚会等多元化经营实现俱乐部盈利。

二、国外马术俱乐部运营管理模式总结

(一)经营模式多元化

小到以骑乘为主的散养马场,再到以单项马术运动为主的俱乐部,大到马术文化主题公园,除了简单的马上休闲以外,俱乐部的经营项目走向多元化,与马术休闲有序衔接的住宿、餐饮、会议、娱乐、水疗、垂钓等让会员在马术俱乐部的体验更加丰富且有乐趣。特别值得一提的是城市马术文化主题公园,利用马术运动场与城市公园的共性,通过科学、合理的园林和马场设计,将二者功能融为一体,发挥不同作用。邀请不同的马术俱乐部在其中设立分区,不但提高了俱乐部的知名度,而且发挥了极大的经济效益,人们可以在其中以骑乘的方式逛公园,也可以在不同的场地上进行不同的马术活动,还可以观赏不同的马术表演。公园可以定期举办嘉年华、派对、中小型赛事、马术用品展及提供马术体验等。更多元化的经营项目,更多元化的经营模式,使马术俱乐部的发展道路格外宽阔。

(二)管理模式专业化

俱乐部的场地维护、马房管理、会籍营销、赛事组织管理都可以进行外包,这样各个环节专业性都会变强且资源整合合理,并不断促进每一行业的规范化和优质化。如专业的咨询公司可以提供专业且国际性的马匹投资、养护管理、调查研究等咨询服务。专业成熟的赛事运营策划管理公司,对广告商、赞助商及媒体的成功运作,可以扩大俱乐

部举办马术赛事的影响力。大量的中介组织通过旅行社与俱乐部的运作,可以帮助俱乐部接洽各种旅游大型活动等。俱乐部的专业化的分工与俱乐部的发展,二者相互促进,形成良性循环的产业链。

(三)马术俱乐部组织之间的联盟化

一枝独秀不是春,百花齐放春满园。未来的马业发展,一个组织的力量肯定敌不过多个组织的团队力量。因此未来的马术俱乐部应该形成联盟,合作发展。通过资源共享,互通有无,取长补短,共同进步,共同发展,促进马业的不断壮大。

三、国内马术俱乐部运营管理模式概况

(一)国内马术俱乐部主要经营模式

1. 会员制模式

会员制模式主要是以马术为主题平台,提供针对培训会员、马主会员、家庭会员的马术培训、马匹管理、马术赛事,以及个人家庭休闲度假和聚会等相关服务,具体如表2-1所示。

表2-1 国内马术俱乐部的会员制模式

会员模式	目　　的	服　务　内　容
培训会员	1.推广、提高马术运动在国内的发展; 2.培养马术运动人才; 3.搭建国际交流平台	1.提供一流的培训环境; 2.科学、系统、安全的教学体系; 3.针对会员水平设计培训计划; 4.组织马术赛事; 5.培养马术运动管理人才
马主会员	1.推广马术运动的发展; 2.传播身心健康、绿色环保的运动理念; 3.满足会员专属服务以及社会认同的需求	1.提供科学、系统的马匹饲养及管理服务; 2.提供系统、安全的马术培训; 3.参与马术赛事、公益慈善活动
家庭会员	1.传播身心健康、绿色环保的运动理念; 2.推广马术运动发展; 3.助力和谐社会、温馨家庭建设	1.提供家庭休闲度假平台; 2.量身制作家庭会员专属平台

2. 马术赛事等活动的策划、举办模式

很多马术俱乐部具备举办马术赛事的条件,承担举办马术赛事,并以此获得知名声誉与经济效益。

3. 开展社会性活动

有很多马术俱乐部会举办一些公益、慈善活动,获取社会效益等。

（二）国内马术俱乐部主要盈利模式

国内马术俱乐部目前的盈利模式主要有三种,即销售型、服务型和租赁型(图 2-1)。

(1) 销售型盈利模式包括会员会籍、马匹销售、游客散骑、门票、马具和文化用品销售等。

(2) 服务型盈利模式包括餐饮娱乐、博彩、表演和礼仪服务、竞赛赞助等。

(3) 租赁型盈利模式包括场租收入、场地户外广告等。

图 2-1 国内马术俱乐部主要盈利模式

（三）国内马术俱乐部功能分类

目前国内的大部分马术俱乐部的功能主要体现在让消费者或者会员进行骑乘体验,进行马术赛事或表演的观赏,进行马术运动学习以及参加马术运动过程,具体表现如表 2-2 所示。

表 2-2 国内马术俱乐部功能分类

功 能 区 块	主 要 内 容
体验区	普通骑乘体验、盛装舞步骑术体验、场地障碍骑术体验、教学体验、儿童骑乘体验等
表演比赛区	标准的室内或室外盛装舞步比赛场所、标准速度赛马场所、标准马球比赛场所、观众台、调教区等
教学培训区	理论教学区、技术实践区
休闲骑乘区	马车骑乘区、野外散骑区、牛仔骑乘区等

第四节 我国马术俱乐部运营管理模式影响因素

目前我国大多数马术俱乐部采取的运营管理模式既有内部因素的影响,也有外部因素的影响,主要体现在以下几个方面。

一、内部因素

（一）马术俱乐部的规模对马术俱乐部运营模式的影响

不同规模的俱乐部对马术俱乐部的影响是不同的,规模较大的俱乐部其配套设施也会非常完善,例如北京天星调良马术俱乐部会所建筑面积达 10000 平方米,集室内马术场馆、会员运动与休闲区、品牌马具专卖店、高档餐厅、酒吧、多功能厅、会议室等于一身,更有会员专属的红酒雪茄吧及精品酒店式客房等配套设施,其低调奢华的氛围与用心独到的服务令各界到访者宾至如归,全面的配套设施让会员得到一种贵族般的享受,也吸引更多的人前来。但是,在我国大多数俱乐部都是中小型的,相应的配套设施也不太完善,只能为会员提供骑乘服务,没有其他与马相关的内容,使会员得不到全面的享受。来马场骑马的大多是白领、企业家等,他们来这里是希望得到放松、享受自然,所以马场的建设需要配制更多的休闲娱乐项目,如餐饮、住宿、垂钓等,这些项目也能为俱乐部带来或多或少的利润。

(二)马术教练的技术对马术俱乐部运营模式的影响

马术教练对马术俱乐部有至关重要的作用。会员与马术教练相处时间是最长的,会员会根据马术教练的技术来判断俱乐部的好坏。根据调查发现,我国大多数马术俱乐部的教练没有等级证,对教练的技术水平没有明确的定位,大多数马术俱乐部就是通过教练的骑乘经验和比赛成绩来决定教练的技术等级。马术教练的技术也是马术俱乐部的软实力,高水平的马术教练更有利于马术俱乐部的发展。

(三)马术教练的自身素养对马术俱乐部运营模式的影响

马术教练是俱乐部主要服务活动的实施者,也是会员和俱乐部之间的纽带。马术教练的自身素质直接影响到马术俱乐部的整体服务水平和整体形象。在俱乐部的发展过程中,马术教练的自身素养起着非常重要的作用。但是根据调查,大多数马场的马术教练文化水平较低,文化程度大多在高中及以下,没有文化理论的支撑,技术再好的马术教练也很难把自己的学员教得很好,很难把技巧表达出来,这也制约着马术俱乐部的持续发展,目前马术俱乐部雇佣教练员多只强调个人技术和在该行业从业的年份。客户要的是快乐骑乘,在快乐中感受马术,在快乐中学习马术,而这正是目前大多俱乐部教练的短板。对所雇的教练的服务水平一定要有要求,这直接关系到俱乐部的发展,对此可以参考健身会所私人教练服务。目前健身会所的教练以体育专业毕业的大学生居多,而马术教练行业目前仍然难以吸引接受过高等教育和良好职业化训练的人,从业人员普遍是从小"会"骑马,进城就当"马术教练"的人,这也是目前中国马术行业发展的一个大瓶颈。同时,经常骑马的人中,越来越多的是高知高收入人群,对教练服务的需求越来越高,这个需求,更多的是对教练员的综合素质的需求。

(四)消费者选择偏好对俱乐部运营模式的影响

由于马术俱乐部在我国出现较晚,人们对其了解不多,价格成为消费者感受马术俱乐部最直接的切入点。价格的适宜程度关系到马术俱乐部经营的好坏,不同的马术俱乐部可根据马场建设规模分别采用不同的定价模式,灵活运用定价模式来吸引消费者。

马术俱乐部营销应有明确的目标消费者,而现有的马术俱乐部还往往停留在以大众为目标市场的阶段上。没有或很少根据不同消费者的需要对市场进行细分,市场开发程度低,远远不能满足各类消费者的需求。部分马术俱乐部主要以俱乐部门店周边的人群为营销对象,影响力及号召力大大低于预期。另一类是以其昂贵的会费而将普通消费者拒之门外,使这一原本应相当普及的产业变成了富裕人群的活动。个性化服务薄弱、服务深度不够导致马术俱乐部的市场开发有一定的难度。大多数俱乐部服务态度一般,服务内容缺乏特色,轻视售后服务,不注重改革和创新,很可能导致好不容易发展的会员被其他俱乐部轻易挖走,给俱乐部造成难以弥补的损失。许多马术俱乐部不重视宣传和推广,不善于根据俱乐部特点和时机来树立服务品牌,知名度较低,甚至根本不为人知,会员稀少,自然失去对消费者的吸引力。另外,经营方式落后,也是影响消费者选择马术俱乐部的原因。

二、外部因素

(一) 政治环境

随着北京奥运会的举行,我国的体育产业也逐渐走上转型的道路,由过去的非市场化向市场化转变,并且随着经济的不断增长,人们的收入不断增加,人们对健康的意识也不断加强,所以运动休闲产业飞速发展,作为休闲娱乐中贵族运动的马术也逐渐被人们接受和推崇。马术俱乐部不仅为马术运动提供全面的服务,还衍生出更多休闲活动,成为众多休闲娱乐活动中不可或缺的一员。国家对马术运动的发展也非常重视,2008年北京奥运会的马术项目安排在香港地区举行,更加刺激了马业在内地的发展。奥运会后,内地涌现出许多马术团体和组织,各种马术比赛和与马有关的展会也越来越多。目前我国马业的发展面临很多的问题:马匹的繁殖和饲养、骑手的培训、马术俱乐部的管理水平如何统一规范等,这些都制约我国马业的发展,中国马术协会为了从根本上解决行业内部体系的标准化、专业化和规范化的问题,历时一年建成了"中国马术俱乐部专业考试与评级2010版"体系,借以更好地推动我国马术俱乐部的发展,从而促进我国马业的繁荣。

(二) 经济环境

虽然中国的GDP在逐年增长,但人均收入仍增长缓慢。马术俱乐部发展的整体经济基础还十分薄弱。马术消费对于中国的人均收入而言完全是高消费,只有部分经济发达城市的高收入人群才具备消费能力,所以中国尚不具备马术俱乐部发展的经济条件,这也是制约马术俱乐部一定时期内在全国全面发展的原因。只有人均GDP实现足够的增长,才可能实现马术俱乐部更健康的发展。所以马术俱乐部需要在此基础上控制发展速度,要以市场需求为基础,在保证服务质量的基础上追求俱乐部规模的扩大。

(三) 文化环境

我国是世界上养马历史最悠久的国家之一,也是马文化比较发达的国家之一。随着社会的进步和经济的发展,马术运动的休闲性逐渐被发掘,马术运动成为人们一种新的休闲活动。由于骑马具有强烈的运动刺激加之其绿色健康的理念不仅满足了人们增强体质、舒展身心的需要,还使得人们更加热爱自然和动物。马文化最本质的特征体现出人与马的关系,反映着人与自然的互动和谐,所以马术俱乐部在我国发展已经有了深远而持久的文化底蕴,但是还应处理好不同区域马文化的冲突,努力兼容传统和现代的马文化、民族和西方的马文化。随着人们生活水平的提高,人们对文化需求、健康需求的增加,发扬既往马文化的深刻内涵,将之与现代马业文化结合起来,使之产业化、国际化,培育经济的新的增长点,是符合现代马文化的发展方向,也是极有潜力的。

(四) 技术环境

在我国,马术行业还处于起步阶段,我国马术俱乐部所处的技术环境还比较落后。不管是从马场建设还是对俱乐部的管理都无法与国外发展成熟的马术俱乐部相比较。目前,我国马术俱乐部多数是由一些马术爱好者建成,没有资金的支持,没有专业的管理人才,也没用统一的交易平台,这些都不利于我国马术俱乐部的发展。根据我国的实际情况,可以借鉴西方产业化道路,建立适合我国马术俱乐部发展的产业链。

第五节 马术俱乐部运营管理对策及建议

一、加强宣传力度,拓宽营销渠道

在马术发展过程中,其受众率的大小跟宣传营销有着很大的关联性,为此,马术俱乐部应该通过网络、电视、报刊等多种渠道开展宣传,也可以发行俱乐部的内部刊物。鉴于网络宣传成本低、传播快、覆盖广,应善加利用。同时,基于现代马术运动的休闲特性及其消费人群的特征,可考虑将商务人士比重较大、消费能力较强的民航与高铁乘客作为重点宣传对象,将随机、随车读物作为重要的宣传载体。举办赛事活动、节日活动也是推广马术运动、提高俱乐部知名度和影响力的有效途径,具体形式可以是马术大奖赛、马术嘉年华、马术用品展、骑马旅行体验、俱乐部开放日等。力求通过多形式、多渠道的努力,传播马术休闲文化,培育并扩大消费人群。

二、加强行业内及行业间的合作,形成区域凝聚力

法国马术俱乐部发展较好,很大原因在于其采用携手合作、共同营销。因此马术俱乐部的发展可以通过俱乐部之间相互联合宣传、经营等建立区域性的联合体,推出逐站式的体验线路等。或者可以跳出行业圈,联合消费群体交叉度较高、特质相同的其他行业主体,如高尔夫俱乐部、户外运动俱乐部、汽车俱乐部、金融机构、航空公司、SPA 和温泉度假村、礼仪服务公司等,通过会员共享、积分累积、合办活动等方式开展跨行业合作。以此克服力量薄弱、市场狭小、竞争加剧的困难,实现互惠共赢。

三、延伸经营产业链,实现多元化经营

利用马术俱乐部的场地及经营活动内容,可与马术休闲活动、旅游、地产等实现有序衔接,例如,可与旅游业中的六大要素以及休闲地产中的别墅度假等结合开展多元化经营。同样由于马术俱乐部目标顾客的中高端性,还可以与商务会议、企业聚餐、会展等相结合,承接某些活动,拓宽经营渠道。另外,还可通过组织举办专业性的马术赛事,从场地出租、广告招商等环节中获利也是可行的办法。此外,俱乐部还可以考虑开发并销售马术纪念品,如纪念 T 恤、鞋帽、工艺品等。如此不仅能拓宽盈利渠道,也可降低因天气和季节因素给经营带来的不利影响。

四、推进行业标准与规范体系建设

日本赛马业的顺利开展很大程度上得益于赛马法和日本中央赛马会法等相关法律规范体系。行业标准和规范体系也是行业成熟的标志,任何行业的健康发展都离不开标准与规范。我国马术俱乐部正处在发展上升期,行业标准与规范体系的建设至关重要。

鉴于我国马术俱乐部行业标准与规范体系建设尚处于初级发展阶段,为此可借鉴马术发展成熟的美国、日本、德国等的成功做法与经验,并结合我国特殊国情,考虑我国马术休闲产业的发展现状与趋势,科学推进行业标准与规范体系建设。

五、完善人才机制,加大人才培训力度

人才是企业的核心竞争力,也是产业可持续发展的基础,马术业同样也不例外。而目前我国马术业人才正存在马术休闲专业人才匮乏的问题,很多俱乐部只能去国外聘请相关专家来指导、培训,这样一来,除了会增加成本外,一个没有核心人才的企业是很难具有很大吸引力和长久发展时效力的。因此,马术俱乐部要想适应发展趋势,必须在

人才培养方面下功夫。

对于人才机制的完善,可以通过两个渠道:一方面要靠企业自身的努力,聘用专业教练,培训属于自己的团队;另一方面要发挥大中专院校的人才培养主渠道功能。就企业而言,要在经营中不断挖掘、培育、造就人才,逐步形成自我"造血"能力;就院校而言,要根据社会需求和自身特点,适时调整专业设置,加快师资和课程体系建设。在此基础上,可开展校企合作,引入有经验的国际优质教育资源。

六、争取政府支持

政府的态度对产业的发展有重要影响。在我国政府的扶持力度和产业发展效率在很大程度上是成正比的。所以马术业的发展一定要依据国家政策发展,争取国家支持、政府扶持,从而为其顺利发展争取一个良好的政策环境。

天星调良马术俱乐部

天星调良马术俱乐部(图2-2)位于北京市区东北的中央别墅区,地理位置较为便利,距离首都机场1800米,周围有很多高档社区,这为该俱乐部的发展提供了客源基础。

图2-2　天星调良马术俱乐部

天星调良马术俱乐部总占地面积约80000平方米,主要配套设施有标准的场地障碍赛训练场和马术训练专用场地及一个小型的室内训练场,包括两片比赛用场地、一片舞步练习场地、四片大面积草地等。俱乐部拥有欧洲温血马、纯血马、国产马共90余匹。

天星调良马术俱乐部的最大特色是针对少儿马术非常专业。该俱乐部始建于1999年,现已经中英马术俱乐部认证为四星级马术俱乐部,提供马术训练、教学服务等,会员中外籍人员相对较多。

1.经营模式

天星调良马术俱乐部的经营模式(表2-3)是以马术运动为核心业务,其他辅助业务只是以马术运动所需要的配套项目为主,并没有进行深入的产业化延伸与扩展。整个俱乐部集中精力在马术培训、赛事等方面,因此在未来还有很大发展空间。

表 2-3　天星调良马术俱乐部的经营模式

	项目内容	备　注
经营项目	两片比赛用场地(60米×90米)	其中一片设有灯塔六座,是国内唯一一片可用做夜间比赛和训练的场地
	一片舞步练习场地(20米×40米)	—
	四片大面积草地	可承载活动,比赛或活动时搭建舞台、产品展示、酒会用餐等
	小型的室内馆(25米×68米)	内部设有观众席,有奢华的休息室和酒吧
	一个欧洲古典马术文化会所	—
	一个马具店	
经营状况	中外会员中签约会员2000余名,来自中国及其他二十多个国家及地区的成人与青少年长期接受马术培训,其中大多数为私营业主、使馆人员、企业高管等高端人群	

2. 项目特色

• 突出马术教学培训

天星调良马术俱乐部聘用顶级教练,并根据会员不同情况量身制订教学训练计划。为来自中国及其他二十多个国家及地区的成人与青少年长期进行马术培训、教学服务、训练专业的马术团队,在少儿马术方面做得非常出色。

• 高端延伸项目

在马术活动的基础之上,根据需要以及目标顾客群体特征,延伸出一些高端商务活动,例如时尚杂志年会、名品汽车试驾、高级珠宝发布会、大型银行高端客户马术活动、私人聚会等活动。

• 国外会员相对较多

该俱乐部采用中英文配合教学,聘用可进行双语沟通的教练,是我国最为国际化的俱乐部,从整体会员来看,国外会员占到60%左右。

思考与讨论:请阅读本案例,查阅更多关于天星调良马术俱乐部运营管理的资料,讨论并分析天星调良马术俱乐部的运营管理特色及可以值得借鉴的运营管理模式。

案例分析2

京城马汇(北京)国际马术俱乐部

京城马汇(北京)国际马术俱乐部(以下简称京城马汇)是面向海内外领导高尚国际马术社交品位,提供高端商务活动和休闲享受的私人马术俱乐部,在国际马术运动及马术俱乐部权威和国内马术界领袖指导下,吸纳优秀的国际俱乐部资深专家和运营人才,通过有效的国际合作,加入国际知名俱乐部连锁品牌和马术俱乐部会员体系,在引进先进的管理方法和经验的基础上结合北京市场的特性和俱乐部本身的高端金融背景及潜在客户资源,形成京城马汇的完整国际马术俱乐部管理体系,成功打造"京城马汇"品牌。京城马汇致力于积极发展与国内外知名企业、外交使团、金融机构和各类高端会员俱乐部的社交关系,与机构和个人会员合作,以策划、推广、组织、承办不同规模的高端机构和品牌的马术主题商务活动经营为主,针对不同客户的特定需求制订不同的活动解决方案(马术活动、场地安排、会议及宴会安排等),突出针对会员的个性化私密性服务,探索领导高端商务和休闲度假潮流,与国际顶级会员俱乐部宴会、会议活动策划和服务方式接轨,提供全天候灵活的、适合各种选择的中西式餐饮和酒水服务,最大限度地提高投资效益。

俱乐部的宣传定位和形象定位是"国际顶级私人俱乐部品位,国际马术标准倡导者,领先企业品牌及商务活动服务方案提供商,私密、时尚、健康",以京城马会鲜明的标志及充满活力的各种宴会、会议、社交、商务活动方式进行会员宣传。

京城马会的服务定位是给予机构和会员人性化的无微不至的关怀,从赛事安排、场地管理维护、马术训练、活动策划及细节落实和会所服务的方方面面,充分体现投资者和经营者的高水准,使会员拥有与众不同的优越感受。为突出京城马汇的核心服务优势,组建高质量训练有素的私人会籍顾问、私人教练、私人服务助理、私人商务秘书团队,为不同机构客户和会员建立详尽、细致、适时、动态的且为全体员工熟知的档案系统,以便随时准确提供高度个性化服务解决方案。借助国际马会的吸引力,吸引目标机构和个人购买不同类别的京城马汇卡,填写准会员表格,即可获认为临时会员(但无正式会员权益)。俱乐部的会籍销售人员将收集这些表格,并与每个填表人联系,约定时间邀请他们来参观俱乐部。参观时,工作人员将介绍并演示俱乐部的设施及服务,以吸引客户认同京城马汇的高尚品位和会籍资源的稀缺性,使其意识到俱乐部的贵族价值和益处,未来以购买会籍方式成为正式会员,并取得全球联网俱乐部体系的使用权限,国际奢侈品消费和服务行业领先企业是京城马汇最具获利潜力的大活动市场及潜在会员和获取商业赞助收入的重要来源之一,推出俱乐部会籍品种展示、组织马术文化讲座、奢侈品沙龙和其他高端社交活动,以吸引目标群体购买会籍的热情。

思考与讨论:仔细阅读京城马汇(北京)国际马术俱乐部的运营管理资料,请总结分析该马术俱乐部运营管理模式并分析其优点和缺点。

复习思考题

1. 国外马术俱乐部运营管理模式有哪些类型?有哪些优点?
2. 国内马术俱乐部运营管理模式存在哪些问题?
3. 影响马术俱乐部运营管理模式的因素有哪些?
4. 如何完善目前我国马术俱乐部运营管理模式?

(周东华)

第三章　马术俱乐部组织结构体系管理

内容提要

- 组织职能概述
- 组织结构形式
- 马术俱乐部组织结构案例分析

学习目标

- 掌握组织结构体系的概念及内涵
- 了解组织体系管理的意义与作用
- 明确马术俱乐部组织体系及模型

第一节　组织职能概述

一、组织的含义

(一) 组织的一般含义

组织是为了达到某一些特定目标,在分工合作的基础上构成的人的集合。组织作为人的集合,不是简单的毫无关联的个人的叠加,它是为了实现一定目的有意识地协同劳动而产生的群体。要理解组织的含义,可以从以下几方面来掌握。

1. 组织是一个人为的系统

任何组织都是由一定数量的个人及其个人之间的关系组成的。

2. 组织必须有特定目标

任何组织都是为了实现某些特定的目标而存在的,不论这种目标是隐性的,还是明确的,目标是组织存在的前提和基础。

3. 组织必须有分工和协作

分工与协作关系是由组织目标限定的,只有进行合理的分工与良好的协作,才能提高实现目标的效率。

(二) 管理学中组织的含义

在管理学中,组织的含义可以从静态与动态两个方面来理解。从静态方面看,指组织结构,即反映人、职位、任务以及它们之间的特定关系的网络。这一网络可以把分工的范围、程度、相互之间的协调配合关系、各自的任务和职责等用部门和层次的方式确定下来,成为组织的框架体系。从动态方面看,指维持与变革组织结构,以完成组织目标的过程。通过组织机构的建立与变革,将生产经营活动的各个要素、各个环节,从时间上、空间上科学地组织起来,使每个成员都能接受领导、协调行动,从而产生新的、大于个人和小集体功能简单相加的整体职能。

组织一般有正式组织与非正式组织两种类型。其中,正式组织一般是指组织中体现组织目标所规定的成员之间职责的组织体系。通常谈到的组织都是指正式组织。在正式组织中,其成员保持着形式上的协作关系,以完成组织目标为行动的出发点和归宿点。非正式组织是在共同的工作中自发产生的、具有共同情感的团体。非正式组织形成的原因很多,如工作关系、兴趣爱好关系、血缘关系等。非正式组织常出于某些情感的要求而采取共同的行动。非正式组织对正式组织有非常重要的影响,管理者应高度重视非正式组织的影响。

二、组织的作用和实质

(一) 组织的作用

组织的作用主要表现在以下三个方面。

第一,有效的组织,是进行决策的基础,是实现组织目标的保证。

第二,有效的组织,是综合发挥人力、物力、财力以及技术、信息等资源,以实现管理综合效益的合理结构体系。

第三,有效的组织,会创造一种良好的工作环境,使组织中的每一个人都能为完成群体的目标做出最大的贡献。

(二) 组织的实质

组织的实质在于它是进行协作的人的集合体。管理的组织职能主要是设计、形成和保持一种良好的、和谐的集体环境,使人们能够相互配合、协调行动,以获得优化的群体效应。

管理的根本动力是充分发挥人的积极性、主动性和创造性。而要做到这一点，就必须通过合理的分工，建立机构，分布责权利，沟通联系制度等管理活动，维持一种发挥人的主动性、积极性和创造性的集体士气、气氛、风气，使每个人形成强烈的事业心、进取心，以及为实现组织目标而共同奋斗的集体精神。

管理组织的实质，最明显的表现是组织成员为实现共同的目标而有效地工作，表现在组织机构运行的高效化上，组织高效化有以下四种衡量标准。

第一，管理效率高，层次简明合理，很少出现"扯皮"现象。

第二，信息传输迅速而准确，使组织的领导者能及时掌握新的情况，做出相应决策。

第三，任用合理，人人都能在自己的岗位上充分发挥作用，人与人之间的关系和谐、协调。

第四，组织的总体目标和计划已被组织工作分配下去，使得目标和计划的完成有了切实保障。

第二节　组织结构形式

不同的组织有不同的特点，不可能使用统一的组织模式，所以，在设置组织结构时，需要选择适当的组织结构形式。组织结构形式是组织结构框架设置的模式。组织结构框架设计包括纵向结构设计和横向结构设计两个方面，通过机构、职位、职责、职权以及它们之间的相互关系，实现纵横结合，组成不同类型的组织结构。常见的组织结构有以下几种类型。

一、直线制组织结构

直线制组织结构又称"军队式组织"，是人类社会各种组织存在的最基本形式，也是一种最古老和最简单的组织结构形式，这种组织结构没有管理职能部门，组织中每一位管理者对其直接下属行使直接职权；组织中每一个人只能向一位直接上级报告，即"一个人，一个头"；管理者在其管辖的范围内，有绝对的职权或完全的职权。从最高层到最低层实现直线垂直领导，组织系统职权从组织上层"流向"组织基层。上下级关系是直线关系，即命令与服从的关系。直线制组织结构示意图如图3-1所示。

直线制组织结构的优点：结构比较简单，职权与责任分明，权力集中，命令统一，控制严密，信息交流少，联系便捷，更容易适应环境的变化，管理成本较低。

直线制组织结构的缺点：它采用直线主管方式，违背专业化分工的原则。在组织规模较大的情况下所有管理职能都集中由一个人承担是比较困难的，部门间协调差。对主管要求较高，需要直线主管掌握多种知识和技能，亲自处理各种业务，另外权力过分

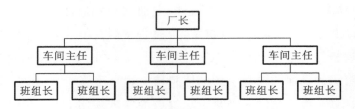

图 3-1　直线制组织结构示意图

集中,容易出现权力滥用的现象。

这在组织规模比较大、业务比较复杂的情况下,把所有管理职能都集中到最高主管一个人身上,显然是难以负荷的。因此,直线制组织结构只适用于规模较小、生产技术简单的企业,对生产技术和经营管理比较复杂的企业并不适宜。

二、职能制组织结构

职能制是指设立若干职能机构或人员,各职能机构或人员在自己的业务范围内都有权向下级下达命令和指示,即各级负责人除了要服从上级直接领导的指挥以外,还要受上级各职能部门或人员的领导。职能制组织结构示意图如图 3-2 所示。

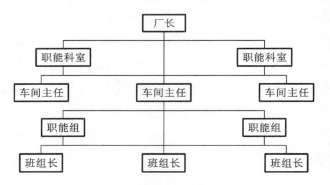

图 3-2　职能制组织结构示意图

职能制组织结构的优点:能适应现代化工业企业生产技术比较复杂、管理工作比较精细的特点;能充分发挥职能机构的专业管理作用,减轻直线领导人员的工作负担。

职能制组织结构的缺点:它妨碍了必要的集中领导和统一指挥,形成了多头领导;不利于建立和健全各级行政负责人和职能科室的责任制,在中间管理层往往会出现"有功大家抢,有过大家推"的现象;当上级行政领导和职能机构的指导和命令发生矛盾时,下级就无所适从,由于这种组织结构形式的明显缺陷,现代企业一般都不采用职能制。

三、直线-职能制组织结构

直线-职能制,或者称为直线参谋制。它是在直线制和职能制的基础上取长补短,吸取这两种形式的优点而建立起来的。目前,绝大多数企业都采用这种组织结构形式。这种组织结构形式是把企业管理机构和人员分为两类:一类是直线领导机构和人员,按命令统一原则对各级组织行使指挥权;另一类是职能机构和人员,按专业化原则,从事组织的各项职能管理工作。直线领导机构和人员在自己的职责范围内有一定的决定权和对所属下级的指挥权,并对自己部门的工作负全部责任。而职能机构和人员,则是直线指挥人员的参谋,不能对直线部门发号施令,只能进行业务指导。直线-职能制组织结构图如图3-3所示。

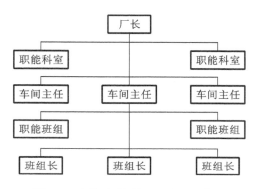

图 3-3　直线-职能制组织结构示意图

直线-职能制组织结构的优点:命令统一,职责明确,专业化管理程度较高,组织稳定。它既保证了管理体系的集中统一,又可以在各级行政负责人的领导下,充分发挥各专业管理机构的作用。

直线-职能制组织结构的缺点:职能部门之间缺乏交流、协作和配合,职能部门与行政负责人之间容易产生摩擦,组织系统的灵敏度较低,下级的许多工作要直接向上层领导报告请示才能处理,常常造成企业运作效率低下。

四、事业部制组织结构

事业部制是欧美国家及日本大型企业所采用的典型的组织形式,因为它是一种分权制的组织形式。最早是由美国通用汽车公司总裁斯隆于1924年提出的,故有"斯隆模型"之称,也叫"联邦分权化",是一种高度集权下的分权管理体制。它适用于规模庞大、品种繁多、技术复杂的大型企业,是国外较大的联合公司所采用的一种组织形式,近几年我国一些大型企业集团或公司也引进了这种组织结构形式。在企业组织的具体运作中,事业部制又可以根据企业组织在构造事业部时所依据的基础的不同区分为区域事业部制、产品事业部制等类型,通过这种组织结构可以针对某个单一产品、服务、产品组合、主要工程或项目、地理分布、商务或利润中心来组织事业部。区域事业部制以企业组织的市场区域为基础来构建企业组织内部相对具有较大自主权的事业部门;产品事业部则依据企业组织所经营的产品的相似性对产品进行分类管理,并以产品大类为基础构建企业组织的事业部门。

事业部制是分级管理、分级核算、自负盈亏的一种形式,即一个公司按地区或按产品类别分成若干个事业部,从产品的设计、原料采购、成本核算、产品制造,一直到产品销售,均由事业部及所属工厂负责,实行单独核算、独立经营,公司总部只保留人事决策、预算控制和监督大权,并通过利润等指标对事业部进行控制。也有的事业部只负责指挥和组织生产,不负责采购和销售,实行生产和供销分离,但这种事业部正在被产品事业部所取代。还有的事业部则是按区域来划分。这里就产品事业部和区域事业部做些简单的介绍。

(一)产品事业部(又称产品部门化)

按照产品或产品系列组织业务活动,在经营多种产品的大型企业中早已显得日益重要。产品部门化主要是以企业所生产的产品为基础,将生产某一产品有关的活动,完全置于同一产品事业部内,再在产品事业部内细分职能部门,进行该产品的生产、销售等工作。这种结构形态,在设计中往往将一些共用的职能集中,由上级委派以指导各产品部门,做到资源共享。产品部门化组织结构示意图如图3-4所示。

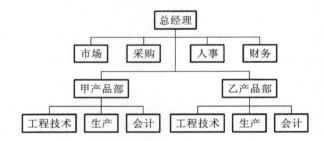

图3-4 产品部门化组织结构示意图

产品部门化的优点主要有:

第一,有利于采用专业化设备,并能使个人的技术和专业化知识得到最大限度的发挥;

第二,每一个产品部都是一个利润中心,部门经理承担利润责任,这有利于总经理评价各部门的政绩;

第三,在同一产品部门内有关的职能活动协调比较容易,比完全采用职能部门管理更有弹性;

第四,容易适应企业的业务扩展与业务多元化要求。

产品部门化的缺点主要有:

第一,需要更多的具有全面管理才能的人才,而这类人才往往不易得到;

第二,每一个产品分部都有一定的独立权力,高层管理人员有时会难以控制;

第三,对总部的各职能部门,例如人事、财务等,产品分部往往不会善加利用,以致总部一些服务不能获得充分的利用。

(二)区域事业部(又称区域部门化)

对于在地理上分散的企业来说,按地区划分部门是一种比较普遍的方法。其原则是把某个地区或区域内的业务工作集中起来,委派一位经理来主管。按地区划分部门,特别适用于规模大的公司,尤其是跨国公司。这种组织结构形态,在设计上往往设有中央服务部门,如采购、人事、财务、广告等,向各区域提供专业性的服务,这种组织结构如图 3-5 所示。

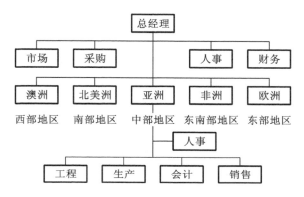

图 3-5 区域部门化组织结构示意图

区域部门化的优点主要有:

第一,责任到区域,每一个区域都是一个利润中心,每一区域部门的主管都要负责该地区业务的盈亏;

第二,放权到区域,每一个区域有其特殊的市场需求与问题,总部放手让区域人员处理会比较妥善、实际,有利于企业高层管理者关注更重要的问题;

第三,有利于地区内部协调;

第四,对区域内顾客比较了解,有利于服务与沟通;

第五,每一个区域主管,都要担负一切管理职能的活动,这对培养通才管理人员大有好处。

区域部门化的缺点主要有:

第一,随着地区的增加,需要更多具有全面管理能力的人员,而这类人员往往不易得到;

第二,每一个区域都是一个相对独立的单位,加上时间、空间上的限制,往往是"天高皇帝远",总部难以控制;

第三,总部与各区域分部相距较远,难以维持集中的经济服务工作。

总体来说,事业部制必须具有三个基本要素特征,即相对独立的市场、相对独立的利益、相对独立的自主权。

事业部制组织结构的优点:总部领导可以摆脱日常事务,集中精力考虑全局问题;事业部实行独立核算,更能发挥经营管理的积极性,更利于组织专业化生产和实现企业的内部协作;各事业部之间有比较、有竞争,这种比较和竞争有利于企业的发展;事业部内部的供、产、销之间容易协调,不像在直线-职能制下需要高层管理部门过问;事业部经理要从事业部整体来考虑问题,这有利于培养和训练全面的管理人才。

事业部制组织结构的缺点:公司与事业部的职能机构重叠,构成管理人员浪费;事业部实行独立核算,各事业部只考虑自身的利益,影响事业部之间的协作,一些业务联系与沟通往往也被经济关系所替代,甚至连总部的职能机构为事业部提供决策咨询服务时,也要事业部支付咨询服务费。

五、模拟分权制组织结构

模拟分权制组织结构是一种介于直线-职能制和事业部制之间的结构形式。模拟分权制组织结构示意图如图3-6所示。

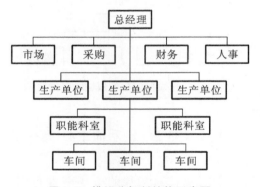

图3-6 模拟分权制结构示意图

有许多大型企业,如连续生产的钢铁、化工企业由于产品品种或生产工艺过程所限,难以分解成几个独立的事业部。又由于企业的规模庞大,以致高层管理者感到采用其他组织形式都不容易管理,这时就出现了模拟分权组织结构形式。所谓模拟,就是要模拟事业部制的独立经营,单独核算,而不是真正的事业部,实际上是一个个"生产单位"。这些"生产单位"有自己的职能机构,享有尽可能大的自主权,负有"模拟性"的盈亏责任,要调动生产经营积极性,达到改善企业生产经营管理的目的。需要指出的是,各生产单位由于生产上的连续性,很难将它们截然分开,以连续生产的石油化工为例,甲单位生产出来的产品直接就成为乙单位生产所需的原料,这当中无需停顿和中转。因此,它们之间的经济核算,只能依据企业内部的价格,而不是市场价格,也就是说这些生产单位没有自己独立的外部市场,这也是与事业部的差别所在。

模拟分权制组织结构的优点:除了调动各生产单位的积极性外,就是解决企业规模过大不易管理的问题;高层管理人员将部分权力分给生产单位,减少了自己的行政事务,从而把精力集中到战略问题上来。

模拟分权制组织结构的缺点:不易为模拟的生产单位明确任务,造成评估上的困难;各生产单位负责人不易了解企业的整体情况,在信息沟通和决策权力方面也存在着明显的缺陷。

六、矩阵制组织结构

在组织结构上,把既有按职能划分的垂直领导系统又有按产品(项目)划分的横向领导关系的结构,称为矩阵制组织结构,如图3-7所示。

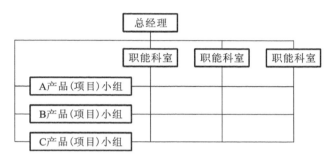

图3-7 矩阵制组织结构示意图

矩阵制组织结构是为了改进直线-职能制横向联系差、缺乏弹性的缺点而形成的一种组织形式。它的特点表现在围绕某项专门任务成立跨职能部门的专门机构上,例如,组成一个专门的产品(项目)小组去从事新产品开发工作,在研究、设计、试验、制造各个不同阶段,由有关部门派人参加,力图做到条块结合,以协调有关部门的活动,保证任务的完成。这种组织结构形式是固定的,人员却是变动的,需要谁谁就来,任务完成后就可以离开。项目小组和负责人也是临时组织和委任的,任务完成后就解散,相关人员回原单位工作。因此,这种组织结构非常适用于横向协作和攻关项目。

矩阵制结构的优点:机动、灵活,可随项目的开始与结束进行组织或解散;由于这种结构是根据项目组织的,任务清楚,目的明确,各方面有专长的人都是有备而来。因此在新的工作小组里,能沟通、融合,能把自己的工作同整体工作联系在一起,为攻克难关、解决问题而献计献策,由于从各方面抽调来的人员有信任感、荣誉感,使他们增加了责任感,激发了工作热情,促进了项目的实现;它还加强了不同部门之间的配合和信息交流,改善了直线-职能结构中各部门互相脱节的现象。

矩阵制结构的缺点:项目负责人的责任大于权力,因为参加项目的人员都来自不同部门,隶属关系仍在原单位,只是为"会战"而来,所以项目负责人对他们管理困难,没有足够的激励手段与惩治手段,这种人员上的双重管理是矩阵制结构的先天缺陷;由于项目组成员来自各个职能部门,当任务完成以后,仍要回原单位,因而容易产生临时观念,对工作有一定影响。

矩阵制组织结构适用于一些重大攻关项目。企业可用来完成涉及面广的、临时性的、复杂的重大工程项目或改革任务。特别适用于以开发与实验为主的单位,尤其是应用型研究单位等。

七、委员会组织

个人管理指的是整个组织中的最高决策权集中在一个人的手里,由他对整个组织负责,因此称为个人负责制。如果组织中的最高决策权交给两位以上的管理者,也就是把权力分散到一个集体中去,即为委员会管理。

(一) 委员会的类型

1. 按时间长短划分

按照时间长短划分,组织中的委员会可是临时的,为某一特定目的而组织起来的,完成特定任务以后即行解散;委员会也可以是常设的,行使某种经常性职能。

2. 按职能的性质划分

按职能的性质划分可分为两种类型:一种是行使决策职能的直线式的,例如董事会,它的决策要求下级必须执行;另一种是行使协调咨询职能的参谋式的,它为直线人员提供咨询建议等。

(二) 委员会的优点

1. 有利于集思广益

整个委员会所有成员所具有的知识、经验、判断均比其中任何一个人高,相互一起讨论研究,可以避免个别领导人判断错误。委员会讨论的结果不是许多个别观点的简单综合,而是各种想法在一起重新创造的组合,因此能产生解决问题的更好方案。

2. 集体决策,有助于提高决策的科学性

通常,委员会除了行政负责人参加外,还有各方面的专家、各部门各层次代表,委员会中委员的权利都是平等的,委员会最后是以少数服从多数的原则解决问题并采取集体行动的。如此可以避免权力过分集中在某一个人身上,既可防止个人滥用职权也可避免忽视某个层次、某个方面人士的意见和利益。

3. 便于沟通和协调

委员会是很好的协调各部门活动的场所。讨论问题的过程也是沟通和协调的过程。当讨论和确定某项决策时,该项决策可能会使某一部门面临什么问题、为执行这项决策各部门应做哪些配合工作,均应得到反映,这有助于相互了解,也有助于决策的有力执行。

4. 体现以人为本的原则,有利于激发更大的积极性

委员会使下层管理者和普通员工有可能参与高层决策的制订。人们都希望对影响个人和组织利益的事有一定的控制权,这样对自己所参与和帮助制订的决策更乐意接受和有更大的积极性。

(三)委员会的缺点

由于委员会是由许多人共同决策,所以它也有如下缺点。

1. 委曲求全,折中调和

委员会通常都有委曲求全的危险,当发生意见不一致时,要么争执双方互不相让,旷日持久,议而不决,要么讨价还价,采取折中的方法解决。结果谁也没有满足希望,谁也没有完全失望。但是结论却由于妥协而往往没有留下多少实质性的内容,在妥协不可能时,可以采取少数服从多数的原则做出决议,但多数赞成的决议也不一定是良好的决议。

2. 责任不清,缺乏个人行动

个人同意集体的决议并不意味着他的观点完全同最后的集体决议一致,个人对集体做出的决议或建议,也不承担个人责任。因此有人认为委员会并非一个完美有效的形式,通常以个人行动为好。

第三节　马术俱乐部组织结构案例分析

一、河北某马术俱乐部简介

河北某马术俱乐部(马会)是由河北卓泰房地产开发有限公司投资 600 万兴建的现代马术俱乐部,是中国马协、河北省马协会员单位。目前俱乐部拥有现代化训练场地 5000 余平方米,标准马厩 15 座,有英国纯血马、半血马、温血马、国产马 15 匹,训练器材先进可靠,能够提供马术训练、学员培训、美食餐饮、马术比赛及相关服务。

二、河北某马术俱乐部的组织结构

(一)组织结构

河北某马术俱乐部的组织结构如图 3-8 所示。

(二)管理岗位设置与责任权限

俱乐部总经理岗位说明书如表 3-1 所示。

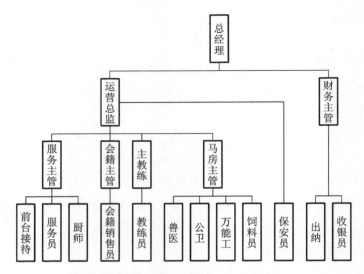

图 3-8 河北某马术俱乐部的组织结构

表 3-1 俱乐部总经理岗位说明书

岗位名称	总经理	所属部门	总经办	部门编号	
直接上级	董事长	直接下级	运营总监、财务主管	所辖人数	30～50人
职务性质	管理人员			岗位编制	1人
岗位职责	1. 全面负责马术俱乐部的经营管理； 2. 建立、健全俱乐部的组织管理系统，使之合理化、精简化、高效化； 3. 围绕公司下达的利润指标和各项工作，制订俱乐部的经营预算和决算，提出更新改造和投资计划； 4. 向各部门下达年度工作指标； 5. 加强俱乐部安全管理工作； 6. 负责做好俱乐部与各界人士的公共关系，树立俱乐部形象； 7. 指导培训工作，培养人才，提高整个俱乐部的服务质量和员工素质				
主要权限	1. 对俱乐部日常管理工作的执行权； 2. 对管辖员工的人事调动权和工作指挥权； 3. 纠正下属不当行为及对违反企业制度行为的处置权； 4. 对俱乐部各项报表、文件的审核签发权； 5. 对上级不合理处罚的申诉权				
任职条件	1. 年龄40岁以下，酒店管理、旅游管理等相关专业，大专以上学历； 2. 5年以上俱乐部、娱乐休闲业管理实战工作经验； 3. 熟悉俱乐部、娱乐业、酒店行业经营方式及渠道拓展建设； 4. 熟悉相关行业工作程序标准、政策、法规； 5. 拓展能力强，具备良好的交际能力； 6. 具有极强的沟通协调能力，责任心强				
编制		审核		批准	

俱乐部运营总监岗位说明书如表 3-2 所示。

表 3-2 俱乐部运营总监岗位说明书

岗位名称	运营总监	所属部门	总经办	部门编号	
直接上级	总经理	直接下级	服务主管、会籍主管、马房主管、主教练、保安员	所辖人数	30~50 人
职务性质	管理人员			岗位编制	1 人
岗位职责	1. 协助总经理统筹管理马术俱乐部,包括日常经营、行政管理、人事管理、马房管理、活动安排等; 2. 推广马术俱乐部,配合马术俱乐部的营销推广工作以及对外联络协调; 3. 制订马术各部门的发展规划、制订季度目标和年度计划以及各季度年度提报文件; 4. 指导、培训、监督、考核本部门员工工作,保障工作目标的实现; 5. 对马术俱乐部进行经营管理,定期向总经理汇报经营状况; 6. 协助总经理管理预算的编制、执行、考核工作,采取积极有效的办法控制俱乐部的预算				
主要权限	1. 对本职日常管理工作的执行权; 2. 对管辖员工的人事调动的建议权和工作指挥权; 3. 纠正下属不当行为及对违反企业制度行为的处置权; 4. 对本职工作中存在的问题的反映权和改进建议权; 5. 对俱乐部各项报表、文件的审核签发权; 6. 对上级不合理处罚的申诉权				
任职条件	1. 年龄 30~45 岁,性别不限,具备正规全日制大学本科以上学历; 2. 熟悉销售学、管理学,掌握体育娱乐旅游经济学、旅游心理学、公共关系学方面的理论知识,掌握旅游市场动态、特点和发展趋势,熟悉与各部门沟通联系渠道; 3. 了解马术运动的礼仪规则,有稳定的客户群和开发销售渠道; 4. 熟悉俱乐部产品的特点,了解本行业的依附性和客源市场需求的多变性; 5. 熟悉国家和行业内有关销售价格调控和工商行政管理的法规和政策; 6. 具有酒店管理或者大型马术俱乐部高层管理 5 年以上工作经验; 7. 仪表端庄,精力充沛,体魄健壮				
编制		审核		批准	

俱乐部财务主管岗位说明书如表 3-3 所示。

表 3-3 俱乐部财务主管岗位说明书

岗位名称	财务主管	所属部门	财务部	部门编号	
直接上级	总经理	直接下级	收银员、出纳	所辖人数	3~5 人
职务性质	管理人员			岗位编制	1 人

续表

岗位职责	1.负责部门的日常管理工作及部门员工的管理、指导、培训及评估； 2.指导并协调财务稽核、审计、会计的工作并监督其执行； 3.制订、维护、改进公司财务管理程序和政策,制订年度、季度财务计划； 4.向俱乐部管理层提供各项财务报告和必要的财务分析； 5.负责组织俱乐部的成本管理工作； 6.进行成本预测、控制、核算、分析和考核,确保俱乐部利润指标的完成； 7.完成上级交办的其他工作
主要权限	1.对本职日常管理工作的执行权； 2.对管辖员工的人事调动的建议权和工作指挥权； 3.纠正下属不当行为及对违反企业制度行为的处置权； 4.对本职工作中存在的问题的反映权和改进建议权； 5.对俱乐部各项报表、文件的审核签发权； 6.对上级不合理处罚的申诉权
任职条件	1.财会、金融、经济、管理等相关专业大专以上学历； 2.星级酒店同岗位、高档俱乐部、会所、餐馆工作三年以上； 3.熟悉国家金融政策、企业财务制度及流程、会计电算化,精通相关财税法律法规； 4.较强的成本管理、风险控制和财务分析的能力； 5.良好的组织、协调、沟通能力和团队协作精神,能承受较大工作压力
编制	审核　　　　　　　批准

俱乐部服务主管岗位说明书如表 3-4 所示。

表 3-4 俱乐部服务主管岗位说明书

岗位名称	服务主管	所属部门	接待部	部门编号	
直接上级	总经理或运营总监	直接下级	前台接待、服务员、厨师	所辖人数	5～15 人
职务性质	管理人员			岗位编制	1 人
岗位职责	1.对总经理和运营总监负责,负责会所接待部的全部工作。 2.负责制订本部门的各项业务计划,组织协调、指挥、控制各岗位准确实施；负责协调与其他部门的关系,调配管辖各岗位的工作；负责本部门的管理工作,检查和督促各岗位严格按照工作规程和质量要求进行工作,实行规范作业,发现问题及时采取措施。 3.抓好各项成本费用,认真核对成本,密切注意客源状况,掌握重要接待任务情况,切实做好宾客接待工作。 4.负责设计并贯彻本部门各项工作规程,制定管理制度和操作规范。 5.协同会籍主管检查、监督 VIP 会员及宾客接待工作,包括亲自迎送；建立良好的公共关系,广泛听取和收集宾客的意见,不断改进工作,提高美誉度。 6.协同会籍主管处理、解决发生在会所大堂的投诉和其他特殊事件。 7.协同人力资源做好本部门员工的招募、培训、升职等工作。 8.完成上级交办的其他工作				

续表

主要权限	1. 对本职日常管理工作的执行权； 2. 对管辖员工的人事调动的建议权和工作指挥权； 3. 纠正下属不当行为及对违反企业制度行为的处置权； 4. 对本职工作中存在的问题的反映权和改进建议权； 5. 有权要求各部门配合与本岗位职责相关的工作； 6. 对上级不合理处罚的申诉权			
任职条件	1. 年龄在25～30岁之间的女性； 2. 要求正规的旅游学院酒店服务与管理专业，大专及以上学历； 3. 具有管理五星级酒店前台或知名高端会所前台三年以上的相关管理经验； 4. 熟悉高端会所前台接待服务及管理，熟悉并能熟练操作前台的电脑系统； 5. 形象端正，身高在1.65～1.70米；具有良好的职业背景及素质，身体健康、性格稳定、乐于助人、有团队精神，具备给下级员工做岗前培训的能力，工作积极主动性强			
编制		审核	批准	

俱乐部会籍主管岗位说明书如表3-5所示。

表3-5 俱乐部会籍主管岗位说明书

岗位名称	会籍主管	所属部门	会员事务部	部门编号	
直接上级	总经理或运营总监	直接下级	会籍销售员	所辖人数	3～5人
职务性质	管理人员			岗位编制	1人
岗位职责	1. 在总经理或运营总监的指导下完成马会会员事务的处理工作，协助服务主管及各部门做好宾客与会员的服务工作； 2. 对每一位到访的会员和嘉宾给予热情的欢迎，负责所有会员和嘉宾的咨询与接待工作； 3. 做好马会各项活动及消费项目的预定工作，及时与各部门沟通及安排执行工作； 4. 做好VIP会员的接待及安排工作； 5. 建立本部门销售及培训计划，给予每位员工相关工作职责与范围的清晰指导，根据工作级别确定具体要求，制定服务标准并落实工作； 6. 建立工作档案，存储必要的会员资料，做好会员意见及嘉宾建议的记录和跟进工作，及时向上级主管汇报并注意保密； 7. 熟悉和促进马会的营运产品推广销售的运作程序； 8. 完成上级交办的其他工作				
主要权限	1. 对本职日常管理工作的执行权； 2. 对管辖员工的人事调动的建议权和工作指挥权； 3. 纠正下属不当行为及对违反企业制度行为的处置权； 4. 对本职工作中存在的问题的反映权和改进建议权； 5. 有权要求各部门配合与本岗位职责相关的工作； 6. 对上级不合理处罚的申诉权				

续表

任职条件	1.具有本科以上学历,市场营销、企业管理等相关专业毕业,熟练掌握英语听说读写能力者优先; 2.具有马术、高尔夫、写字楼等高端项目销售经验者优先; 3.能够独立完成项目的整体市场销售工作,包括制定项目策略、撰写方案等; 4.具有一定的客户资源,具有奢侈品牌企业客户资源者优先; 5.具备很高的文字创作能力和较强的销售能力; 6.具有优秀的综合素质和团队合作能力; 7.精力充沛,能承受较大工作压力,具备较强的创新意识和开拓精神
编制	审核　　　　　　　　批准

俱乐部主教练岗位说明书如表3-6所示。

表3-6 俱乐部主教练岗位说明书

岗位名称	主教练	所属部门	技术服务部	部门编号	
直接上级	总经理或运营总监	直接下级	教练员	所辖人数	5～10人
职务性质	管理人员			岗位编制	1人
岗位职责	1.全面负责教练员的日常管理和培训等工作,制订教练部的发展规划,充分利用马匹资源和人力资源为部门创造最大的经济效益; 2.全面负责教练员的日常工作,贯彻俱乐部各项规章制度,保证各项任务的顺利完成; 3.进行专业岗位的人员招聘工作; 4.根据市场和客户需求变化营业时间、产品和收费标准等管理方案,并协助部门经理实施; 5.做好教练员工作考核和指导工作,调动各级人员积极性,随时做好巡视检查,保证马术俱乐部各处设施项目管理和服务工作的协调发展; 6.完成上级交办的其他工作				
主要权限	1.对本职日常管理工作的执行权; 2.对管辖员工的人事调动的建议权和工作指挥权; 3.纠正下属不当行为及对违反企业制度行为的处置权; 4.对本职工作中存在的问题的反映权和改进建议权; 5.有权要求各部门配合与本岗位职责相关的工作; 6.对上级不合理处罚的申诉权				
任职条件	1.5年以上马术训练经验,国家级教练员资质,具有良好的马术理论知识; 2.懂得训练马匹; 3.语言组织能力强,口齿清楚,思维清晰; 4.能团结同事,遵规守纪; 5.男女不限,参加过马协举办的各种赛事者优先录用				
编制	审核　　　　　　　　批准				

俱乐部马房主管岗位说明书如表3-7所示。

表 3-7　俱乐部马房主管岗位说明书

岗位名称	马房主管	所属部门	后勤保障部	部门编号	
直接上级	总经理或运营总监	直接下级	饲料员、万能工、兽医、公卫	所辖人数	3～5人
职务性质	管理人员			岗位编制	1人
岗位职责	1.全面负责马房日常运营、防疫管理、后勤保障等工作； 2.负责马匹的日常调度、训练安排； 3.巡视检查,保证马房各项设施正常运转； 4.负责制订马房各项管理制度、饲养条例、防疫标准； 5.参与制订马房的年度、季度发展计划； 6.每季度根据市场和客户的需求变化,向总经理提交一份市调报告				
主要权限	1.对本职日常管理工作的执行权； 2.对管辖员工的人事调动的建议权和工作指挥权； 3.纠正下属不当行为及对违反企业制度行为的处置权； 4.对本职工作中存在的问题的反映权和改进建议权； 5.有权要求各部门配合与本岗位职责相关的工作； 6.对上级不合理处罚的申诉权				
任职条件	1.男性优先,年龄30～45岁,具备马术专业相关知识； 2.具有3年以上大型马术俱乐部管理经验,了解本行业国内外发展动态； 3.为人正派、身体健康,有良好的沟通能力和团队协作能力				
编制		审核		批准	

俱乐部前台接待岗位说明书如表 3-8 所示。

表 3-8　俱乐部前台接待岗位说明书

岗位名称	前台接待	所属部门	接待部	部门编号	
直接上级	服务主管	直接下级	无	所辖人数	
职务性质	员工			岗位编制	3人
岗位职责	1.以专业而愉悦的态度进行俱乐部前台接待日常运转,建立并保持与会员和客户的关系,提供有效而高质量的前台接待服务； 2.了解每日俱乐部预订情况,熟悉训练场规定及限制； 3.及时确认会员身份,跟进会籍的确认,监控未授权会员状况,及时把控并制表交给相关部门； 4.进行宾客消费登记,收集客户信息； 5.了解俱乐部有关卫生和消防安全的规定,保持工作区域整洁,与其他部门紧密配合,及时传递客户信息； 6.遵守俱乐部所有书面及口头的规章制度,执行管理层随时分配的其他事务				

续表

主要权限	1. 对本职日常管理工作的执行权； 2. 对本职工作中存在的问题的反映权和改进建议权； 3. 有权要求各部门配合与本岗位职责相关的工作； 4. 对上级不合理处罚的申诉权； 5. 上级特别授权的有关权限			
任职条件	1. 年龄在 20～25 岁之间的女性，高中以上学历； 2. 具有星级酒店前台或知名会所前台 1 年以上的相关管理经验； 3. 熟悉会所前台接待服务并能熟练操作前台的电脑系统			
编制		审核		批准

俱乐部服务员岗位说明书如表 3-9 所示。

表 3-9 俱乐部服务员岗位说明书

岗位名称	服务员	所属部门	接待部	部门编号	
直接上级	服务主管	直接下级	无	所辖人数	
职务性质		基本员工		岗位编制	6 人
岗位职责	1. 服从服务主管的领导，做好餐前准备工作； 2. 严格执行工作程序、服务程序和卫生要求，努力提高服务质量； 3. 按照主动、热情、耐心、礼貌、周到的要求，不断完善服务态度，分工不分家，团结协助，又快又好地完成接待任务； 4. 妥善安排客人就座，注意客人就餐情况，及时更换餐具、烟灰缸，主动为客人点烟，做到手勤、脚勤、眼勤、口勤，及时为客人提供服务； 5. 上班要控制情绪，保持良好心态，遇到客人投诉，应立即汇报上级领导解决，随时满足客人的合理要求				
主要权限	1. 对本职日常管理工作的执行权； 2. 对本职工作中存在的问题的反映权和改进建议权； 3. 有权要求各部门配合与本岗位职责相关的工作； 4. 对上级不合理处罚的申诉权				
任职条件	1. 初中以上学历，1 年以上中餐工作经验； 2. 形象端庄，性格开朗、健谈、细心严谨				
编制		审核		批准	

俱乐部厨师岗位说明书如表 3-10 所示。

表 3-10 俱乐部厨师岗位说明书

岗位名称	厨师	所属部门	接待部	部门编号	
直接上级	服务主管	直接下级	无	所辖人数	
职务性质		普通员工		岗位编制	3 人

续表

岗位职责	1.服从服务主管的工作安排,负责菜肴的加工烹调,按卫生要求执行各项卫生制度; 2.掌握各种烹调方法,努力钻研烹调技艺,积极改革和创新菜肴品种,不断提高菜肴质量; 3.了解每天的预订及菜单,准备好各种原材料; 4.认真执行操作规程,做到投料及时准确,勾芡上料适度,准确识别油温,掌握火候,及时出锅,装盘成形美观,菜肴色、香、味、形好; 5.搞好食品卫生,保持炉灶和用具清洁,个人卫生符合要求,衣着整洁; 6.爱护炉灶、炊具等设备设施,注意做好保养工作,节约水、电、煤气、油; 7.发现问题、遇到困难,及时向上级汇报,遵守俱乐部各项规章制度
主要权限	1.对本职日常管理工作的执行权; 2.对本职工作中存在的问题的反映权和改进建议权; 3.有权要求各部门配合与本岗位职责相关的工作; 4.对上级不合理处罚的申诉权
任职条件	1.年龄在25~40岁之间的男性,形象端正、身体健康、性格稳定; 2.具备熟练的中餐烹饪技巧,熟悉冷拼、面点制作工艺; 3.熟悉保定菜,烹调制作具备创新、研发能力
编制	审核 批准

俱乐部会籍销售员岗位说明书如表 3-11 所示。

表 3-11 俱乐部会籍销售员岗位说明书

岗位名称	会籍销售员	所属部门	会员事务部	部门编号	
直接上级	会籍主管	直接下级	无	所辖人数	
职务性质	普通员工			岗位编制	3个
岗位职责	1.年龄为20~30岁,男女不限,有1年以上销售工作经验; 2.专科及以上学历,市场营销等相关专业,具有丰富的市场营销经验; 3.能吃苦,善于沟通、协调,语言表达能力强,责任心强; 4.性格外向、反应敏捷、表达能力强,具有较强的沟通能力及交际技巧,具有亲和力及良好的客户服务意识; 5.要求英语口语熟练,能够流利地使用英语进行对话及销售				
主要权限	1.对本职日常管理工作的执行权; 2.对本职工作中存在的问题的反映权和改进建议权; 3.有权要求各部门配合与本岗位职责相关的工作; 4.对上级不合理处罚的申诉权				
任职条件	1.能收集并及时反馈市场和客户信息; 2.负责开拓新市场,发展新客户,扩大产品销售范围; 3.负责销售区域内销售活动的策划和执行,完成销售任务				
编制			审核	批准	

俱乐部教练员岗位说明书如表 3-12 所示。

表 3-12　俱乐部教练员岗位说明书

岗位名称	教练员	所属部门	技术服务部	部门编号	
直接上级	主教练	直接下级	无	所辖人数	
职务性质	技术员工			岗位编制	10 人
岗位职责	1. 照料、训练马匹； 2. 为会员提供马术教练服务； 3. 完成俱乐部和主教练交办的其他工作				
主要权限	1. 对本职日常管理工作的执行权； 2. 对本职工作中存在的问题的反映权和改进建议权； 3. 有权要求各部门配合与本岗位职责相关的工作； 4. 对上级不合理处罚的申诉权				
任职条件	1. 男女不限，年龄为 18～30 岁； 2. 户籍不限，学历初中及以上； 3. 有过马术骑手工作经验； 4. 喜欢马匹，爱护马匹，热爱马术行业； 5. 能住在公司者优先录用				
编制		审核		批准	

俱乐部兽医岗位说明书如表 3-13 所示。

表 3-13　俱乐部兽医岗位说明书

岗位名称	兽医	所属部门	后勤保障部	部门编号	
直接上级	马房主管	直接下级	无	所辖人数	
职务性质	技术员工			岗位编制	1 人
岗位职责	1. 依据马匹的伤病具体情况，对马匹实施医疗工作； 2. 预防马匹常见疾病，对马匹的饲喂和马房环境进行监督； 3. 指导饲养员对受伤马匹进行饲喂的方法； 4. 负责对伤病马匹的恢复情况进行记录，制订马匹信息卡； 5. 指导对马匹分类管理的业务，做好马匹疾病的预防工作； 6. 服从马房主管和上级领导交办的其他任务				
主要权限	1. 对本职日常管理工作的执行权； 2. 对本职工作中存在的问题的反映权和改进建议权； 3. 有权要求各部门配合与本岗位职责相关的工作； 4. 对上级不合理处罚的申诉权				

续表

任职条件	1.具有较丰富的家畜类疾病理论和临床经验； 2.掌握奇蹄目牲畜生病时的生理状态； 3.了解运动马匹疾病的预防和诊疗能力； 4.掌握各种兽药的名称、用法、用途等； 5.掌握各种禽、兽类传染病的预防和控制能力； 6.具有优良的沟通能力和团队合作精神,工作态度积极乐观,有良好的执行能力、敬业精神和职业道德水准,身体健康、精力充沛,有马匹诊治经验者优先
编制	审核　　　　　　　　　　　批准

俱乐部公卫岗位说明书如表 3-14 所示。

表 3-14　俱乐部公卫岗位说明书

岗位名称	公卫、保洁员	所属部门	后勤保障部	部门编号	
直接上级	马房主管	直接下级	无	所辖人数	
职务性质	普通员工			岗位编制	2人
岗位职责	1.根据工作安排,清洁保养所属的公共区域； 2.检查责任区域各种设备设施和家具的完好情况,及时报告和报修； 3.做好清洁机械的保养和清洁用品的保管及使用,整理好库房				
主要权限	1.对本职日常管理工作的执行权； 2.对本职工作中存在的问题的反映权和改进建议权； 3.有权要求各部门配合与本岗位职责相关的工作； 4.对上级不合理处罚的申诉权				
任职条件	1.男女不限,年龄在 45 岁以下,学历不限； 2.身体健康,爱岗敬业,责任心强				
编制		审核		批准	

俱乐部万能工岗位说明书如表 3-15 所示。

表 3-15　俱乐部万能工岗位说明书

岗位名称	万能工	所属部门	后勤保障部	部门编号	
直接上级	马房主管	直接下级	无	所辖人数	
职务性质	普通员工			岗位编制	1人
岗位职责	1.遵守维修工操作规程及俱乐部规章制度； 2.按计划检修马厩,检修公共区域,根据马厩损坏情况排出先后次序； 3.完成综合性临时任务,如检查厨房及餐厅、大堂等外包大修工作； 4.完成领导安排的其他工作				
主要权限	1.对本职日常管理工作的执行权； 2.对本职工作中存在的问题的反映权和改进建议权； 3.有权要求各部门配合与本岗位职责相关的工作； 4.对上级不合理处罚的申诉权				

任职条件	1.工作责任心强,安心工作,有培养前途; 2.以电工优先,对钳工、管工、空调工、木工、油工专业知识有一定的了解,具备一专多能,动手能力强; 3.年龄以 25~35 岁为佳,五官端正; 4.身体健康,精力充沛
编制	审核　　　　　批准

俱乐部饲料员岗位说明书如表 3-16 所示。

表 3-16　俱乐部饲料员岗位说明书

岗位名称	饲料员	所属部门	后勤保障部	部门编号	
直接上级	马房主管	直接下级	无	所辖人数	
职务性质	普通员工			岗位编制	1人
岗位职责	1.调配饲料:按照科学比例,严格遵守本会饲养制度,根据不同马匹各自特点,调配适用饲料。 2.饲喂马匹:严格遵循本会规定,定时定量饲喂马匹,并密切注意马匹饮食情况。 3.清洁马房:早上协助饲养员清理马房垫料,收马前将垫料铺陈整齐,等候马匹回马房。 4.管理库房:随时掌控饲料、垫料、药品等消耗情况,及时报请领导补充库存。 5.清洁器具:每次使用完水桶、料盆都要刷洗干净;每天消毒马匹使用过的器具、器械。 6.看护伤病马匹:细致照料伤病、怀孕、产仔的马匹,严密观察情况。 7.驱虫免疫:定期给马匹做驱虫及免疫。 8.消毒保洁:每天须将马房内外、草料车、草料叉等彻底清扫消毒。 9.夜间值守:夜间加草,巡视马房内部情况,发现异常及时汇报,第一时间采取措施。 10.保卫防盗:严禁未持准入证的一切人员进入马房,礼貌制止外来人员在马房内的不当举动				
主要权限	1.对本职日常管理工作的执行权; 2.对本职工作中存在的问题的反映权和改进建议权; 3.有权要求各部门配合与本岗位职责相关的工作; 4.对上级不合理处罚的申诉权				
任职条件	1.性别为男性; 2.学历中专以上,饲养过马匹者、有相关工作经验者优先; 3.责任心强,吃苦耐劳,具有一定的饲养管理动物经验; 4.具有较好的问题分析能力,表达和沟通能力较强,具有良好的团队合作精神				
编制	审核　　　　　批准				

俱乐部收银员岗位说明书如表 3-17 所示。

表 3-17 俱乐部收银员岗位说明书

岗位名称	收银员	所属部门	财务部	部门编号	
直接上级	财务主管	直接下级	无	所辖人数	
职务性质	普通员工			岗位编制	2人
岗位职责	1. 做好收费结算工作； 2. 领取、使用、管理和归还收银备用金； 3. 打印、核对收银相关凭证； 4. 汇总收据、发票，编制相关报表； 5. 妥善保管收银设备				
主要权限	1. 对本职日常管理工作的执行权； 2. 对本职工作中存在的问题的反映权和改进建议权； 3. 有权要求各部门配合与本岗位职责相关的工作； 4. 对上级不合理处罚的申诉权				
任职条件	1. 高中或中专以上学历，会计或财务专业优先； 2. 熟练操作计算机，有会计证、有出纳工作经验及英语口语佳者优先； 3. 形象气质佳，工作严谨； 4. 具有良好的敬业精神，较强的学习能力和沟通能力				
编制		审核		批准	

俱乐部出纳岗位说明书如表 3-18 所示。

表 3-18 俱乐部出纳岗位说明书

岗位名称	出纳	所属部门	财务部	部门编号	
直接上级	财务主管	直接下级	无	所辖人数	
职务性质	普通员工			岗位编制	1人
岗位职责	1. 负责管理全部的资金收付，库存现金和转账支票管理工作，并保存好相应票据。 2. 负责根据现金管理和银行管理的规定，按银行账户设置银行日记账、现金日记账，并及时与银行对账，做到日清月结、准确无误。 3. 负责费用的支出，严格执行费用的开支项目、标准和审批手续，及时办理审核、报销手续；并按照会计制度，审核原始凭证，并据以填制记账凭证，登记现金和银行存款日记账；积极配合会计做好核算工作，会计凭证及时传递，协助会计做好会计档案的整理工作。 4. 妥善保管支票和印鉴、空白银行票据和领用的财政收据本。 5. 负责现金收支和银行转账业务，按规定的范围使用现金。 6. 营业收入的接收工作，会员账单的核对工作。 7. 员工工资、奖金发放工作。 8. 购买地税发票及发票的授权工作				

续表

主要权限	1. 对本职日常管理工作的执行权； 2. 对本职工作中存在的问题的反映权和改进建议权； 3. 有权要求各部门配合与本岗位职责相关的工作； 4. 对上级不合理处罚的申诉权				
任职条件	1. 具有大专以上学历，会计相关专业； 2. 经过专业会计方面的培训，取得会计从业资格证书； 3. 具有两年以上出纳工作经验，熟悉出纳工作流程； 4. 熟悉国家财经法律、法规、章程和方针、政策，掌握本行业业务知识，能熟练运用财务软件； 5. 良好的沟通协调能力、口头表达及书面表达能力，普通话流利； 6. 品德端正、诚实守信				
编制		审核		批准	

俱乐部保安员岗位说明书如表 3-19 所示。

表 3-19　俱乐部保安员岗位说明书

岗位名称	保安员	所属部门	接待部	部门编号	
直接上级	运营总监	直接下级	无	所辖人数	
职务性质	普通员工			岗位编制	5 人
岗位职责	1. 对政府职能部门，如公安、消防、工商、卫生防疫等单位的到访，应及时通知相关部门； 2. 严格执行外单位人员及员工出入制度，对步入俱乐部的人进行询问，严禁闲杂人员进入，会客人员应填写会客登记单； 3. 夜间坚持每小时对园内巡逻一次，发现异常情况能够及时处理； 4. 严防犯罪分子侵入，严防内部员工监守自盗，阻止任何对俱乐部安全构成威胁事件的发生； 5. 在巡逻执勤中检查重点部位； 6. 经常对各部门夜班值班人员的工作情况进行监督、检查，发现问题及时纠正汇报； 7. 维护停车场的秩序，保证车辆的安全及道路的畅通； 8. 做好俱乐部的消防工作，确保俱乐部的消防安全				
主要权限	1. 对本职日常管理工作的执行权； 2. 对本职工作中存在的问题的反映权和改进建议权； 3. 有权要求各部门配合与本岗位职责相关的工作； 4. 对上级不合理处罚的申诉权				
任职条件	1. 年龄为 22～40 岁，身高 1.75 米以上，相貌端正，有服务意识； 2. 高中及高中以上文化，身体健康，体格强健； 3. 退伍军人、有酒店及物业保安工作经验者优先				
编制		审核		批准	

 **案例分析**

我国香港赛马会的组织结构

香港赛马会（以下简称马会）是非营利性机构，亦属一家担保责任有限公司，并无股东。马会获香港地区政府授权营办赛马，并提供有节制的体育博彩及奖券服务。马会向客户派彩及向政府缴纳博彩税和利得税后，每年捐赠约88%的经营盈余予以香港赛马会慈善信托基金，并透过基金捐助多个慈善及社区项目。马会由董事局领导，董事局共有12位成员，他们均义务任职，并无酬金收取。董事局成员同时出任香港赛马会慈善信托基金信托人。马会的日常营运则由管理委员会负责，管理委员会由行政总裁领导。香港赛马会的组织结构如图3-9所示。

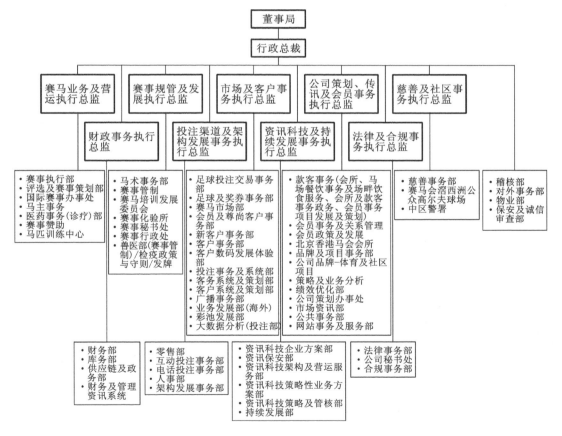

图3-9 香港赛马会的组织结构

思考与讨论：请分析香港赛马会属于哪一种组织结构，并分析这种组织结构的利与弊。

复习思考题

1. 常见的组织结构有哪几种？
2. 直线制组织结构的优缺点是什么？
3. 直线-职能制组织结构的优缺点是什么？
4. 如何选择适宜的马术俱乐部组织结构？

（张夏青）

第四章　马术俱乐部人力资源管理

内容提要

- 人力资源管理的内涵及其组织结构
- 人力资源组织结构的职能及作用
- 马术俱乐部人力资源组织部职责与权利
- 马术俱乐部人力资源管理的主要内容
- 马术俱乐部人力资源管理案例分析

学习目标

- 理解人力资源管理的内涵
- 掌握人力资源组织的结构及类型
- 了解马术俱乐部人力资源管理的职能及作用
- 熟悉马术俱乐部人力资源管理的内容

第一节　人力资源管理内涵及其组织结构

一、人力资源管理的内涵

人力资源管理是指企业运用现代管理方法,对人力资源的获取(选人)、开发(育人)、保持(留人)和利用(用人)等方面所进行的计划、组织、指挥、控制和协调等一系列活动。它研究的是组织中人与人的关系、协调人与事的配合、调动人的积极性、实现组织和个人目标的理论、方法、工具和技术。其最终目的是为实现企业发展目标提供优质的人才保障。

二、人力资源组织结构类型

作为企业人力资源管理的主管部门,人力资源部的组织结构可根据企业实际需要灵活设计。不同规模不同性质的企业的人力资源组织结构也是有差异的(图4-1)。图4-2和图4-3分别以宝洁公司和华为公司为例介绍其人力资源组织结构。

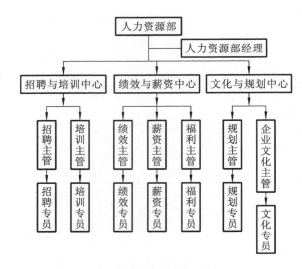

图4-1 某企业人力资源组织结构图

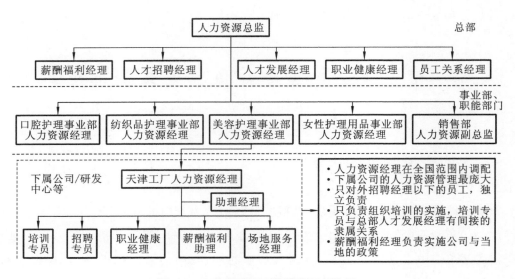

图4-2 宝洁公司人力资源组织结构图

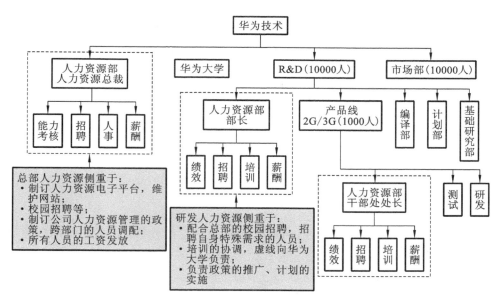

图 4-3　华为公司人力资源组织结构图

第二节　人力资源组织职能与作用

一、人力资源部的职责与权限

（一）人力资源部的职责

人力资源部的职责是根据公司的发展战略的要求，制订人力资源规划，通过组织实施招聘管理、培训管理、绩效管理、薪酬福利管理及日常人事管理等，最终实现公司人力资源的有效提升和合理配置。人力资源部主要职责如表 4-1 所示。

表 4-1　人力资源部主要职责

项目	职责内容
1	负责公司人力资源管理制度的拟定、调整、执行与监督
2	制订人力资源规划，拟定企业人员编制，编制人力资源支出预算，进行成本控制
3	参与公司组织结构设计与调整，负责岗位设计与岗位分析
4	负责公司人力资源的招聘、任用、调动、辞退等事务
5	负责员工培训与开发管理
6	建立完善的员工绩效评价体系并定期开展员工绩效评价工作

续表

项目	职责内容
7	负责制订合理且富有竞争力的薪酬管理制度,并按规定执行日常的工资计划,核定、进行核算及统计分析,实现公司的薪酬激励计划
8	编制员工手册,建立员工日常管理规范
9	负责公司内部公共关系管理及企业文化建设工作
10	公司人力资源管理信息系统建设与维护

(二) 人力资源部的权限

人力资源部在履行职责的同时,也被组织赋予一定的权限,从而更好地负担起人力资源部门的管理职责。人力资源部主要权限如表4-2所示。

表4-2 人力资源部主要权限

项目	内容
1	参与公司人力资源战略规划
2	具有对公司招聘决策的建议权
3	具有对员工薪资调整及相应职位调整、人员任免的建议权
4	具有对违反公司制度及有损公司利益等行为的处罚权
5	协调部门间的工作
6	企业劳资纠纷协调
7	公司人事档案管理

(三) 人力资源总监的职责

人力资源总监主要负责依据公司的发展战略目标,组织编制和实施人力资源规划,协调各部门和各子公司人力资源管理工作,为公司经营业务和管理的有序开展提供人力资源方面的保障和支持(表4-3)。

表4-3 人力资源总监主要职责

项目	内容
1	健全人力资源管理制度
2	组织制订公司发展的长期规划、中期规划及年度计划
3	计划和审核人力资源管理的成本
4	协调和指导各部门的人才招聘、员工培训、绩效考评、薪酬福利、员工关系等管理工作
5	及时处理公司管理过程中的重大人事问题,定期组织考核,向领导推荐优秀人才
6	负责建立通畅的沟通渠道和有效的激励机制
7	向公司高层提供有关人力资源战略、组织建设等方面的建议,并致力于提高公司的综合管理水平

二、人力资源组织的目标与职能

(一)人力资源管理的目标

作为公司人力资源的管理部门,其主要职能是选拔、配置、开发、考核和培养公司所需的各类人才,制订并实施企业各项薪酬福利政策及制订并实施员工职业生涯计划,调动员工积极性,激发员工潜能,满足企业持续发展对人力资源的需求。

任何组织的人力资源管理的目标都应着眼于:获取、开发本组织工作上需要的各类人才,建立管理者与员工之间的良好合作关系,以高效的管理和优质的服务满足组织发展的需要,并满足从业人员成长和发展的需求。

(二)人力资源管理的职能

人力资源管理的目标需要通过它所承担的各项职能及相关活动来实现。人力资源管理的职能主要包括以下几个方面。

(1)岗位核定,就是对组织内的各职位任务、职责、权限及任职资格等的界定和描述,主要包括各岗位所要从事的工作内容和承担的工作职责和任职要求,包括专业、年龄、职称、学历及工作经历等,还包括说明承担该工作的员工应具备的特定技能、知识、能力及个性特点等。

(2)人力资源规划,指对组织在一定时期内的人力资源需求与供给做出预测,根据预测的结果制订平衡供需的计划。

(3)人力资源获取,指从组织内外招募、甄别、选拔和录用合格人员。包括通过各种途径发布招募信息,吸引有意向的人员来应聘,面试、选拔应聘者,挑选出符合要求的人选。

(4)人力资源培训,指员工招聘进来后,为了使新进员工尽快熟悉工作环境,拥有与工作岗位相匹配的知识和技能,使员工更快进入工作状态,以提高工作绩效。同时也要对培训的需求额计划、培训实施过程及培训效果进行评价。

(5)人力资源考核,根据既定的考核标准对员工的工作结果、工作行为和工作态度做出评价,发现存在的问题并加以改进和完善,包括制订考核计划、实施考核及反馈考核结果等活动。

(6)薪酬管理,主要包括确定不同岗位、不同级别员工的薪酬结构和水平,制订福利和其他待遇的标准,根据标准进行薪酬的测算与发放等。

(7)员工关系管理,该职能主要包括协调劳动关系、进行企业文化建设以及营造融洽的人际关系和良好的工作氛围,如员工的职业生涯规划等。

第三节　马术俱乐部人力资源组织结构及职能

一、马术俱乐部人力资源组织结构

21世纪以来,随着马术这项运动的不断发展、马术俱乐部各部门的专业化,马术俱乐部的性质和组织结构已经逐渐在向企业靠拢了。因此,和企业一样,许多大型马术俱乐部实际上已经具备了对自己俱乐部进行人力资源战略规划的经济条件和组织结构条件。

基于马术俱乐部与企业的相似性,如果能采用类比的方法将企业使用的人力资源战略规划模式以适当的方法引入到马术俱乐部领域,将会对马术俱乐部的管理实践提供借鉴。

(一)马术俱乐部人力资源与企业的人力资源组织结构的相似性

(1)企业人力资源组织结构与职能部门。企业人力资源组织结构主要分为直线式、职能式、直线-职能式、矩阵式。

(2)欧洲各大俱乐部对俱乐部人力资源组织结构的划分。参照欧洲一些管理水平先进的俱乐部,大多将俱乐部事务划分为体育、经济和俱乐部内部事务三个部分。

因此,从人力资源组织结构的角度看,马术俱乐部和企业是几乎相同的。但是,与企业部门结构不同的是,有些马术俱乐部并没有设置专门的人力资源部门,总教练的职能权力范围不断扩大,他们已经不再只是总教练,而是马术俱乐部管理部门总经理。

通过上述对俱乐部和企业的比较分析,可见马术俱乐部与企业之间在人力资源组织结构方面确实十分相似,这也证明了将人力资源战略规划引入马术俱乐部确实具有可行性。

(二)马术俱乐部人力资源的角色

在人力资源组织里,通常有两类角色,一类称为人力资源业务伙伴(HR business partner),也被称作人力资源通才(HR generalist 或 Line HR),可以翻译成业务伙伴或者一线人力资源。其直接面对业务部门的经理和员工,为一线部门与员工提供全面的人力资源服务,主要职责包括招聘、培训、绩效管理、员工发展、沟通、文化、机构、离职管理等,他们需要全面了解人力资源工作,能够并且必须回答所有关于人、组织、程序、文化等相关问题,最终帮助业务经理建立一个高效团队,实现组织的目标。

第二类角色称为专员(specialist),有薪酬专员、培训专员、招聘专员等。相比第一类角色的通才特点,这一类角色是专才,他们专注于人力资源的某一个职能,进行深入的研究。如果把第一类角色理解成人力资源领域的应用性人才,第二类角色就是人力资源某一职能的基础研究性人才。他们的主要职责是回答人力资源某一职能的一些专业问题,比如就招聘职能而言,需要考虑的问题包括:确定与理解招聘需求;对人才市场进行有效的分析;选择、评估、管理招聘渠道;建立招聘流程的 IT 平台;面试流程的管理;面试技巧与工具的运用;面试结果与录用确认的沟通等。

(三)马术俱乐部人力资源组织结构类型

马术俱乐部人力资源组织结构可以有很多不同的种类,根据其特征可以划分为以下六类:隐性人力资源组织结构、直线式人力资源组织结构、直线-职能式人力资源组织结构、矩阵式人力资源组织结构、网络式人力资源组织结构、虚拟式人力资源组织结构。

1. 隐性人力资源组织结构

这是马术俱乐部早期发展所采用的人事管理的方式。在这种结构中,人事管理主要由俱乐部老板或经理担任。这种马术俱乐部没有规范的财务、人事和生产制度,一切由经理说了算。此类俱乐部不会太重视人力资源管理,经理与员工之间由一种非正式的关系来维系,俱乐部人力资源管理水平在很大程度上由老板或经理的人力资源管理哲学观点与个人作风决定。

2. 直线式人力资源组织结构

随着马术俱乐部的发展,人力资源管理在企业中变得越来越重要。于是有些俱乐部出现了专门的人力资源管理部门。这类马术俱乐部采用直线式管理,其人力资源管理职能往往归于俱乐部的行政部门。这种结构一般在小型马术俱乐部中较为常见。在这类马术俱乐部中,人力资源管理对俱乐部的成功与发展没有决定性的作用,人力资源管理往往停留在人事管理阶段。马术俱乐部直线式人力资源组织结构如图 4-4 所示。

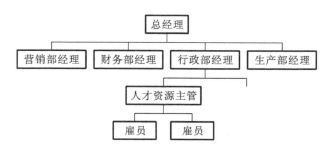

图 4-4 马术俱乐部直线式人力资源组织结构

采用直线式组织结构的人力资源管理部门,往往没有将各种职能分开,仅仅依靠各级管理人员的直线管理来实现人力资源管理的职能。它需要各级经理有较强的人力资源管理能力,能较好地把握全局。

这类结构的优点是:由于企业规模较小,经理可以较好地运用其个人的魅力去鼓舞每一个员工,使企业内部形成一种良好的协同合作氛围。企业人力资源管理方式灵活,一般关系融洽,管理中重视人的因素。

这类结构的缺点是:人力资源管理的某些职能(如员工开发)容易被企业忽视。此外,人力资源部往往不太受重视,更多的是从事例行的人力资源管理工作,如工资福利等的确定与发放、员工人事档案的管理等。

3. 直线-职能式人力资源组织结构

国内外大多数企业的人力资源部采用的是直线-职能式组织结构。这种结构的出发点就是将人力资源管理各类职能细分,各部门分管人力资源管理的一部分功能,这样可以使人力资源管理更加有效与系统,人力资源管理的职能能够得到更加充分的发挥。马术俱乐部直线-职能式人力资源组织结构如图4-5所示。

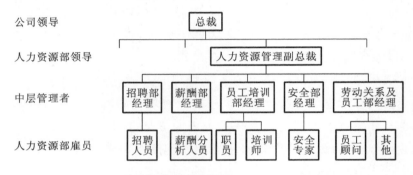

图4-5 马术俱乐部直线-职能式人力资源组织结构

这类组织结构将俱乐部人力资源职能进行了细分,形成专业化分工。在这类俱乐部中,各类人力资源管理职能并重,相互配合协调,充分发挥人力资源管理的作用。这种管理方式较规范,人员与组织结构较为固定。

在人力资源部采用直线-职能式组织结构的俱乐部中,人力资源管理受到了较大的重视,人力资源部门成为俱乐部的主要部门。在这种人力资源管理组织结构中,各类职能都有专人负责,有利于提高各职能的工作质量,人力资源管理的程序性与规范性大大增强。

但在这种人力资源部组织结构下,每种职能并重,缺乏按职能的优先级控制,难以协调。同时这种人力资源管理方式的横向联系不强,有时会与其他部门发生利益冲突。除此之外,人力资源管理的执行从最高层到普通员工所经过的层次过多,成本较高,效率较低。

4. 矩阵式人力资源组织结构

随着信息时代的发展,有些发展较快的马术俱乐部的规模不断扩大,各个部门之间的协调变得越来越复杂。而在传统的人力资源管理体系下,各个分俱乐部的人力资源人员直接听命于上级领导,在横向业务上协调较差,这时出现了矩阵式人力资源组织结构,如图4-6所示。

矩阵式人力资源组织结构往往出现在"部门专业化经营"的企业中,包括产品专业化经营、区域专业化经营等,这时企业人力资源管理经营灵活,需要与各部门配合、协调

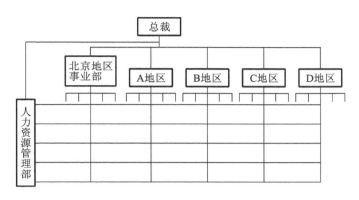

图 4-6　马术俱乐部矩阵式人力资源组织结构

实行不同的策略。采用这类人力资源组织结构的企业一般对人力资源管理十分重视，而这种结构也能有效地保证企业长期健康的发展。这种人力资源组织结构要求企业最高领导层协调能力强，企业内部有完善、高效的管理网络。

矩阵式人力资源组织结构的最大优点是企业各部门可以根据本部门的情况，实行不同的人力资源管理策略，以充分调动各部门员工的积极性，最大限度地发挥各部门的功效。在这类企业中，企业经营策略的制订可以充分考虑人力资源管理的因素，并且可以降低企业人力资源管理的成本。

矩阵式人力资源组织结构的缺点是企业由一维控制变成二维控制，使部门管理与人力资源管理之间的冲突增多，协调工作量增加。

5. 网络式人力资源组织结构

随着马术俱乐部的进一步发展，特别是将来国际马术俱乐部的出现，俱乐部规模会逐步扩大，子公司、分公司的数目增加，有些马术俱乐部开始采用网络式的人力资源组织结构。马术俱乐部网络式人力资源组织结构如图 4-7 所示。

网络式人力资源组织结构适合规模很大的马术俱乐部，特别是适合国际马术俱乐部。要求俱乐部内部要有先进的内部通信手段与沟通手段。各个单元之间可以更好地掌握市场动向，以适应瞬息万变的市场和环境，从而持续取得更快的增长和更佳的业绩。

网络式人力资源组织结构的优点是网络式组织结构可调动各级人力资源管理人员的积极性与创造性，同时便于高层人力资源管理者总体把握企业人力资源管理状况，便于控制人力资源管理的执行。

但网络式人力资源组织结构的机构重叠，造成资源的浪费，人力资源管理成本较高；而且，人力资源管理受技术限制大，中小马术俱乐部往往无力实施。

6. 虚拟式人力资源组织结构

企业人力资源的虚拟管理是最近几年出现的组织结构。由于企业经营环境变得空前激烈，产品的更新换代越来越快，这样企业的经营风险也随之增大。不少过去"大而全""小而全"的企业很难适应这种变化，于是为了在竞争中取胜就出现了虚拟式的人力资源组织结构。这种结构可以发挥各个企业的专长，把各个企业的竞争优势结合在一

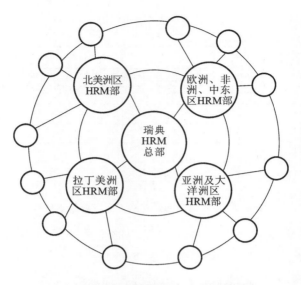

图 4-7 马术俱乐部网络式人力资源组织结构

起,更好地完成原先一个企业的所有职能。这种把人力资源部分职能交由其他企业进行管理的组织形式,就是虚拟式人力资源组织形式。

这种结构适合各个类型的企业,也适合马术俱乐部。其优势在于把非战略性的人力资源管理职能外包:一方面提高人力资源管理的效率,享受规模经济的低成本,减轻俱乐部的管理负担;另一方面又分散了俱乐部经营的风险。但是把人力资源管理的部分职能外包容易引起本企业员工的不满,也容易使企业的人才机密外泄。采用虚拟式人力资源组织结构的俱乐部一般把人力资源管理中核心的职能掌握在俱乐部手中,而外包企业只负责完成前期工作或者例行的工作。

基于马术俱乐部与企业的相似性,企业所运用的人力资源组织结构,也可运用于马术俱乐部。

企业中人力资源管理的组织结构的每种类型都具有自身的特点,适合不同的企业。采用适当的人力资源组织结构,能充分激发起员工的成就感,全面提高人力资源管理水平。马术俱乐部应当在充分了解企业竞争优势与内外部环境的条件下,为俱乐部选择合适的人力资源组织结构,采用与之相适应的人力资源管理方法,从而提高马术俱乐部人力资源管理水平。

二、马术俱乐部人力资源组织职能

(一)马术俱乐部人力资源组织的作用

(1) 有利于为马术俱乐部长期、持续发展提供人才保障。通过马术俱乐部人力资源部门进行中长期的人力资源规划管理,规划出符合俱乐部发展需要的高质量及数量的马术人才,为马术俱乐部的持续稳定发展提前做好人力资源规划,为马术俱乐部的长期发展提供源源不断的人力保障。

(2)有利于为马术俱乐部快速发展提供优质智力支持。通过马术俱乐部人力资源部门对员工不断进行系统的和有针对性的专业培训,使员工更加符合俱乐部发展的需要,最大限度地使员工的个人素质与工作需求相匹配,从而培养更加优质的专业人才,提高工作绩效。

(3)有利于加强马术俱乐部对外部环境变化的适应能力。环境的变化决定着组织人力资源的供求变化,一个组织如果不预测其各个发展阶段所需要的人力资源并提前做好准备,则很有可能出现人员的短缺或过剩。而有效的人力资源管理,通过对人力资源岗位的分析和预测,制订出合理的人才规划,才能面对复杂多变的市场环境做到游刃有余。

(4)有利于实现马术俱乐部组织内部人力资源的合理配置。通过加强人力资源管理,充分重视并挖掘组织者内部的员工潜力,不断培养员工能力,不断优化组织人力结构,提高人员素质,提高人力资源使用效率,从而最大限度地实现人尽其才、才尽其用,使人才得到合理配置和利用。

(5)有利于调动马术俱乐部员工的工作积极性与创造性。通过加强对员工培训以及薪酬、绩效、考核等的管理,为员工发展提供良好的人际环境和发展上升通道,不断激励员工的工作积极性,让员工以俱乐部为家,充分发挥主人翁精神,在工作上不断创新。

(二)马术俱乐部人力资源组织部门岗位职责与权限

1.人力资源部经理岗位职责要求

(1)人力资源部经理岗位职责。马术俱乐部人力资源部经理岗位职责如表4-4所示。

表4-4 马术俱乐部人力资源部经理岗位职责

项目	岗位职责(重点工作+日常工作):岗位终极目标(协助俱乐部实现人力资源管理的良性循环)
1	编制公司人力资源战略规划,为公司重大人力资源管理决策提供专业建议
2	组织制订公司架构设置,管理部门设置及岗位、人员编制等
3	建立健全的人力资源管理信息系统、建立健全的公司人力资源管理制度
4	降低公司各类用人风险、劳资风险,同时代表公司解决劳动争议、纠纷或进行劳动诉讼
5	协助公司管理层进行公司内部人事管理、人资成本管控工作
6	负责公司招聘配置管理、人才培养发展管理、绩效考核管理、薪资分析核定、保密档案管理、劳动合同管理工作
7	校企合作及梯队建设工作
8	负责部门团队建设、日常管理及工作指导

续表

项目	岗位职责(重点工作＋日常工作);岗位终极目标(协助俱乐部实现人力资源管理的良性循环)
9	协助各分公司进行各类人资事务代管事宜,提供人事专业建议
10	完成上级交办的各类工作

(2) 人力资源部经理任职资格。马术俱乐部人力资源部经理任职资格如表4-5所示。

表4-5 马术俱乐部人力资源部经理任职资格

要求项目	具体要求内容描述
教育背景(学历、专业要求)	本科以上,人力资源、管理学相关专业
培训经历	人力资源专业培训、心理学培训、管理学培训
工作经验	十年以上工作经验,五年以上管理工作经验
	熟悉各模块工作特点、范畴与工作流程
	具有明确的工作立场、清晰的工作思路和领悟能力
	具有优秀的统筹能力、沟通协调能力、文字把关能力
	具有开放性和创造性的思路,能改善和优化工作
	原则性和变通性同时具备,心胸豁达,为人正直

2. 人力资源部经理助理岗位职责要求

(1) 人力资源部经理助理岗位职责。马术俱乐部人力资源部经理助理岗位职责如表4-6所示。

表4-6 马术俱乐部人力资源部经理助理岗位职责

项目	岗位职责(重点工作＋日常工作)
1	负责协助部门负责人完成内部工作文件、档案的归档整理
2	负责协助部门负责人完成内部工作制度流程的梳理和拟定
3	负责员工晋升、降职、调动及离职手续的办理
4	负责执行招聘版块工作,包括甄别、筛选、面试等一系列工作,协调用人部门的面试时间及安排
5	负责执行新员工入职引导、各部门对接以及入职培训工作
6	负责同各部门及时沟通,了解人员的工作状况,协助部门负责人合理配置岗位人员,并拟定各项制度
7	负责招聘资源的维护和开发,以及合作的洽谈
8	负责建立完善的招聘体系,包括入职考核表、入职审批表、岗位笔试题、岗位分析
9	负责协助部门内与其他部门进行工作的对接
10	负责公司员工月度绩效工作
11	负责完成领导交办的其他工作

(2)人力资源部经理助理任职资格。马术俱乐部人力资源部经理助理任职资格如表4-7所示。

表4-7 马术俱乐部人力资源部经理助理任职资格

项 目	要 求
教育背景(学历、专业要求)	人资相关专业大专以上学历
专业技能	了解劳动法相关的法律法规
	熟悉各模块工作特点、范畴与工作流程
	具有良好的书面及口头表达能力,有出色的沟通、协调能力
个性特征(行为能力)	独立工作能力较强,具有团队精神和良好的亲和力
	原则性强,思维敏捷、严谨,工作踏实、认真,有较强的敬业精神和执行力

3. 人事主管岗位职责要求

(1)人事主管岗位职责。马术俱乐部人事主管岗位职责如表4-8所示。

表4-8 马术俱乐部人事主管岗位职责

项目	岗位职责(重点工作＋日常工作)
1	负责相关人事报表的工作
2	负责员工考勤的整理及考勤制度的完善、监督和执行
3	负责研究薪酬市场上薪资的变动范围,参与薪资市场调研工作
4	负责准备并进行薪资研究,进而确定员工薪酬标准
5	负责公司员工每月薪资计算、考勤及薪资福利的发放
6	负责社会保险的缴纳等相关工作
7	负责商业保险的缴纳等相关工作
8	完成领导交办的其他工作

(2)人事主管任职资格。马术俱乐部人事主管任职资格如表4-9所示。

表4-9 马术俱乐部人事主管任职资格

项 目	要 求
教育背景(学历、专业要求)	人力资源相关专业
培训经历	人力资源相关资格认证的培训
工作经验	有至少1年的人事相关工作经验
专业技能	熟悉相关法律法规
	熟悉各模块工作特点、范畴与工作流程
	具有良好的书面及口头表达能力,有出色的沟通、协调能力
	具有丰富的项目管理、建设及规划报批流程经验

续表

项　目	要　求
个性特征 （行为能力）	具有较强的计划、组织、协调与管理能力，擅于分析，富有创新精神
	原则性强，思维敏捷、严谨，工作踏实、认真，有较强的敬业精神和执行力

第四节　马术俱乐部人力资源管理的主要内容

一、岗位核定管理

人力资源部门根据马术俱乐部规模大小，以及中长期的发展目标，进行马术俱乐部人员岗位及职位的核定，包括人员的数量和质量，每年的增大或减小的幅度，增加或要淘汰的岗位，都要进行调查、分析与核定，以及每个岗位人才职位的要求都要根据俱乐部发展的需要及人才市场的变化做出决策，为确保马术俱乐部的长远发展提供人力发展规划保障。

二、员工招聘管理

马术俱乐部人力资源部根据每年核定的岗位要求对社会进行员工招聘。这也是马术俱乐部人力资源管理的重要职能之一。员工招聘管理主要包括招聘应遵循的原则，如因岗择人，公开、平等竞争，全面权衡等，以确保招聘进来的员工既有专长，品质作风也优良。尤其是马术行业需要跟马打交道，因此俱乐部的每一个员工都要求具备热爱马匹、重视马匹，同时能吃苦耐劳的品质。同时还要进行人员招聘的经费预算、招聘时间、地点、招聘方法及招聘效果评估等工作进行组织管理。

三、员工培训管理

对新进的员工，为使其在较短时间适应俱乐部环境及岗位要求，需要对员工进行入职培训，以提高员工的工作能力和工作水平。这就需要进行培训需求分析、培训方案的设计、培训内容的选择、培训目标的确定、培训模式及方法的规划，以及培训效果的评价等管理工作。

四、绩效考核管理

人力资源考核是对照工作目标或绩效标准,采用一定的考核办法,评定员工的工作任务完成情况、员工的工作履职程度和员工的发展情况,并将上述评定结果反馈给员工的过程。考核需要遵守客观公正、民主公开、注重实绩、立体考核等原则,要进行考核准备、实施、反馈和运用几个阶段,要确定对马术俱乐部员工考核的内容、指标、绩效标准、考核周期、考核主体等,然后进行具体实施,考核完成后还要进行反馈,以帮助员工改进绩效,为人事决策提供依据。

五、薪酬激励管理

马术俱乐部人力资源部除了要进行招聘、培训、员工管理工作外,还要做好"留人"的工作。就是如何激励自己的员工不断努力工作,为马术俱乐部的发展做出长久的更大的贡献。激励的主要方式之一就是根据员工的贡献制订出合理的薪酬激励模式。比如确定薪酬的结构和水平,实施工作评价、制订福利和其他待遇的标准以进行薪酬的测算和发放等,通过薪酬激励等方式留住员工。

六、员工关系管理

员工关系的好坏对马术俱乐部的组织文化建设及稳定发展具有重要的影响。人力资源部对员工管理主要包括协调劳动关系、俱乐部组织文化建设以及营造融洽的人际关系和良好的工作氛围(如对员工的职业生涯进行规划等),使员工在马术俱乐部工作得更舒心和惬意,也更能发挥主观能动性去做好自己的本职工作。

案例分析1

张某是某知名马术俱乐部的高级马术教练,自1995年进入俱乐部以来,表现十分出色,接到任务时总能在规定时间内按要求完成,并时常受到客户的表扬,还常常主动提出建议,调整计划,改进教学方式,提高骑乘服务教学质量。但在最近的几个月里情况发生了变化,他不再精神饱满地接受任务了,同时几个他负责培训的客户对他也不是很满意,工作热情明显下降。新任经理方某根据经验判断导致张某工作业绩下降的原因是知识结构老化,不能再胜任现在的工作岗位了。方某立即向人力资源部提交了《关于部门人员培训需求的申请》,希望人力资源部能尽快安排张某参加相关的马术专业知识培训,让张某开阔思路。人力资源部接到申请后,在当月即安排张某参加了一个为期一周的马术训练方面的培训和研讨会。一周结束回到俱乐部后,状况没有出现任何改变。

思考与讨论：如果你是该马术俱乐部人力资源部经理，你将怎么样进行解决？请根据所学知识分层阐述。

案例分析2

李娜是北京某马术俱乐部的人力资源部经理，俱乐部最近招了一名会籍销售员李勇，在经过面谈后，李娜认为李勇在销售方面具有很大的潜力，具备俱乐部要找的销售人员条件。可是，两星期后李勇提出离开俱乐部。李娜把李勇叫到办公室，就他提出辞职一事进行面谈。

李娜：李勇，我想和你谈谈。希望你能改变你的主意。

李勇：我不这样认为。

李娜：那么请你告诉我，为什么你想走，是别的俱乐部给你的薪水更高吗？

李勇：不是。实际上我还没有其他工作。

李娜：你没有新工作就提出辞职？

李勇：是的，我不想在这里待了，我觉得这里不适合我。

李娜：能够告诉我为什么吗？

李勇：在我上班的第一天，别人告诉我，正式的培训要一个月后才进行，他们给我一本销售手册，让我在这段时间里阅读学习。第二天，有人告诉我在徐汇区有一个展览，要我去公关部帮忙一周。第三周，又让我整理。在产品培训课程开课的前一天，有人通知我说，由于某些原因课程推迟半个月，安慰我不要着急，说安排俱乐部的销售骨干胡斌先给我做一些在职培训，并让我陪胡斌一起拜访客户。所以我觉得这里不适合我。

李娜：李勇，在我们这种行业里，每个新员工前几个月都是这样的，其他地方也一样。

思考与讨论：

1. 你认为这家俱乐部新员工培训存在哪些问题？
2. 针对此案例，结合人力资源管理知识，就如何避免上述问题提出你的建议。

复习思考题

1. 俱乐部人力资源如何实现其对组织的价值？
2. 马术俱乐部人力资源管理的主要内容包括哪些？
3. 马术俱乐部人力资源组织需要加强管理吗？为什么？
4. 我国的马术俱乐部人力资源组织体系管理还存在哪些问题？面临哪些挑战？未来的发展趋势应该是怎样的？
5. 马术俱乐部人力资源管理水平的高低对马术俱乐部运营效果会产生什么样的影响？

（周　胜　周东华）

第五章　马术俱乐部财务管理

内 容 提 要

- 财务管理概述
- 财务管理目标
- 财务管理的一般原则
- 马术俱乐部财务管理的任务、程序和内容

学 习 目 标

- 了解财务管理及其主要内容
- 掌握财务管理的目标和原则
- 掌握马术俱乐部财务管理的任务、程序和内容

第一节　财务管理概述

一、什么是财务管理

英文"Finance"一词有财务、金融、财政、筹措资金、理财等多重含义,但都与钱的获取、运用和管理有关,即理财。通常,当涉及微观层面的内容时,人们习惯上称"Finance"为财务,如公司财务、财务公司、财务状况、财务报表、财务决策等;当涉及宏观层面的内容时,习惯上则称其为金融、财政,如金融市场、金融中心、金融中介、金融期货等。本书研究的是现代企业的理财活动,故称"Finance"为财务。

在现实经济社会,资源是稀缺、有限和多用途的,而钱又是最灵活的一种资源,因此绝大多数人都对钱感兴趣,都与钱打交道。在实际生活中,人们经常要面对如下问题:

是否应当进行一项投资?

项目投资需要多少钱?从哪里获得项目所需资金?

企业通过何种方式筹集所需资金？

应以多大的成本获得一笔贷款？如何使其代价最小？

如何运用资金使之效率最大？

企业应该保持多大的规模？

是否应该购买一项资产？

手中的股票值多少钱？

以上都是财务涉及的问题。概括地说，财务是一门涉及决定价值和制定决策的学科，其功能是配置资源。财务有三个主要方面，即公司财务管理、投资者的投资、金融市场与金融中介，它们从不同角度处理与理财有关的交易活动。

财务管理是财务的一部分，通过决策制定和适当的资源管理，在组织内部应用财务原理来创造并保持价值。从企业的角度看，财务管理就是对企业财务活动过程的管理。具体来说就是对企业资金的筹集、投向、运用、分配以及相关财务活动的全面管理。其目的是有效利用资源，以便实现企业的目标。

二、财务管理的内容

企业生产经营的过程，从购买生产要素开始，到投入生产过程，生产出中间产品和最终产品，再进入销售过程，最后取得销售收入和利润；然后进行质的提升或量的扩张，进入下一个再生产过程。这是一个资本不断运动变化的过程，也是企业财务活动的过程。资本是企业财务活动的基本要素，企业财务活动的基础是资本的运动。资本的运动过程及内容，决定了企业财务活动的内容。而企业财务活动的内容，就是企业财务管理的内容。

根据企业财务活动的内容，企业财务管理可主要概括为筹资管理、投资管理、营运资产管理、收入与分配管理。财务管理实际上是一种决策，该决策主要有以下几个方面。

（1）投资决策。决定企业是否应该购买长期资产，企业将投资于哪些资产，是否进行新项目投资等。企业长期投资的计划与管理过程，称为资本预算（capital budgeting），即对未来现金流的大小、时间和风险的评估。

（2）融资决策。决定如何获得企业所需要的资金，融资成本有多大，如何安排企业长期债权与股权的比例结构才能使公司的价值最大，如何使融资成本最小等。

（3）营运资本管理决策。企业的营运资本管理是一项日常活动，用以保证企业持续经营、避免生产中断以及由此带来的巨大损失。营运资本管理决策包括企业应该持有多少现金和存货，是否应向客户提供信用销售，如何获得必要的短期融资等内容。

（4）收入与分配决策。即决定公司采取什么样的股利政策，在公司股利分配与留存收益之间如何进行选择，并分析公司股利政策对企业资本结构、公司价值、股票价格的影响等。

除了上述四项决策以外,财务管理决策还包括企业的并购、重组、破产清算、跨国经营财务管理、财务分析与财务计划等内容,它们一起构成了企业财务管理的完整内容。

三、财务管理的特征

现代财务管理以企业价值或股东财富最大化为目标,以企业资本运动为对象,以财务决策为核心,以投资、融资、营运资本管理为主要内容,贯穿企业管理的全过程。财务管理利用资本、成本、收益、利润等价值指标,来组织、使用企业的各种资源和要素,以便形成、实现和分配企业的价值,体现"理财"的特征。因此,财务管理实际上是一种关于价值的管理和决策,是对企业再生产过程中的价值运动所进行的管理。

现代企业财务管理具有如下特征。

(1) 涉及面广。企业生产经营的各个方面、各个领域、各个环节都与财务管理密切相连。企业生产要素的购买、生产的组织、营销的开展、资产的管理、技术的开发、人事与行政的管理、分配的进行等活动,无不伴随着企业资金或资本的运作。每个部门或环节在如何使用资金、成本的大小及如何实现收入等方面,都受到财务管理制度的制约。从有效利用资源的角度看,财务管理涉及企业生产经营和管理的各个方面。

(2) 综合性强。财务管理能以价值形式综合反映企业的生产经营及管理的效果、财务信息和财务指标,能综合地反映出企业的资产负债情况、成本与收益大小、资源利用效率等,进而反映出企业的管理水平、竞争力及市场价值。通过财务信息把企业生产经营的各种因素及其相互影响等全面、综合地反映出来,进而有效地促进企业各方面管理效率的提高,是财务管理的一个突出特点。此外,在进行财务分析和决策时,财务管理人员必须了解和掌握现代经济学、金融学、会计学、统计学、管理学等相关知识和方法。从这个意义上说,财务管理决策具有知识综合性的特点。

(3) 企业管理的核心。现代企业管理包括生产管理、技术管理、人力资源管理、财务管理、营销管理、资产管理、战略管理等许多内容,其核心是资源配置和价值创造。钱从哪里来?往哪里花?企业的终极目标是什么?如何少花钱多办事?如何有效地利用资源?如何有效地激励管理人员和员工?如何考核、度量企业的经营绩效?如何分享企业的经营成果等,这些都是企业管理者必然关注的问题。企业生产运营、管理的一切方面,最终都归结为财务管理的基本问题,都要通过财务指标来反映。再好的企业,如果长期处于亏损状态,就不能说是一个好的企业;再好的管理,如果不能实现公司的价值目标,不能使股东财富或企业价值增加,就不能说是一个有效的管理。从这个意义上说,财务管理是现代企业管理的核心。

(4) 不确定性和复杂性。在现实世界中,未来充满着不确定性。由于信息不完全或信息不对称,以及委托代理关系的普遍存在,使得现代企业在进行财务管理决策时,将受到众多不确定性因素的影响。例如,商品及要素价格的变化、利率及汇率的变化、决策者偏好、竞争对手策略、市场结构与市场需求的变化、国内外金融市场的波动、宏观经济政策的调整、技术创新与变革、制度的变化等,都将对企业的财务管理活动和财务管理决策产生重要影响。这些变量具有较大的不确定性或不可预知性,使得企业财务管理面临着极大的不确定性,财务管理决策就变得更加复杂。

第二节 财务管理目标

财务管理目标就是通常所说的理财目标,是指企业进行财务活动所要达到的根本目的,它决定着企业财务管理的基本方向。关于企业的财务管理目标,在财务理论界有不少提法,也一直存在一些争论。随着财务经济学的发展和企业管理实践的变革,财务管理的目标也在不断演化。

本章着重介绍在理论和实践中具有广泛影响、曾经被人们普遍接受或认同的三种主要观点;对与财务管理目标相关的一些问题,如企业的社会责任、代理问题与利益冲突等,本章也进行了简单的介绍。

一、利润最大化

利润最大化的观点,在经济学中根深蒂固,在理论和实践中具有相当广泛的影响。自亚当·斯密以来,经济学家就把人类行为界定为追求财富最大化,即假设人是具有理性的经济人,个人追求自身利益的最大化,而市场通过"看不见的手"自发协调经济运行。利润最大化是新古典经济学的基本假设之一,新古典经济学在分析微观个体的经济行为时,假设个人追求效用最大化,而厂商追求利润最大化。在完全竞争的市场中,当边际成本等于边际收益时,厂商就实现了利润最大化,而实现利润最大化的要素组合,就实现了资源的最优配置。因此,许多经济学家都以利润最大化来分析企业的行为和评价企业的业绩。经济学中的利润,指的是经济利润而非会计利润,而且是长期利润。

利润最大化曾经被认为是企业财务管理的正确目标。这种观点认为:利润代表企业新创造的财富,利润越多则企业财富增加越多。以利润最大化作为企业财务管理目标有其科学成分,企业追求利润最大化,就必须不断加强管理、降低成本、提高劳动生产率、提高资源利用效率。追求利润最大化反映了企业的本质动机,也为企业的经营管理提供了动力。同时,利润这个指标在实际应用中简单直观,容易理解和计算,经营收入减去经营成本就是利润,在一定程度上也反映了企业经营效果的好坏。

利润最大化观点在实际运用中存在以下缺陷。

(1)利润最大化模糊不清。利润有多重含义,例如,是会计利润还是经济利润,是短期利润的最大化还是长期利润的最大化。

(2) 利润最大化忽略了所获货币的时间差异,即没有考虑货币的时间价值。

(3) 利润最大化忽略了不同方案之间的风险差异,没有考虑所获利润应承担的风险问题,有可能导致财务管理者不顾风险的大小而去追求更多利润。

(4) 利润最大化中的利润,是一个绝对数,它没有反映出所获利润与投入资本额的关系。

(5) 如果片面强调利润的增加,有可能诱使企业产生追求利润的短期行为,而忽视企业的长期发展。这在中国国有企业的经营绩效考核中表现得尤为突出。

常有学者把每股收益最大化目标作为利润最大化的改进而提出来。然而,这也不是一个完全正确的公司目标。首先,它没有确定预期回报发生的时间或时期。其次,使用传统回报率,如投资回报率,没有考虑风险因素,并且没有考虑股利政策对股票每股市价的影响。如果公司的唯一目标是每股收益最大化,则公司将永远不支付股利,因为可以把收益留在公司内部,以投资于任何回报率为正的项目。

二、股东财富最大化

股份公司是现代企业的主要形式,其典型特征是所有权与经营权的分离。股东不直接参与企业的经营管理,而是委托给经营者,委托代理就成为一种普遍现象。根据现代委托-代理理论,企业经营者应该最大限度地谋求股东或委托人的利益,而股东的利益是要增加投资回报,增加股东财富。因此,股东财富最大化这一目标就自然受到人们的关注。

股东作为企业的所有者,其财富就是他所持公司股票的市场价值。如果以未来一定时期归属股东权益的现金流量(如每股收益或每股红利),按所要求的最低回报率(考虑风险报酬的资本成本)折为现值,可得到股东投资报酬的现值,这就是股东财富的具体体现。

许多经济学家主张应选择股东财富最大化作为企业财务管理的目标,理由如下。

(1) 股东财富非常明确,它基于预期流向股东的未来现金流量,而不是模糊的利润或收入。

(2) 股东财富明确地取决于未来现金流量的时间,股东财富最大化在一定程度上能克服企业在追求利润时的短期行为。因为不仅目前的利润会影响股票价格,预期未来的利润对企业股票价格也会产生重要影响。

(3) 股东财富的计量过程考虑了风险因素,风险的高低会对股票价格产生重要影响。

(4) 股东财富最大化目标比较容易量化,操作方便、简单。

股东的财富由其拥有的股票数量和股票的市场价格来决定。当股票价格最高时,股东财富也就达到了最大。所以,股东财富最大化通常衍变成公司股票价值最大化。

公司理财强调股票价值最大化的原因有如下几方面。

(1) 股票价格在所有的衡量指标中最具有可观察性,能被用来判断一家上市公司的表现。与不经常更新的收益和销售不同,股票价格不断更新以反映来自公司的最新消息。

(2) 在一个理性的市场中,股票价格趋向于反映公司决策所带来的长期影响。与会计衡量指标不同,如收入、销售或市场份额,这些指标都只是着眼于公司决策对当前运作产生的影响,而股票的价值则是公司前景与长期状况的函数关系。在一个理性的市场中,就投资者而言,股票的价格趋向于反映它本身的价值。

(3) 公司股票价格是所有市场参与者对公司价值判断的集中反映。公司股价受很多因素的影响,包括现在及可预期未来的每股收益、收益发生的时间安排、收益的期间和风险、公司的股利政策以及其他影响股价的因素。因此,公司的股价是公司经营情况的"晴雨表",显示了公司的良好管理带给股东的利益。

(4) 如果股东对公司管理业绩不满意,可以出售手中的股票。如果众多不满意公司管理的股东都出售持有的股票,该公司的股票价格就会下跌。这样,管理者就将面临压力,就必须为改进公司的管理而努力,积极为股东创造价值。

以股东财富最大化作为公司财务管理目标的观点,具有十分广泛的影响,是目前国外理财学和财务管理教科书中提及最多的主流观点。虽然在理论上还存有争议,但股东财富最大化还是为越来越多的人所接受或认同。在实际中,也有许多大企业以股东财富最大化作为自己的追求目标。下面列举一些著名公司设立的公司目标。

Coca Cola 公司在 1995 年年报中称:"我们只为一个原因而存在,那就是不断地将股东价值最大化。"

Campbell Soup 公司在 1995 年年报中称:"我们的首要目标是增加股东的长期财富,以补偿他们的风险。"

Equifax 公司在 1995 年年报中称:"为股东创造价值是我们全部的经营和财务策略的目标。"

Georgia-Pacific 公司在 1995 年年报中称:"我们的任务永远是创造新的价值和增加股东财富。"

Transamerica 公司在 1995 年年报中称:"我们将继续增加公司全体股东的价值。"

强调股东财富最大化,也面临着以下问题。

(1) 只适合上市公司,对非上市公司很难适用;只强调股东利益,而忽视了其他利益相关者的利益。

(2) 股票价格受多种因素的影响,并非上市公司所能控制;在实行股票期权激励的公司中,可能会诱使管理层弄虚作假,千方百计抬高股价。

(3) 受雇的经营者可能因自身的利益而背离股东财富最大化的目标。

(4) 股东能够通过剥夺贷款人和其他权益所有者的财产而增加自己的财富。

(5) 强调股东财富最大化的公司可能为社会制造了大量的成本（负的外部性），而这些成本却无法在公司的财务报表中反映出来。

三、企业价值最大化

企业价值最大化，又称公司价值最大化，是股东财富最大化的进一步演化。所谓公司价值（company value），是指公司全部资产的市场价值。这里的企业价值有别于股东财富，股东财富是指所有者权益的价值。

所谓企业价值最大化，是指通过经营者的经营管理，采用最优的财务政策（如资本结构决策和股利政策等），在考虑货币时间价值和风险的情况下，不断增加企业的财富，使企业的总价值达到最大。以企业价值最大化作为财务管理的目标，其优点与股东财富最大化相类似，其基本估价思想也一致。

现代企业理论中的利益相关者理论认为，公司的目标不是追求股东价值最大化，而是应满足各利益相关者的不同需求和利益。因此，企业的目标应该是追求企业的内在价值和长期价值。企业价值最大化目标，不仅考虑了股东的利益，还考虑了债权人、经理层、企业员工等利益主体的利益。

以企业价值最大化为目标的最大困难，就是企业价值的估价方法问题。目前理论上常用的价值评估方法有现金流量贴现法、超常收益贴现法、基于价格乘数的估计方法等，但对于用什么方法，折现因子和估价时期如何确定等问题，都还没有一个统一的标准或结论。

四、其他目标与企业的社会责任

（一）其他目标

企业的财务管理目标，除了上述三个最大化目标外，还有不少其他提法，如经济效益最大化、市场份额最大化、产量最大化、收入最大化、社会利益最大化、就业最大化、权益资本收益率最大化、成本最小化等。

在这些其他目标中，有的目标是股东财富最大化或企业价值最大化的中间目标，如市场份额最大化、产量最大化、收入最大化，而不是终极目标。中间目标与终极目标，有时一致，有时不一致。有的目标是政府企业或非营利组织的目标，如社会效益最大化、就业最大化、成本合理负担等。但这些目标可能缺乏经济效率，因为当稀缺的资源用于竞争性用途时，可能导致资源的错误配置。有的目标只是我国学者根据我国企业实际，针对上述三个目标的缺陷而提出的，不具有普遍意义。

(二) 企业的社会责任

在探讨企业的管理目标时,企业如何处理与利益相关者的关系,是一个无法回避的问题。

在企业经营中,存在着与人性假设同等重要的假设——企业经营道德性假设。它是企业及其管理者持有的关于企业经营与伦理道德关系的假设,或者说是关于有效地处理企业与利益相关者关系的假设。其基本特征是道德经营以社会为前提:企业通过对社会做出贡献的方式谋求自身利益的最大化,企业在满足所有者利益的同时,还要考虑其他利益相关者的利益;企业经营活动与社会的伦理规范有关,可以用社会的伦理规范来评价企业的经营活动;法律是最低限度的道德标准,企业应当按照高于法律要求的伦理规范从事经营活动。

支持企业道德经营假设的观点认为,企业是社会的一分子,是社会资源的受托管理者。同时,企业也使用、消耗大量的社会资源,如社会为企业提供了必不可少的法律及监管环境、公平竞争的市场环境、良好的公共基础设施、环境保护、经营管理所需要的各类人才等。因而,企业在谋求自身利益的同时,应该为增加社会福利做出贡献。而且,企业对社会有巨大的影响力,根据权责相符的原则,企业必须承担与此相称的社会责任。

企业与利益相关者存在着休戚与共的关系,只有考虑了利益相关者的利益,企业的利益才可能得到保障;由于存在着市场失灵(不完全竞争、外部性、信息不对称),所有者利益最大化不一定能给社会带来最大的好处,而可能带来较大的负外部性(社会成本);法律是人们必须共同遵守的最低行为规范,法律只规定什么是不应该做的,而没有指明什么是应该的、受鼓励的。社会是不断发展变化的,法律往往滞后于现实,仅仅守法不太可能激发员工的责任感、使命感,不太可能赢得顾客、供应商、政府、社区、社会公众的信赖和支持,也就不太可能取得卓越的发展。

股东财富或公司价值最大化并不意味着管理者可以忽视公司的社会责任,如保护消费者权益、向员工支付薪金、保持公正的雇佣和安全的工作环境、支持员工教育、保护环境等。公司唯有承担社会责任而别无选择,股东的财富,甚至公司的生存都依赖于它所承担的社会责任。

强调企业的社会责任,并在此基础上追求企业的利益最大化,这是许多经济学家和管理学家所持的共同观点,也是当前国际上许多著名的大公司所奉行的理念之一。

五、值得注意的问题

在讨论企业的最大化财务管理目标时,必须注意如下几个问题。

(1) 最大化目标的假设问题。任何一种理论或命题都有其严格的假设,否则就不一定成立。例如:利润最大化目标假设存在完全竞争的市场,人是理性的经济人;股东财富最大化目标假设管理者具有道德感,不会给社会或其他利益相关者带来负外部性,即社会成本可以忽略,以及信息充分和市场有效等。

(2) 最大化目标的可实现性问题。即企业的最大化目标在实际管理中能否真正实现;如果在某一时期实现了最大化目标,那么企业今后应该如何发展。

(3) 总体目标还是具体目标问题。

(4) 动态目标还是静态目标问题。

(5) 长期目标还是短期目标问题。

六、利益冲突、代理成本与公司控制

(一) 代理问题

现代企业的一个重要特征,就是所有权与经营权的分离,由此就产生了委托代理关系。委托代理(principal-agent)关系是指某人或某些人(称为委托人)为将责任委托给他人(称为代理人),雇用他或他们而形成的关系。委托人和代理人的权利与义务均在双方认可的契约关系中加以明确。当委托人赋予某个代理人一定的权利,比如使用一种资源的权利时,一种代理关系就建立起来了。代理人受契约(正式与非正式的)制约,代表着委托人的利益,并相应获取某种形式的报酬。当委托人与代理人的利益目标不一致时,就产生了所谓的代理问题。

在现实经济中,股东与管理者的关系就是一种典型的委托代理关系。企业的所有者,即股东是委托人,经营管理层是代理人。由于所有者与管理者之间的信息不对称及利益的差异,使得管理者的行为可能偏离所有者的要求。这里的代理问题就是:一方面,管理者能否完全按股东的意愿或要求行事,管理者是否把股东财富或公司价值作为最大化目标;另一方面,股东将如何有效地激励、约束、监督管理者按股东的意愿和利益行事。

(二) 利益冲突

在企业财务活动中,主要的利益冲突有两类:一是股东与经营管理者之间的利益冲突;二是股东与债权人之间的利益冲突。

1. 股东与管理者

管理者的目标可能不同于股东的目标。管理者一般有其自身的利益或目的,常把股东的财富最大化目标放在其他管理目标之后。二者之间的利益冲突表现为:管理者不持有企业的股份,他的努力所带来的企业盈利的增加不能为自己所有,但却要承担这些努力的全部成本;或者相反,管理者的成本由全体股东承担,而好处却由管理者来享受。

管理者与股东之间的利益冲突还体现在许多方面。

(1) 管理者可以利用企业的资源在职消费，用企业的钱为自己谋福利（如豪华的办公条件、奢侈的出差旅行等）。这些开支可计入企业成本，由全体股东来承担。

(2) 体现支配公司的权力和地位。例如，管理者的主要目标可能是企业规模最大化，他们通常找一个大的、迅速成长的企业，以达到减少敌对收购、增加工作安全性、增加控制企业资源的权利、提高自己的社会地位和工资待遇、增加晋升机会等目的。

(3) 管理者可使用股东授予的权力，把企业的资源用于个人。如经理从本公司借出一笔钱，直接向本公司股东收购股票，由于管理者熟悉公司的情况，他们可以通过对公司发布信息的方式，以低价购买、高价卖出的方式获利。

(4) 管理者为了维护自身的利益，在管理中有可能采取短期行为。例如，在选择投资项目时，选择那些近期利润高的项目而拒绝远期效益好的项目，为回避风险而放弃风险大而利润高的投资机会等，从而损害股东的利益。

2. 股东与债权人

股东与债权人之间存在利益冲突的根源在于他们对公司现金流量索取权的本质差别。债权人通常对公司现金流量具有第一位的索偿权，但当公司履行偿还债务时，他们只能得到固定的本金和利息。而股东则只对剩余现金流量有索取权。如果没有充足的现金流量履行其在财务上的债务义务，那么股东有权宣告公司破产。因此，债权人以比股东更消极的眼光看待项目选择和决策中的风险。

股东与债权人的利益冲突可能会导致前者从后者身上转移财富，如通过采纳高风险项目、支付过高的股利、提高财务杠杆水平等方式，却不对债权人所发生的财产损失进行补偿。具体表现为以下方面。

(1) 债权人希望企业选择风险小的项目，而股东则愿意为了高回报选择高风险的项目。债权人只能得到本金和利息，而股东则可以得到全部剩余。但当企业破产时，股东受有限责任保护，仅以出资额为限来承担风险。在高风险情况下，债权人也承担企业投资失败的风险，却又不能从承担高风险之中获得更多回报。股东可以通过公司经理来影响企业的盈利和风险决策。

(2) 提高财务杠杆水平可能会使当前债权人的处境恶化，尤其是在财务杠杆水平提高很大并影响到公司的违约风险，同时债权人也处于不被保护的情况下。负债比例上升而债券信用等级却大幅度下降，现有债券价格的下跌反映了公司较高的违约风险。

(3) 股利政策是另一个引起股东与债权人之间利益冲突的问题。通常来说，增加股利会导致较高的股票价格，减少股利会导致较低的股票价格。而债券价格对股利增加反应消极，但对股利减少反应灵敏。

因此，债权人保护自己利益的最直接办法就是在债券协议中签订合约，专门注明禁止或限制这类可能导致剥夺财富的行为。

(1) 限制公司的投资政策。一些债券协议对公司在哪里投资以及投资项目中能承受的风险都进行了严格的限制,并专门赋予债权人在投资行为不符合他们利益的情况下行使否决该投资的权利。

(2) 限制股利政策。一般来说,许多债券协议通过把股利支付与收益相联系的办法来限制股利政策。

(3) 限制额外的财务杠杆。一些债券协议要求公司在发行新的担保债券之前必须取得当前债权人的同意,以保护当前债权人的利益。

(三) 代理成本

为了减少经理与股东之间的利益冲突,股东通过设计及实施激励机制和监督机制来约束管理者的行为,尽量避免管理者背离股东的利益。解决管理者和股东之间利益冲突的费用是一种特别的成本,称为代理成本,主要包括以下几个方面。

(1) 监督成本。指监督管理者经营活动的费用。

(2) 实施控制的成本。指控制管理者行为的费用。如:成立公司治理机构,包括董事会、监事会、财务控制系统、审计系统等的开支;限制管理者行为的组织机构(如监事会)的开支。

(3) 股东行使权利时发生的机会成本。指因管理者决策权利有限而失去好的投资机会造成的机会损失。

(4) 采用激励管理者的措施,以提高经营效率的费用。一般来说,企业为解决代理问题所采取的办法是激励与监督相结合。

同时,债权人为维护自己的利益,通常采取一定的措施,或要求较高的风险报酬。如:提高借款利率;在债券的合约条款中加进许多限制性条款,从而保护自身的利益。这也使公司为解决股东与债权人之间的利益冲突而发生一定的费用,这些费用形成了公司的另一类代理成本。

(四) 公司控制

股权分散化导致大公司的所有权与经营权分离,引发的一个重要问题就是:谁控制企业?股东能控制管理者的行为吗?

股东可以使用以下措施使管理者与股东的利益联系在一起。

(1) 经理被解雇的威胁。股东通过投票决定董事会成员,控制董事会成员,由董事会成员来选择管理者。但现代企业股权的分散化使个别股东很难通过投票表决来撤换不称职的总经理。许多大公司为机构投资者所控制,他们所持有的股份足以使他们有能力解雇总经理。这样管理者为了巩固其管理地位,就会为股东的利益着想,使股东财富最大化。

(2) 绩效激励机制。关于经理的激励措施是对企业经营活动实施控制的主要手段。将管理者的经营绩效、对股东和公司所做的贡献以及他在职权范围内所承担的风险等与管理者所获得的报酬联系起来,通过与管理者签订薪酬奖励计划,激励管理者追求股东的目标。根据管理者的经营绩效,按其管理效果的好坏进行程度不等的奖励是目前公司采用的主要激励手段,如股票期权计划、认股权证奖励和绩效股奖励等,这已被许多公司所广泛采用。

(3) 公司被并购的威胁。如果因为管理不善或决策失误导致公司股票价格大幅度下跌,公司可能被其他企业或个人收购。公司被接管后,公司的高层管理者有可能被解雇,即使不被解雇,原公司管理者的地位也明显下降。因此,公司的高层管理者都不希望自己的公司被其他公司所并购,这将激励管理者采取股东利益最大化的行动。但有时公司管理者为防止本公司被恶意收购,也会采取不利于股东的措施,如以更高的价格回购本公司股票等。

(4) 经理人才市场的竞争。经理人才市场的竞争也可以促使管理者在经营中以股东利益为重,否则,将被其他人取代。经理人才作为一种人力资源,其价值是由市场决定的,人才市场的信息反映了经理们的经营业绩。公司股票价格越高,说明经理的经营能力越强,股东财富也越大,同时经理在人才市场的价值也随之升高。愿意支付给管理者更高报酬的企业将吸引更好的管理者,这样,经理所追求的个人最大化目标就能得以实现。因此,有效率的经理人才市场是企业减少代理成本的一个有效途径。

(5) 增加股东的权利。有许多方法可以增加股东对经营者的权限和控制。第一,要求公司给股东提供更多、更及时的信息,以便他们能对公司的管理运营状况作出正确判断。第二,让某位大股东直接参与到管理层,在公司决策时发挥重要作用。第三,培养更加积极的机构股东。第四,使董事会对股东更负责任,即减少内部人员在董事会中的数量。

第三节 财务管理的一般原则

财务管理的原则是企业组织财务活动、处理财务关系、进行财务决策所依据的准则,它包括一系列基本的价值观或信念,这些价值观或信念为理解财务管理和进行财务决策提供了基础。企业财务管理的一般原则可以概括为以下几方面。

一、资金(资本)优化配置原则

企业发展过程中所面临的各种资源总是稀缺和有限的。财务管理的根本目的就是要实现资源优化配置和企业价值创造。所谓资金(资本)优化配置,就是要实现包括资本要素在内的生产要素的最优配置和组合,即通过资金的组织、调节和合理运用,来保证各种人力资源和物质资源具有最优化的结构和比例,从而实现企业资源的优化配置和公司价值的增加。从财务管理的角度看,就是合理配置企业各种资金的结构和比例问题。因此,企业进行资本结构决策、投资组合决策、存货管理决策、收益分配决策等都应该坚持这一原则。

资金(资本)优化配置原则实际上反映了货币的时间价值观和机会成本观。从经济学角度看,货币是一种最灵活的资源,相对于个人、家庭、企业对货币的需求而言,它同样具有稀缺性、多用途性。货币具有时间价值,它反映了货币所有权转移或让渡的代价或补偿,反映了购买力在时间上交换的回报,反映了将其用于一种用途而放弃的其他用途的代价,即机会成本。总之,货币的时间价值集中反映了货币资源的稀缺性和使用货币的机会成本思想。这里所说的资金(资本)优化配置原则,就是要坚持货币的时间观和机会成本观,在多用途而有限的企业资金的分配和使用上,进行权衡和有效配置。

二、成本-收益比较的原则

经济学中对人们行为的一个重要假设,即人是具有理性的经济人,人们会按照符合自己利益的方式行事,即自利行为原则。在此原则下,个人和家庭追求个人利益最大化,企业追求企业利益最大化。因此,当企业对一项经济活动或一个项目进行决策时,必须对该活动或项目的成本与收益进行计算和比较。一般情况下,企业决不会做赔本的交易。尤其是从企业的长期目标看,一项经济活动或项目,只有它为企业带来的所有收益(长期)大于由此而产生的一切成本时,该项目才是可接受和可实施的。对成本和收益进行比较,是投资决策和理财活动的最基本原则,这一原则体现了企业的收益观。

三、风险-收益对应的原则

现实世界中充满了不确定性,因此也就存在着各种风险。企业在激烈的市场竞争中进行财务活动和财务决策,不可避免地要遇到各种风险,在风险和报酬之间存在着一个对应关系。要想有一个获得巨大收益的机会,就必须冒可能遭受巨大损失的风险。根据自利原则,当其他一切条件相同时,人们倾向于选择高报酬和低风险。尽管人们普遍对风险很反感,但所做的任何决策和选择都是有风险的。如果人们倾向于高报酬和低风险,并按自利原则行事,那么市场竞争的结果就产生了风险与报酬的权衡,竞争迫使人们在其投资报酬和风险之间的各种组合中进行选择。人们要想获得较高的报酬,就必须为此承担较高的风险;反过来,如果人们已经为某一事项或活动承担了一定的风险,那么也自然会要求获得与该风险相对应的回报。在理财活动中,收益越高,所面临的风险也越大;风险越大,所要求的收益也就越高。这就是风险与收益相对应的原则,这一原则体现了现代企业的风险观。

四、利益关系协调的原则

现代企业理论认为,企业是契约关系的联结体。在现代企业经营管理实践中,存在众多的企业利益相关者,那些受企业行为影响或可能影响企业行为的任何个人、群体和组织,都是企业的利益相关者,通过与企业的契约关系,与企业发生着联系,包括客户、供应商、竞争对手、政府、所有者、债权人、企业员工、社区等。企业与利益相关者的关系是客观存在的,没有了这种关系,企业也就无法生存和运作了。图 5-1 表明了企业与其利益相关者的关系。

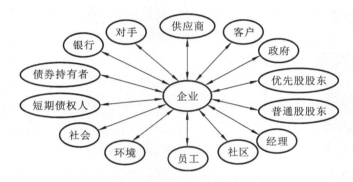

图 5-1　企业与其利益相关者的关系

因此,企业在追求自身利益最大化的同时,应满足各利益相关者的不同需求和利益。只有考虑了利益相关者的利益,企业的利益才有可能得到保障。各方利益相关者的关系协调,是企业理财目标顺利实现的前提。

在企业财务管理中,应力求企业的利益相关者的利益分配均衡,减少企业与利益相关者之间及各利益相关者之间的利益冲突。企业在进行投资决策、资本结构决策、融资决策和利润分配决策时,应时刻考虑到利益相关者的利益,使企业的利益分配在数量上和时间上达到动态的协调平衡,使各利益相关者"各得其所",从而实现合作共赢。企业的利益关系协调的原则体现了现代企业的利益观和发展观。

五、收支积极平衡的原则

在企业财务管理中,不仅要保持各种资金存量的协调平衡,而且要注意资金流量的动态协调平衡。所谓收支积极平衡,就是要使企业的资金不仅在一定时期内达到总量上的平衡,而且在每一时点上力求协调平衡。

如果在某一时期,企业的收入明显大于支出,即存有大量闲置的现金流,这时企业就应该积极地寻找投资机会,或者对外投资,或者扩大经营规模;反之,如果企业在一定时期的收入明显小于支出,即出现入不敷出或资金短缺现象,则企业就应该积极筹集所需资金,或者寻求银行贷款,或者加强现金管理和应收账款管理。财务管理的过程,正是不断地寻求收支大体平衡的动态过程,它既涉及现金管理、存货管理、应收账款管理等营运资本决策,又涉及投资管理、融资管理等决策,还涉及企业的成本管理与决策。只有保持这种动态的收支大体平衡,企业才可能健康、稳健地发展。收支积极平衡的原则体现了现代企业的稳健理财观。

六、分级分权管理的原则

在现代公司制企业中,所有权与经营权相分离,委托代理关系的存在,使公司治理呈现出分权、分层的治理特征。与此相适应,公司财务管理也必然是分级、分权管理。

由于所有者和经营者对企业财务管理具有不同的权限,必须进行分权财务管理。而按照公司的组织结构,所有者财务管理和经营者财务管理,分别由股东大会、董事会、经理层、财务与会计部门来实施,进行分层财务管理。

从公司治理角度看,与现代公司治理结构相适应,企业应建立适当的财务治理结构,它是规范所有者和经营者财务权限、财务责任和财务利益的制度安排。公司财务治理包括财务决策机制、财务监督机制、财务激励机制等内容,反映了出资者对被投资企业的股权资本的控制关系,也反映了资本所有者对管理者的委托代理的控制关系,还反映了公司内部会计控制系统对业务系统、会计人员对经理人员的监督与控制关系。

公司财务治理的分层控制包括以下三个层次。

(1) 所有者对经营者的控制。出资者为了实现保值增值目标,只能通过控制其资本的方式操纵法人财产。

(2) CFO行使会计控制权利。实际上,CFO是代表经营者进行会计控制和理财,经营者财务控制的对象是企业法人财产。

(3) 公司内部的会计控制。直接面向经营者及经营主体,贯彻企业的财务和会计方面的控制制度。

财务控制权的分层管理也表现在以下两方面。

(1) 财务决策权的分层管理和配置。公司股东或董事会决定公司的重大投融资事项;经营管理层决定公司的营运资本管理;而各职能部门或分公司则主要负责公司的营业性收入和支出管理。

(2) 财务监督权的分层配置。股东大会对董事会、财务总监和监事会对经理层、经理层对会计人员和各所属部门的管理与控制。

在委托代理框架下,企业财务管理坚持分级、分权管理,能够提高企业的运营和管理效率。因此,这一原则体现了现代企业的管理效率观。

第四节 马术俱乐部财务管理的任务、程序和内容

一、马术俱乐部财务管理的任务

马术俱乐部财务管理的任务就是管好、用好资金,提高资金使用效率,降低马术俱乐部经营成本,正确分配收益,为经营决策提供依据。具体表现如下。

(一)管好、用好资金,完成企业总体目标

马术俱乐部要在正确执行国家政策、经济法规、财经纪律的前提下,围绕俱乐部的经营目标,做好财务计划,管好、用好俱乐部资金,合理组织资金运作,使资金运作与俱乐部经营相适应,促进俱乐部总体目标的实现。

(二)降低成本,增加积累

马术俱乐部要加强经济核算,加速资金周转,在保证服务质量的前提下,降低成本费用,增加合理的资金积累。

(三)正确分配利润,及时缴纳税款

马术俱乐部在进行分配收入时,要处理好国家、俱乐部和员工的利益关系。在俱乐部财务管理中,要正确计算成本、收入,正确分配盈利。属于国家应得的部分,要及时上缴,属于俱乐部和员工应得的部分,要给予保证。

(四)执行财务制度,加强财务监督

马术俱乐部要实行严格的财务监督,加强法制观念,维护财经纪律,保护俱乐部财产安全。财务监督时利用价值形式对企业经营活动进行监督。具体来说,财务部门通过财务收入控制和分析及财务指标检查来进行监督,控制财务收入,才能及时发现和制止违反制度规定和违反财务纪律的行为。

(五)参与经营决策

决策是马术俱乐部管理的首要环节,决策正确与否对俱乐部经济效率的好坏有着举足轻重的作用。因此,财务部门必须掌握相关资料,测算指标,提供可靠数据,参与俱乐部的经营决策。由此可见,财务管理的主要任务可以概括为做好预算(计划),筹集资金,用好资金,开源节流,分配收益,执行制度。

二、马术俱乐部财务管理的程序

(一) 计划

这个程序主要是编制财务计划。计划过程包括收集信息资料,根据已掌握的资料提出不同的计划方案,通过对方案的评估和筛选,做出决策,然后再对所选择的方案,进行可行性分析和研究,定案后就成为俱乐部的执行计划。因此,计划程序是由这若干步骤所组成,这种审编定案方案就是系统分析的方法。

(二) 日常财务工作管理

日常财务工作管理主要是为保证计划的完成。

(三) 检查与分析

这个过程也是由一系列工作所组成,这个程序也称为财务分析。如果是全面评价俱乐部的经营管理,就称为俱乐部经营活动分析。检查就是查看各项经济活动示范按计划进行;分析就是找差距,分析原因,改善计划,以便更好地进行管理。

三、马术俱乐部财务管理的内容

(一) 资金管理

资金管理包括流动资金、固定资金管理。既对资金的静态——来源和占用进行管理,也对资金的动态——资金周转进行管理。

(二) 成本费用的管理

成本费用的管理是对服务供应过程中发生的人力、物力、财力的消耗进行管理。对成本管理要进行成本预测,编制成本计划,监督成本核算,控制成本形成,分析成本指标,分析成本计划完成情况和搞好日常管理。

(三) 收入和利润的管理

收入是对资金消耗(成本费用)的补偿,收入减去成本费用的差额就是利润,它是资金使用和俱乐部经济活动的最后成果。销售收入管理的主要内容包括在市场调查和销售预测基础上,编制销售计划,开展日常管理,监督企业销售合同执行情况和商品销售情况,及时办理结算。盈利管理的主要内容有正确计算和缴纳各项税金,正确分配盈利,完成上缴任务,分析各盈利指标完成情况等。

(四) 财务收支管理

财务收支管理是搞好年度和月度财务收支指标的平衡,开展财务收支日常管理等。财务收支管理重点做到:①固定资金管理要做好投入资本的管理;②流动资金管理包括现金管理,债权、债务管理,票据管理,存货和办公用品管理等;③做好解散和清算管理;④做好中外合营企业中方独立财务核算的管理。

南京赛马场

南京赛马场位于南京城东马群地区,包括看台、马厩、赛道、赛场、广场、运动员公寓、马医院、员工宿舍、室内训练馆、马游泳池、办公大楼、商贸超市等部分。南京赛马场可以进行速度赛马、越野赛马、障碍赛、盛装舞步等赛事。南京赛马场继2005年举行过十运会马术赛事后,其场地基本闲置,马场每年亏损约1000万元。因面临维持马场运营的高额费用,马场于2006年开始出售高尔夫及马场俱乐部会员卡,以此缓解巨大的经济压力。

入会资格:

1. 社会知名人士;

2. 个人终身会员80万元,3年会员8万元(限20名);

3. 公司终身会员250万元,3年25万元(限10名)。

入会权益:

1. 会员可在俱乐部竞拍马匹的冠名权和领养权,在认领期间内如果马匹成绩优秀,可推荐代表江苏省参加全国性马术比赛。

2. 会员可认养俱乐部马匹,也可在俱乐部内寄养马匹。

3. 会员可享受专业马术培养,并可参加由俱乐部定期举办的全国性马术比赛。同时会员也可优先展示会员的企业形象,宣传企业品牌。

4. 会员享有本俱乐部各项投资计划优先参与权及优惠承购权。

思考与讨论:请从南京赛马场的案例中分析财务管理对马术俱乐部运营的重要性。

复习思考题

1. 财务管理的内容是什么?

2. 企业财务管理的一般原则有哪些?

3. 试述加强马术俱乐部财务管理的重要性。

(张夏青)

第六章 马术俱乐部客户服务管理

内 容 提 要

- 客户服务管理的内涵及本质
- 马术俱乐部客户服务管理的组织结构及职能
- 马术俱乐部客户服务的内容
- 我国马术俱乐部客户服务体系的现状及建议

学 习 目 标

- 掌握客户服务管理的内涵
- 理解马术俱乐部客户服务管理的组织结构和职能
- 了解我国马术俱乐部客户服务体系

第一节 客户服务管理的内涵及本质

一、客户服务管理的内涵

客户服务管理是指企业为了建立、维护并发展客户关系而进行的各项服务工作的总称,其目标是建立并提高客户的满意度和忠诚度、最大限度地开发利用客户。客户服务是一个过程,是在合适的时间、合适的场合,以合适的价格、合适的方式向合适的客户提供合适的产品和服务,使客户合适的需求得到满足,价值得到提升的活动过程。客户服务管理是了解与创造客户需求,以实现客户满意为目的,企业全员全过程参与的一种经营行为和管理方式,其内涵就是如何吸引客户、吸纳客户、服务客户、维系客户的过程。

二、客户服务管理的本质

剑桥战略计划研究所分析了过去十几年来2600项左右的商业案例,得出如下结论:

商业利润与企业所提供的产品与服务质量是直接、紧密联系的；提供优质产品与服务的企业几乎在所有指标(市场份额、投资回报率、资产周转率等)上都位于首列。在整体质量中占比例最大的因素是客户服务。

客户服务利润链如图 6-1 所示。

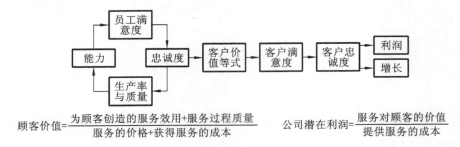

图 6-1　客户服务利润链图

客户服务需求如图 6-2 所示。

问题：到底谁是你的客户？

答案：客户到底需要什么？

客户的潜在需求如图 6-3 所示。

图 6-2　客户服务需求图　　　　图 6-3　客户的潜在需求

第二节　马术俱乐部客户服务管理的组织结构及职能

一、马术俱乐部客户服务的组织结构分类

马术俱乐部客户服务的组织结构一般分为大型俱乐部客户服务部的组织结构和中小型俱乐部客户服务部的组织结构。

大型俱乐部客户服务部的组织结构如图 6-4 所示。

中小型俱乐部客户服务部的组织结构如图 6-5 所示。

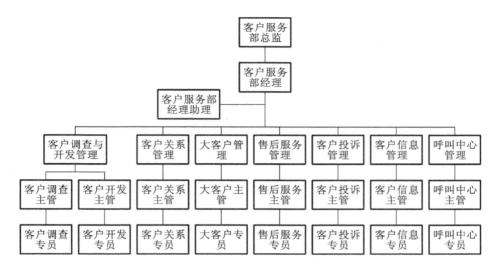

图 6-4　大型俱乐部客户服务部的组织结构图

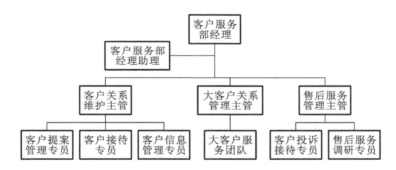

图 6-5　中小型俱乐部客户服务部的组织结构图

二、马术俱乐部客户服务部的职责

（1）制订客户服务工作的各项制度，包括各类服务操作流程、岗位责任制度、客户服务人员考勤制度等，以便于操作执行和监督检查。

（2）制订客户服务标准、业务标准和流程标准，规范客户服务工作，为客户提供优质服务，提高客户满意度，塑造企业形象。

（3）客户资料库的建立和完善，保证客户资料完整、信息准确，客户信用信息及时、有效，防止客户信息泄露。

（4）以客户为中心的服务管理，巩固和增进与客户的合作关系，同时使企业准确把握和快速响应客户的个性化需求，提高客户的忠诚度，提高运营效率和利润收益。

（5）客户投诉处理和监督检查，及时发现问题，总结经验教训，从而达到完善服务管理机制、改进服务工作流程、提高服务效率和工作水平的目的。

（6）围绕产品销售过程开展配套的售后服务工作，进行客户需求调查并反馈给相关部门以改进工作;认真对待客户来信、来电、来访提出的问题,处理及时、公正。

(7) 向社会做出产品和服务的承诺,从而方便客户监督和投诉,塑造企业良好的社会形象。

(8) 围绕公司的销售目标,拟写客户开发计划,制订大客户管理策略并组织实施。

(9) 客户分析与行为调查,为企业制订科学的销售策略、服务策略提供支持。

(10) 其他相关职责。

三、马术俱乐部客户服务部的服务模式

(1) 优化马术俱乐部的运营价值链。客户管理使原本"各自为战"的市场人员、策划推广、销售人员、服务人员等组成了一个强大的运营价值链,整个价值链成员以"满足客户需求"为中心目标协调合作,使得客户价值得到最大化的体现。

(2) 发掘延续新老客户。对于会员,通过对马术俱乐部资源的整合,帮助马术俱乐部捕捉、跟踪、利用所有的客户信息,在内部实现资源共享,从而使马术俱乐部更好地管理销售、服务和客户资源,为客户提供快速周到的优质服务;对于潜在客户,通过完善系统的客户关怀、电话拜访、会议营销及产品宣传,使客户了解和认识马术俱乐部品牌,进而对马术俱乐部品牌产生好感,最终转化成会员。

(3) 拓展全新市场空间。通过客户管理对市场进行细致的分析,使得俱乐部可以及时从客户座谈、客户投诉、市场调研等方面发现市场机会和开发适合市场的增值服务,使马术俱乐部竞争力提高。

(4) 促进马术俱乐部效益提高。客户管理通过整合马术俱乐部的全部业务环节和资源体系,使马会的运营效益大大提高。客户管理在马术俱乐部的资源配置体系中起到了承前启后的作用,既可综合电话服务中心、会所、市场部、网站等形成马术俱乐部的"前端喉舌",也可以渗透财务和人力资源等部门整合企业的内部组织。客户管理对马术俱乐部资源的整合,实现了马术俱乐部的信息共享,使得业务流程的自动化程度和员工的工作效率大幅度提高,促使马会效益的提高。

四、马术俱乐部客户服务部的权力

(1) 有权参与公司营销政策的制订,并提出相应建议。

(2) 有权参与年度、季度、月度营销计划的制订,并提出意见和建议。

(3) 有权对破坏客户关系的行为和过失提请处罚。

(4) 有对客户服务部内部组织机构建立、员工考核的权力。

(5) 有对各办事处或区域销售经理、销售人员考核的参与权。

(6) 有对客户服务部门内部员工聘任、解聘的建议权。

(7) 有要求相关部门配合相关工作的权力。
(8) 有在客户服务部内部工作开展的自主权。
(9) 其他相关权力。

五、马术俱乐部客户服务部经理的岗位职责

(1) 负责制订客户服务部各项制度,规范客户服务部的各项工作。
(2) 负责制订客户服务标准及各项工作规范,并对实施人员进行指导、培训。
(3) 负责管理、安排本部门的各服务项目的运作,如售后服务和维修管理等。
(4) 负责对客户服务人员进行培训、激励、评价和考核。
(5) 负责对企业的客户资源进行统计分析,抓好客户档案资料管理工作。
(6) 负责按照分级管理规定,定期对所服务的客户进行不同形式的访问、拜访。
(7) 负责按客户服务部的有关要求对所服务的客户进行客户关系维护。
(8) 负责对客户有关产品或服务质量投诉与意见处理结果的反馈。
(9) 负责大客户的接待管理工作,维护与大客户长期的沟通和合作关系。
(10) 努力提高上门服务的工作质量,加强对客户代表的职业道德和形象教育。
(11) 客户提案制度的建立与组织实施。
(12) 负责制订客户服务标准及各项工作规范,并对实施人员进行指导、培训。
(13) 建立与管理呼叫中心,全面了解客户意见、需求,为客户提供即时服务。
(14) 负责创造企业间高层领导交流的机会。
(15) 完成总经理临时交办的其他工作。

六、马术俱乐部客户服务部主管的岗位职责

(1) 协助客户服务部经理制订客户服务部的各项规章制度并具体实施。
(2) 协助客户服务部经理制订客户服务工作的各项标准,并对实际操作人员进行指导。
(3) 负责实施客户服务部各服务项目的开发、运作。
(4) 负责客户资料的收集、统计、分析,建立客户资料信息库。
(5) 负责安排售后服务人员的工作班次及上门服务工作。
(6) 按客户服务部的有关要求对所服务的客户进行客户关系维护,积累经验与技巧。
(7) 负责客户投诉的接待与一般性问题的处理,并及时反馈处理结果。
(8) 关注客户服务工作的发展,收集相关资料,为企业完善客户服务工作提出建议。

(9)根据业务发展要求,制订客户调查计划并组织实施,为企业决策提供资料支持。
(10)完成客户服务部经理交办的其他工作。

七、马术俱乐部客户服务中心的基本职能

客户服务中心立足服务,面向俱乐部各业务领域客户群,为客户提供各项业务咨询和服务,处理VIP贵宾会员的各项需求;维护客户在享受各项服务的过程中与俱乐部的良好关系,提升客户对俱乐部服务、产品、教练人员、培训技术服务质量等的美誉度和忠诚度,塑造良好的俱乐部社会形象;完成客户满意度调查,促进客户满意度不断提升,为销售和售后工作提供有力支持;有效整理收集客户信息数据,建立客户信息数据库,并完成客户信息数据分析;策划和组织实施客户服务策略,制定客户服务规范,树立公司的品牌,提高客户满意度,提升俱乐部服务形象和社会声誉;与俱乐部各部门及其上级部门协同合作,共同推动公司各业务领域的服务质量提升和持续发展,为打造"卓越,典范,百年信赖"最具竞争力和最具影响力的标杆俱乐部做好客户关系维护和服务。

八、客户服务类别

一般来说,商业俱乐部为客户提供的服务有四大类:核心服务、特色服务、增值服务和体验服务(图6-6)。

图6-6 客户服务类型图

建立完善的客户服务控制和评估机制,能使客户服务体系更规范化、制度化,进而更好地实现俱乐部与客户互动。

第三节 马术俱乐部客户服务的内容

马术俱乐部客户服务理念是俱乐部为了增强市场竞争能力、提升服务水平而建立和实施的俱乐部运营思想,它明确了客户服务工作的内涵、目的和任务,以及实现客户服务工作目标的重要指导思想,是俱乐部进行客户服务工作及相关工作的指导方针。

良好的客服形象、良好的技术、良好的客户关系、良好的品牌是经营性马术俱乐部

的核心服务理念,要求以最专业性的服务队伍,及时和全方位地关注会员的每个服务需求,并通过提供广泛、全面和快捷的服务,使会员体验到无处不在的满意和可信赖的贴心感受。

一、马术俱乐部客户服务的主要内容

马术俱乐部客户服务的主要内容包括:马术培训、马匹买卖、马匹寄养、马球表演、马背婚礼、豪华马车和骑警仪仗巡逻等。

马术俱乐部针对不同类型的客户提供个性化增值服务。①提供品牌附加价值:顶尖人士圈子的样板示范;身份区隔的价值外化。②提供商务附加价值:商务交流的实用平台;拓展人际关系的实用平台;激发交际圈子的社交价值;发现商机的实用平台。③提供马文化附加价值:马会生活才是一种充分、鲜活的马文化;增加和国内国际顶级马会的交流机会;马会的文化贴近不懂马的人群。④提供会员权益附加价值:马会附加价值服务包;马会承办赛事的优先观摩权;短期促销的优先享受权。

二、建设专门的客户会员服务流程

(一)会员特色服务

为马会会员专门提供一台客户端,会员可在客户端输入自己的卡号和密码,进入自己在客户管理系统的会员界面,进行一些个性化的操作。此举的目的在于既能方便会员利用本套系统为自身服务,又能展示俱乐部高科技含量和高附加值的实力,在会员之间形成良好口碑,挖掘潜在客户资源。

(二)技术参数录入

会员可定期在自己的会员界面输入诸如来马场的时间、练习或者学习的技术等,可让会员看到自己学习状态的变化,从而进行学习计划的调整,增进会员在俱乐部的建设效果。

(三)会员资料查询和修改

会员可对自己已经填写的资料进行查询和修改,或可对未填项目进行补充;会员可修改在客户端界面的登录密码。

(四)生日提醒

在会员生日的当天,系统会自动给出生日提醒和良好祝福,体现俱乐部对每一位会员的人文关怀。

(五)客服顾问

马术俱乐部对外服务之一的窗口是通过客服顾问的指导服务与马术教练员的技能服务来实现,而马术俱乐部是否能成为同行业中有力的竞争者,同样取决于马术俱乐部的品牌、客服顾问的指导和马术教练员的技能服务质量等。如果把马术俱乐部推向市场,以俱乐部会员满足需求为第一指导服务宗旨,那么,客服顾问直接与俱乐部会员接触就是站在俱乐部会员需求的最前沿。因此,客服顾问掌握着对马术俱乐部的反馈等具体相关的资料与建议,以及引导开发方向。

三、留住马术俱乐部客户的方法

(一)客户流失的主要原因

洛克菲勒公司的一项调查中发现的客户流失的原因如图 6-7 所示。

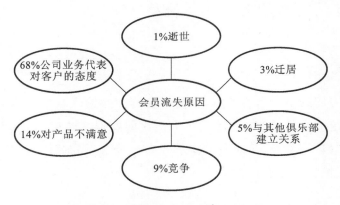

图 6-7　客户流失的主要原因分析图

(二)留住马术俱乐部客户的方法

(1)以客户为重。
(2)善用聆听技巧。
(3)克服异议/难题/投诉。
(4)保持和提高自信心。
(5)令愤怒的客户平伏情绪,使其回心转意。

客户服务标准图如图 6-8 所示。

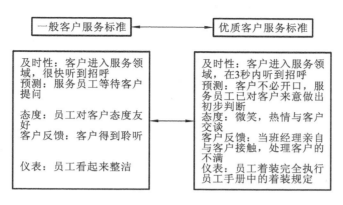

图 6-8 客户服务标准图

第四节 我国马术俱乐部客户服务体系的现状及建议

一、我国马术俱乐部客户服务体系的现状

（一）现代服务业的持续经营离不开品牌的构建与科学的经营理念

通过调查发现，我国目前多数经营性马术俱乐部盲目追求眼前利益，一味发展新会员而忽略对老会员的经营管理与服务，以至于客户会员更换频繁，经营状况不稳定。同时，还有一些小型俱乐部急于盈利，甚至欺骗客户。这些缺乏长远经营理念的俱乐部不但加剧了客户对会员制消费的不信任，更破坏了整个俱乐部的经营环境。

（二）员工素质参差不齐，缺乏规范化服务技能

由于我国目前马术俱乐部的规模和档次不平衡，俱乐部从业人员的职业素质和文化素养参差不齐，前台服务、会籍顾问、教练员等缺乏服务经验及规范化服务技能，且人员流动性相当大。其中部分俱乐部中教练员的素质和技能无法满足客户的需要，俱乐部不重视员工素质与服务技能的培训，这对俱乐部的连续正常经营和品牌形象的树立有巨大的负面影响，致使俱乐部客户服务体系难以健全完善。

（三）服务形式与内容单调，客户服务范围狭窄

目前，国内大部分经营性马术俱乐部的产品和服务内容过于单调，核心产品仍停留在马术教习上。事实上马术俱乐部不仅仅是单纯的运动，它还结合了其他各方面内容。狭隘的经营理念致使俱乐部无法扩展自己的服务内容和产品形式，狭窄的服务范围是没有根据客户需要及俱乐部实际情况设置多元化的服务内容，没有形成自身的个性和

特色,忽视对客户服务过程中的方式和态度,客户服务缺乏稳定性、细节性和一贯性。

(四) 商业马术俱乐部市场发育尚未成熟

由于目前商业马术俱乐部市场发育尚未成熟、市场竞争日益激烈、目标市场细分不明显使得很多俱乐部不能树立正确的客户服务理念,没有明显的竞争优势,多数俱乐部纷纷将竞争的焦点对准见效较快的价格战,为了提高俱乐部利润,多数马术俱乐部入会价格变动频繁,甚至会员入会时可以议价。这样的做法,一方面使得俱乐部利润降低,在实际运营中不得不调整市场定位,服务质量大打折扣;另一方面,损害了消费者权益,降低了消费者对于俱乐部的忠诚度。这种做法是只顾眼前利益不顾长远利益的短视行为。

二、构建完善的俱乐部客户服务管理体系

(一) 确立以客户为中心的经营理念,建立忠诚会员群

当前马术俱乐部数量急剧增加带来的是激烈的市场竞争、残酷的优胜劣汰。为了在竞争中保持自身优势和持久盈利,经营性马术俱乐部在营销服务与客户管理等方面都必须具有对手无法模仿的特性。马术俱乐部要意识到品牌与信誉的重要性,从课程设置、销售到会员服务、维持等运作程序上都要不断完善。同时,要保持良性经营和持续发展,俱乐部必须拥有科学、独特的经营理念。只有本着正确的经营理念,不断完善课程、会员以及质量管理,确立以客户为中心的经营理念,建立忠诚会员群,才能建立良好的信誉口碑,也才能稳定、持久地运营。

(二) 注重员工素质培养、培训和职业规划

马术俱乐部教练员必须具备较高的综合素质才能满足客户服务要求。他们不仅要具有相关马术骑乘方面的专业知识,还要强化教学能力,注重创新能力、自主能力的提高。对俱乐部员工定期进行培训,加强管理各岗位员工的思想素质、服务意识,要求每位教练员尽职尽责地完成本职工作。只有高水平、专业性的教练员才能运用广博的专业知识及专业技能,体现专业性服务的特点,提高服务意识,引导会员消费以及繁荣消费。

一般客户对于俱乐部客户服务质量的认同是基于对俱乐部服务质量的感知,因此客户的意见是评价俱乐部服务质量好坏的依据。马术作为一项高雅的运动,教练员更需要具备较高的综合素质才能满足客户服务要求。他们不仅要具有马术相关的专业知识,还要有较高的思想素质。对于服务行业而言,只有高水平专业性的教练员才能运用广博的专业知识及专业技能,展现马术运动的优雅,并与客户建立并保持结构性联系,牢牢抓住客户,引导客户理性消费。

(三)完善马术俱乐部的服务形式与内容

完善的配套设施和营造舒适的环境,是马术俱乐部发展的物质保障。马术俱乐部的地理位置、规模大小、场地设施等是客户选择俱乐部时的重要考虑因素。通过改善配套服务和建立俱乐部地区网络,例如,扩建停车场、在合适的地点开俱乐部连锁机构等方式,帮助会员节约时间、体力、精力,从而降低会员的成本。除了提供最基本的硬件设施外,如能免费提供淋浴室、更衣室、饮水处、休息间、空调等服务项目,这些细节都将成为会员续期的重要砝码。俱乐部应提高服务质量,实施人性化服务和管理。设立会员顾问,拉近俱乐部和会员的距离,让俱乐部更了解会员,也让会员更了解俱乐部。针对不同年龄、职业、收入、兴趣爱好的会员的要求增设新项目。

(四)加强宣传力度,做好马术俱乐部品牌建设

对马术俱乐部来说,欲建立自己的忠实会员群,最根本的方法是建立自己的品牌。首先,品牌可以不断提高老会员对俱乐部的忠诚度,这种忠诚度是由整体满意度所产生的,是一种强化关系的意愿,它是一种能使得他们愿意重复购买并乐意向他人推荐的行为。其次,品牌效应可以传播俱乐部和服务的形象,帮助俱乐部拓展服务渠道和客户服务市场,有利于马术俱乐部的健康和谐发展。品牌属于无形资产,俱乐部的无形资产实质就是俱乐部的社会形象与声誉,当人们选择马术俱乐部时,会考虑品牌名称所带来的力量和信心。俱乐部社会形象好、知名度越高,这种无形资产的市场价值也就越高。在管理体系方面,应制订正确的俱乐部发展计划、员工的升职和雇佣标准,健全会员投诉体系和会员数据库。

(五)确立"服务第一,销售第二,以客户为中心"的经营理念

要保持良性经营和持续发展,俱乐部必须拥有科学、独特的经营理念。研究表明,提供高质量的服务与俱乐部赚取利润、节约成本和争夺市场份额是密切相关的。日益激烈的竞争市场给了客户更多选择,他们希望得到更多综合性的服务,如最好最安全的骑乘体验、教练及时的骑术反馈和俱乐部服务人员无微不至的关怀等。不断完善马术教学课程、提高会员教学的质量及加强其人身安全管理,这不仅让会员的体验质量得到提升,也增强了会员的好感度与忠诚度。

北京新世纪日航饭店:优质的客户服务就是自己最好的名片

北京新世纪日航饭店是北京五星级酒店中极其低调的一家,但是想入住这里却需要提前一周预定,否则可能订不到房间。新世纪日航饭店认为优质的客户服务就是自

己最好的名片。

快速、准确、细致、到位的优质客户服务

新世纪日航饭店提供精细化管理与个性化服务，主要体现在四个基本特点：快速、准确、细致、到位。

2011年3月3日，瑞士国防部长访华团入住新世纪日航饭店。当天下午5点左右该团的一位客人来到礼宾部接待台，说他需要定做五件白衬衫，并要求第二天晚上8点拿到手。礼宾部员工赶忙找到某知名品牌的电话并打了过去，结果被告知对方只做中式衣服，定做不了像衬衫这样的衣服。随后礼宾部员工又拨打了其他几家知名店，其他几家知名店也没有这种定做衬衫的业务。最后，经过多方的询问和查找终于联系上一家可以制作衬衫的制衣店——红都制衣（主要做西服），礼宾部员工将客人的要求与对方说明，并确定红都制衣店师傅当晚来新世纪日航饭店为客人量身。当晚9点左右红都制衣店的师傅冒着凛冽的寒风来到新世纪日航饭店为客人进行量身，并在第二天客人要求的时间之前把五件崭新的白衬衫交到客人手中。客人非常满意，临走之前特意来到礼宾部向在场的每一位员工行军礼表示感谢，并说道，"我问过很多人，他们都无法做到，但你们做到了，真的为你们感到骄傲。"

越紧急越反映服务水平

2011年10月的一天早晨，一位意大利客人急匆匆地找到大堂经理求助。

原来这位意大利客人要到新世纪日航饭店的写字楼参加GMT考试，下车时不慎将护照遗落在出租车上。由于没有护照无法进行考试，考试即将在上午9点开始，迟到15分钟后将被取消资格，所以客人十分着急。大堂经理让客人拿出出租车发票，以便帮忙联系司机，可这位客人下车时居然没有索要出租车发票。

事情很棘手，大堂经理一边安抚客人，一边联系保安部。在大堂经理的再三询问下意大利客人也没有记清车牌号，这给寻找护照增加了很大的难度。保安部员工只好向客人问清了出租车的颜色、司机的相貌特征及大概到达的时间和地点，然后去监控室查看当时的监控记录。

大堂经理把客人安顿到酒店大堂酒水吧，给客人点了意式咖啡，让他边休息边等待。

此时保安部迅速地调出了早晨的所有录像，意大利客人的下车地点停靠过100多辆出租车，每辆车都是黄绿色，靠车的外观分辨有难度。保安员根据大概到达时间、下车客人的体貌，一个个分析对比，终于找到了这辆车。可是车牌号却不是十分清楚，最后两位号码看不清楚。

保安人员当机立断，立即联系出租车管理处，根据车牌号的前几位数确认了车是哪家出租车公司的，又找到其所属公司，最终联系到了出租车司机，司机在得知此情况后在最短时间内把护照送回了饭店。

拿到失而复得的护照，正好离考试还有10分钟，客人与在场的所有员工握手致谢，并对新世纪日航饭店所提供的帮助不胜感激。

第六章　马术俱乐部客户服务管理

超乎想象的个性化服务

在管理中的每个环节,服务中的每个细节,看似不起眼的一件事,都能让客人满意甚至惊喜,也能起到以小见大、出奇制胜的效果。

"您好,送餐服务。请问有什么可以帮您?"

"你好,请问是送餐服务吗?"

"是的,先生。请问先生需要点餐吗?我们这里有……"

"你能不能上来一趟?"

"您好,先生。您的房间里有一份菜单,您需要点什么菜请直接告诉我,我会以最快的速度给您送上去。"

"不是……是这样的,我母亲身体不太好,你能不能过来一趟给我们推荐几款比较适合的菜品,你看,我中文也不太好,电话里也说不清楚。"

"好的,先生。我马上过去。"

"您好,送餐服务员。"餐厅服务员按响了门铃。

开门的是位老先生,年龄在 50 岁左右。房间里面还有一位老奶奶,应该就是电话当中所说的母亲。通过简短的对话,餐厅服务员了解到以下信息:一是两位是来自日本的客人,刚入住酒店;二是老奶奶的身体特别不好,血压高,胃不舒服,而且最重要的是还患有糖尿病;三是客人后天离开北京飞往洛阳。根据这些情况,服务员第一时间打电话让师傅尽快给客人准备一些点心充饥。根据老奶奶的身体情况服务员给他们推荐了两款菜品:第一款是芹香花生米,并跟二位解释,西芹有降血压的功能,而花生米则可以缓解胃不适;第二款是萝卜丝炖虾,虾富含蛋白,营养丰富,对老年人身体特别好,而且这款菜不含任何糖分,也不油腻。最后又给他们点了两杯牛奶,并解释牛奶可以缓解疲劳,促进睡眠。两位客人很高兴,连声道谢。一切进展得很顺利。没想到点完后老奶奶说特别想吃馒头,问服务员有没有。服务员有点犯难:去哪儿找呢?但还是一口答应下来尽量去给他们想办法。酒店要求客户正当合理的需求应当予以满足,每个服务人员都应该给客户提供个性化服务。

当时已是深夜 12 点,后厨现做馒头已经来不及,此时酒店外也没有地方买。最后服务员在员工食堂找到了两个馒头,值班经理嘱咐服务员一定要给客人加热后让师傅做一个拼盘。馒头问题就这样解决了。

新世界日航饭店非常重视培养忠实的客户,并且建立了一套完善的客户关系管理系统,使客户入住后可以得到无微不至的人性化服务。

服务无小事

通过非常规性或客人没有预料到的惊喜而实现的极致化管理和服务,有时就体现在很小的一件事上。

住在 1910 号房间的叶女士是一位来自江苏省的商务客人,10 年来,她多次往返于江苏与北京之间,入住过多家酒店,对客房的要求非常高,经常用挑剔的眼光审视每一个服务细节。当她因为没有预定上其他酒店而第一次选择了入住新世纪日航饭店时，为了保住客源，酒店安排了有多年客房服务经验的优质服务员为其提供服务。服务员在清洁房间时，发现客人只选择酒店配送水果篮中的苹果，于是记录下来，以后每天在果篮内增加苹果，而且每天更换以确保新鲜。在客人入住的两天后，有一次服务员敲门询问清扫房间时，听到房间内有隐隐约约的呻吟声，但无人应答，服务员顿时提高警惕，在按照程序敲完门仍然没有回应的情况下，用工作钥匙将房门打开。门打开后服务员看见叶女士脸色通红地躺在床上，嘴里发出微弱的呻吟声，服务员赶紧上前询问情况。经过了解得知客人因为着凉出现高热，服务员迅速浸湿了一条毛巾敷在客人头上为其降温，又在经过客人许可的情况下联系医院急救车。在等待急救车到来之前服务员始终寸步不离地照顾客人，递水、换毛巾，直到将叶女士送上急救车。在接下来的两天里，叶女士每天要去医院输液，再加上来京出差的工作任务，没精力及时间清洗衣服，服务员就主动将叶女士房间脏衣物放到洗衣机中清洗，洗好后晾晒，并在下班前将晾干的衣服叠好整整齐齐地码放在床上。一天，服务员在房内清扫时，听到叶女士说"窗外的绿色真美"，便想到如果将绿色植物移到房间不是更好？当天服务员就把情况反映给客房部经理，随后一大盆绿色植物很快就搬到了叶女士的房间。此次的住宿经历给叶女士留下了深刻美好的印象。

两周后叶女士又一次入住新世纪日航饭店，这次正好赶上她的生日。客房部于是组织了楼层主管、楼层负责人、楼层服务员为她举办了生日宴会，并送上生日鲜花及生日蛋糕。在生日宴会上叶女士情不自禁地说："以前从来没有多次住在同一家酒店，虽然这次来也只是第二次，但我相信你们酒店将是我以后在北京酒店中的第一选择。你们的工作太好了，服务热情、素质过硬。上次我生病时对我无微不至的照顾使我非常感动，我无论出现在哪里，员工都能亲切地叫出我的名字，好像我们是一个大家庭的亲人一样。"

细心观察客人的生活习惯，用敏锐的眼光和丰富的经验准确地判断客人的潜在需求，用心倾听客人所说的每一句话，细心观察客人的每一种行为，及时捕捉各项服务信息，提供高效且具有针对性的个性化服务。

思考与讨论：阅读以上案例，借鉴其客户服务管理经验，讨论并分析马术俱乐部客户服务管理应注意哪些问题。

复习思考题

1. 什么是客户服务管理的内容？
2. 马术俱乐部客户服务管理包含哪些方面？
3. 请针对我国目前马术俱乐部客户服务管理的现状，提出自己的看法。

（张骞）

第七章 马术俱乐部组织文化管理

内容提要

- 马术俱乐部组织文化的内涵
- 马术俱乐部组织文化的基本要素
- 马术俱乐部组织文化的功能
- 塑造马术俱乐部组织文化的主要途径

学习目标

- 掌握马术俱乐部组织文化的内涵和基本要素
- 了解马术俱乐部组织文化的功能
- 掌握塑造马术俱乐部组织文化的主要途径

第一节 马术俱乐部组织文化的内涵

一、组织文化的概念

每个组织都有自己特定的环境条件和历史传统,从而也就形成了自己独特的哲学信仰、意识形态、价值取向和行为方式,于是每个组织也都具有自己特定的组织文化。正如美国哈佛大学教授迪尔和肯尼迪曾经指出的那样:"每个企业(实际上也是组织)都有一种文化。不管组织的力量是强还是弱,文化在整个组织中都有着深刻的影响,它实际上影响着企业中的每一件事,从某个人的提升到采用什么样的决策,以至员工的穿着和他们所喜爱的活动。"

对于组织文化的界定向来是众说纷纭,莫衷一是。比较经典的是西方学者希恩于1984年下的定义:组织文化是特定组织在适当处理外部环境和内部整合过程中出现种种问题时,所发明、发展或发展起来的基本假说的规范。这些规范运行良好,相当有效,因此被用作教导新成员观察、思考和感受有关问题的正确方式。

众多学者对组织文化的概念进行了充分的阐述,也取得了共识:①组织文化是在组织的发展过程中形成的组织的基本假设和信念。②组织文化是组织的核心价值观,且被组织所有成员共同分享。③组织文化作为一种基本假设和信念制约着员工的行为和做事方式,通过组织成员的行为规范表现出来。④组织文化往往通过组织的仪式、规章制度、标语口号以及环境的装饰等表现出来,从而使组织成员感受到组织文化的存在。⑤组织文化使一个组织与其他组织区别开来。

就组织特定的内涵而言,组织是按照一定的目的和形式而建构起来的社会集团,为了满足自身运作的要求,必须要有共同的目标、共同的理想、共同的追求、共同的行为准则以及相适应的机构和制度,否则组织就会是一盘散沙。而组织文化的任务就是努力创造这些共同的价值观念体系和共同的行为准则。从这个意义上来说,组织文化是指组织在长期的实践活动中所形成的并且为组织成员普遍认可和遵循的具有本组织特色的价值观念、团体意识、行为规范和思维模式的总和。

二、马术俱乐部组织文化的基本特征

马术俱乐部组织文化本质上属于"软文化"管理的范畴,是组织的自我意识所构成的文化体系。马术俱乐部组织文化是整个社会文化的重要组成部分,既有社会文化和民族文化的共同属性,也有自己的不同特点。

(一)马术俱乐部组织文化的核心是组织价值观

任何一个组织总是把自己认为最有价值的对象作为本组织追求的最高目标、最高理想或最高宗旨,一旦这种最高目标和基本信念成为同一组织成员行为的共同价值观,就会构成组织内部强烈的凝聚力和整合力,成为统领组织成员共同遵守的行动指南。因此,组织价值观制约和支配着组织的宗旨、信念、行为规范和追求目的。从这个意义上来说,组织价值观是马术俱乐部组织文化的核心。

(二)马术俱乐部组织文化的中心是以人为主体的人本文化

人是整个组织中最宝贵的资源和财富,也是组织活动的中心和主旋律,因此组织只有充分重视人的价值,最大限度地尊重人、关心人、依靠人、理解人、凝聚人、培养人和造就人,充分调动人的积极性,发挥人的主观能动性,努力提高组织全体成员的社会责任感和使命感,使组织和成员成为真正的命运共同体和利益共同体,这样才能不断增强组织的内在活力和实现组织的既定目标。

(三)马术俱乐部组织文化的管理方式是以柔性管理为主

马术俱乐部组织文化是以一种文化的形式出现的现代化管理方式,也就是说,它通过柔性的而非刚性的文化引导,建立起组织内部合作、友爱、奋进的文化心理环境,以及协调和谐的人群氛围,自动地调节组织成员的心态和行动,并通过对这种文化氛围的心理认同,逐渐地内化为组织成员的主体文化,使组织的共同目标转化为成员的自觉行动,使群体产生最大的协同合力。事实证明,由柔性管理所产生的协同力比刚性管理制度有着更为强烈的控制力和持久力。

(四)马术俱乐部组织文化的重要任务是增强群体凝聚力

组织中的成员来自五湖四海,不同的风俗习惯、文化传统、工作态度、行为方式、目的愿望等都会导致成员之间的摩擦、排斥、对立、冲突乃至对抗,这往往不利于组织目标的顺利实现。而马术俱乐部组织文化通过建立共同的价值观和寻找关键共同点,不断强化组织成员之间的合作、信任和团结意识,使之产生亲近感、信任感和归属感,实现文化的认同和融合,在达成共识的基础上,使组织具有巨大的向心力和凝聚力,这样才有利于组织成员采取共同行动。

第二节　马术俱乐部组织文化的基本要素

马术俱乐部组织文化是一个有着丰富内涵的系统体系,其中包括许多相互联系、相互制约的基本要素。如果从现代系统论的观点看,马术俱乐部组织文化的结构层次有三个:表层文化、中层文化和深层文化。它的表现形态有物化文化、管理文化、制度文化、生活文化和观念文化。

它的构成要素有组织精神、组织理念、组织价值观、组织道德、组织素质、组织行为、组织制度、组织形象等,由此构成一个有着内在联系的复合网络图。下面对组织文化的三个基本构成要素进行简要叙述。

一、组织精神

如同人类和民族有精神一样,组织作为"有机体"也是有精神的。美国管理学家劳伦斯·米勒在《美国企业精神》中说:一个组织很像一个"有机体",它的机能和构造更像它的身体,而坚持一套固定信念,追求崇高的目标而非短期的利益,是它的灵魂。

作为组织灵魂的组织精神,一般是指经过精心培养而逐步形成的并为全体组织成员认同的思想境界、价值取向和主导意识。它反映了组织成员对本组织的特征、地位、形象和风气的理解和认同,也蕴含着对本组织的发展、命运和未来所抱有的理想与希望,折射出一个组织的整体素质和精神风格,成为凝聚组织成员的无形的共同信念和精神力量。

二、组织价值观

组织价值观是指组织评判事物和指导行为的基本信念、总体观点和选择方针。

(1) 调节性。组织价值观以鲜明的感召力和强大的凝聚力,有效地协调、组合、规范、影响和调整组织的各种实践活动。

(2) 评判性。组织价值观一旦成为固定的思维模式,就会对现实事物和社会生活作出好坏优劣的衡量评判,或者作出肯定与否定的取舍选择。

(3) 驱动性。组织价值观可以持久地促使组织去追求某种价值目标,这种由强烈的欲望所形成的内在驱动力往往构成推动组织行为的动力机制和激励机制。

组织价值观具有不同的层次和类型,而优秀的组织会追求崇高的目标、承担高尚的社会责任和秉持卓越创新的信念。如:美国百事可乐公司认为"顺利是最重要的";日本三菱公司主张"顾客第一";日本 TDK 生产厂坚持"为世界文化产业做贡献"。

三、组织形象

组织形象是指社会公众和组织成员对组织、组织行为与组织各种活动成果的总体印象和总体评价,反映的是社会公众对组织的承认程度,体现了组织的声誉和知名度。

组织形象包括人员素质、组织风格、人文环境、发展战略、文化氛围、服务设施、工作场合和组织外貌等内容,其中对组织形象影响较大的因素如下。

(1) 服务(产品)形象。对于企业来说,社会公众是通过产品和服务来了解企业的,是在使用产品和享用服务的过程中形成对企业的感性化和形象化的认识。因此,那些能够提供品质优良、造型美观的产品和优质服务的企业,总是能够赢得良好的社会形象。

(2) 环境形象。环境形象主要是指组织的工作场所、办公环境、组织外貌和社区环境等,它反映了整个组织的管理水平、经济实力和精神风貌。因为整洁、舒适的环境条件不仅能够保证组织工作效率的有效提高,而且也有助于强化组织的知名度和可信赖度。

(3) 成员形象。这是指组织的成员在职业道德、价值观念、文化修养、精神风貌、举止言谈、装束仪表和服务态度等方面的综合表现,是组织形象人格化的体现。一般而言,组织成员整洁美观的仪容、优雅良好的气质、热情服务的态度,再加上统一鲜明的衣帽服装,既反映了个人的不俗风貌,也反映了组织的高雅素质,有利于在社会公众之中树立良好的组织形象。

(4) 组织领导者形象。组织领导者(也指企业家)的形象是指其在领导行为、待人接物、决策规划、指导监督、人际交往乃至言谈举止中的文化素质、敬业精神、战略眼光、指挥能力上的综合体现。那些富有领导能力、公正可靠、气度恢宏、勇于创新、正直成熟、忠诚勤奋的组织领导者不仅能以无形的示范魅力潜移默化地影响组织中的每个成员,而且也会在社会公众中争取对组织的信赖和支持,也有利于不断扩大和巩固组织的知名度。

（5）社会形象。社会形象是指组织对公众负责和对社会贡献的表现。组织要树立良好的社会形象,一方面依赖于与社会的广泛交往和沟通,实事求是地宣扬自己的社会形象,另一方面在力所能及的条件下积极参与社会公益活动,如支持公益事业、支援受灾地区、开展社区文明共建活动等。这样,良好的社会形象就会使组织在社会公众心目中更加完美,从而增加对组织的认同。

第三节 马术俱乐部组织文化的功能

从耗散结构的理论来看,功能是指组织系统影响和改变其他系统以及抵抗与承受其他系统的影响和作用的能力,同时也是系统从其他系统中取得物质、能量、信息而发展自己的能力。马术俱乐部组织文化作为一种自组织系统,也具有许多独特的功能。

一、自我内聚功能

马术俱乐部组织文化通过培育组织成员的认同感和归属感,建立起成员与组织之间的相互依存关系,使个人的行为、思想、感情、信念、习惯与整个组织有机地统一起来,形成相对稳固的文化氛围,凝聚成一种无形的合力与整体趋向,以此激发出组织成员的主观能动性,为组织的共同目标而努力。正是马术俱乐部组织文化这种自我凝聚、自我向心、自我激励的作用,才构成组织生存发展的基础和不断成功的动力。从这个意义上来说,任何马术俱乐部组织若想取得非凡的成功,其背后无不蕴藏着强大的组织文化作为坚强的后盾。但是,要指出的是,这种内聚力量不是盲目的、无原则的、完全牺牲个人一切利益的绝对服从,而是在充分尊重个人价值、承认个人利益、有利于发挥个人才干的基础上凝聚的群体意识。

二、自我改造功能

马术俱乐部组织文化能从根本上改变员工旧的价值观念,建立起新的价值观念,使之适应组织正常实践活动的需要。尤其对于刚刚进入组织的员工来说,为了减少他们个人带有的在家庭、学校、社会所养成的心理习惯、思维方式、行为方式与整个组织的不和谐或者矛盾冲突,就必须接受俱乐部组织文化的改造、教化和约束,使他们的行为与组织保持一致。一旦马术俱乐部组织文化所提倡的价值观念和行为规范被接受和认同,成员就会做出符合组织要求的行为选择,倘若违反了组织规范,就会感到内疚、不安或自责,会自动修正自己的行为。从这个意义上说,马术俱乐部组织文化具有某种程度的强制性和改造性。

三、自我调控功能

马术俱乐部组织文化作为团体共同价值观,并不对组织成员具有明文规定的具体硬性要求,而是一种软性的理智约束,它通过组织共同的价值观不断地向个人价值观渗透和内化,使组织自动地生成一套自我调控机制,以"软约束"操纵着组织的管理行为。这种以尊重个人思想、感情为基础的无形的非正式控制,会使组织目标自动地转化为个体成员的自觉行动,达到个人目标与组织目标在较高层次上的统一。马术俱乐部组织文化具有的这种软性约束和自我协调的控制机制,往往比正式的硬性规定有着更强的控制力和持久力,因为主动的行为比被动的适应有着无法比拟的作用。

四、自我完善功能

马术俱乐部组织在不断的发展过程中所形成的文化积淀,通过无数次的辐射、反馈和强化,会不断地随着实践的发展而更新和优化,推动组织文化从一个高度向另一个高度迈进。也就是说,马术俱乐部组织文化的不断深化和完善一旦形成良性循环,就会持续地推动组织本身的上升发展,反过来,组织的进步和提高又会促进马术俱乐部组织文化的丰富、完善和升华。国内外成功组织和企业的事实表明,组织的兴旺发达总是与组织文化的自我完善分不开的。

五、自我延续功能

马术俱乐部组织文化的形成是一个复杂的过程,往往会受到社会环境、人文环境和自然环境等诸多因素的影响,因此,它的形成和塑造必须经过长期的耐心倡导和精心培育,以及不断地实践、总结、提炼、修改、充实、提高和升华。同时,正如任何文化都有历史传承性一样,马术俱乐部组织文化一经固化,就会有自己的历史连续性,而且持久不断地起着应有的作用,不会因为组织领导层的人事变动而立即失效、消失。如美国英特尔公司领导人虽历经数次变动,但其经过多年培育出来的创新精神仍然存在,成为公司不断进取的精神支柱和追求卓越的信条。

第四节　塑造马术俱乐部组织文化的主要途径

一、选择价值标准

由于组织价值观是马术俱乐部组织文化的核心和灵魂。因此选择正确的组织价值观是塑造马术俱乐部组织文化的首要战略问题。

选择组织价值观有两个前提。

一是要立足于本组织的具体特点。不同的组织有着不同的目的、环境、习惯和组织方式,由此构成千差万别的组织类型。因此,必须准确地把握本组织特点,选择适合自身发展的组织价值观,否则就不会得到广大员工和社会公众的认同与理解。

二是要把握住组织价值观与马术俱乐部组织文化各要素之间的相互协调性。因为各要素只有经过科学的组合与匹配才能实现系统整体优化。

在此基础上,选择正确的组织价值标准要抓住如下四点。

（1）组织价值观标准要正确、明晰、科学,具有鲜明的特点。

（2）组织价值观和马术俱乐部组织文化要体现组织的宗旨、管理战略和发展方向。

（3）要切实调查本组织员工的认可程度和接纳程度,使之与本组织员工的基本素质相协调,过高或过低的标准都很难奏效。

（4）选择组织价值观要坚持群众路线,充分发挥群众的创造精神,认真倾听群众的各种意见,并经过自上而下和自下而上的多次反复倾听,审慎地筛选出既符合本组织特点又反映员工心态的组织价值观和马术俱乐部组织文化模式。

二、强化员工认同感

选择和确立了组织价值观和马术俱乐部组织文化模式之后,就应把基本认可的方案通过一定的方式进行强化灌输给员工而使其深入人心。

（1）充分利用一切宣传工具和手段,大张旗鼓地宣传马术俱乐部组织文化的内容和要求,使之家喻户晓,人人皆知,以创造浓厚的环境氛围。

（2）树立榜样人物。典型榜样是组织精神和马术俱乐部组织文化的人格化身与形象缩影,能够以其特有的感染力、影响力和号召力为组织成员提供可以仿效的具体榜样,而组织成员也正是从英雄人物和典型榜样的精神风貌、价值追求、工作态度和言行表现中深刻理解到马术俱乐部组织文化的实质和意义。尤其是组织发展的关键时刻,组织成员总是以榜样人物的言行为标准来决定自己的行为导向。

(3) 培训教育。有目的的培训与教育,能够使组织成员系统接受和强化认同组织所倡导的组织精神和马术俱乐部组织文化。但是,培训教育的形式可以多种多样,当前,在健康有益的娱乐活动中恰如其分地融入马术俱乐部组织文化的基本内容和价值准则,往往不失为一种有效的方法。

三、提炼定格

(1) 精心分析。在经过群众性的初步认同实践之后,应当将反馈过来的意见加以剖析和评价,详细分析和仔细比较实践结果与规划方案的差距,必要时可吸收有关专家和员工的合理化意见。

(2) 全面归纳。在系统分析的基础上,进行综合的整理、归纳、总结和反思,采取去粗取精、去伪存真、由此及彼、由表及里的方法,删除那些落后的、不为员工所认可的内容与形式,保留那些进步的、卓有成效的、为广大员工所接受的内容与形式。

(3) 精炼定格。把经过科学论证的和实践检验的组织精神、组织价值观、组织文化、予以条理化、完善化、格式化,加以必要的理论加工和文字处理,用精练的语言表示出来。

建构完善的马术俱乐部组织文化需要经过一定的时间过程。我国的东风汽车公司经过将近30年的时间才形成"拼搏、创新、竞争、主人翁"的企业精神。因此,充分的时间、广泛的发动、认真的提炼、严肃的定格是创建优秀的马术俱乐部组织文化所不可缺少的。

四、巩固落实

(1) 建立必要的制度。在马术俱乐部组织文化演变为全体员工的行为习惯之前,要使每一位成员都能自觉主动地按照马术俱乐部组织文化和组织精神的标准行事,几乎是不可能的。即使在马术俱乐部组织文化业已成熟的组织中,个别成员背离组织宗旨的行为也会经常发生。因此,建立某种奖优罚劣的规章制度是十分必要的。

(2) 领导率先垂范。组织领导者在塑造马术俱乐部组织文化的过程中起着决定性的作用,其本人的模范行为就是一种无声的号召和导向,会对广大员工产生强大的示范作用。所以任何一个组织如果没有组织领导者的以身作则,要想培育和巩固优秀的组织文化是非常困难的。这就要求组织领导者更新观念、作风正派、率先垂范,真正肩负起带领组织成员共建优秀马术俱乐部组织文化的历史重任。

五、丰富发展

任何一种组织文化都是特定历史的产物,所以当组织的内外条件发生变化时,需要不失时机地调整、更新、丰富和发展马术俱乐部组织文化的内容和形式。这既是一个不断淘汰旧文化和不断生成新文化的过程,也是一个认识与实践不断深化的过程。马术俱乐部组织文化由此经过循环往复达到更高的层次。

万科建筑无限生活

万科企业股份有限公司成立于1984年5月,在1988年介入房地产领域,并于同年年底公开向社会发行股票,资产及经营规模迅速扩大。1991年,万科公司正式在深圳证券交易所挂牌交易,成为中国大陆首批公开上市的企业之一。1992年,万科公司确立以大众住宅项目开发为核心业务的发展战略。

万科在房地产行业快速增长时把握住了发展良机,通过多次业务调整,在股市上成功募集发展资金,凭借自身的专业操作能力,于十年之间跻身为行业老大,在市场的拼杀中磨炼成熟。

万科文化包括三个部分:万科核心价值观、万科宗旨以及万科愿景。三者拥有共同的主题——创造健康丰盛的人生:意味着我们将持续提供超越客户期望的产品和服务,让客户骄傲;意味着我们将持续提供超越投资者期望的回报,让投资者满意;意味着我们将持续提供超越员工期望的发展空间和报酬,让员工自豪。

万科核心价值观:客户是我们永远的伙伴;人才是万科的资本;"阳光照亮的体制";持续的增长和领跑。

1. 客户是我们永远的伙伴

①客户是最稀缺的资源,是万科存在的全部理由。

②尊重客户,理解客户,持续提供超越客户期望的产品和服务,引导积极、健康的现代生活方式。

③在客户眼中,我们每一位员工都代表万科。

④我们1‰的失误,对于客户而言,就是100%的损失。

⑤衡量我们成功与否的最重要的标准,是我们让客户满意的程度。

⑥与客户一起成长,让万科在投诉中不断变得完美。

1988年万科进入房地产领域后,借鉴SONY的客户服务理念和通过售后服务创立品牌的模式,率先在国内房地产业引入专业售后服务体系——物业管理,视物业管理为打造企业核心竞争力的重要途径之一,通过售后服务达到为客户提供优质满意产品的目的。

万科将1997年定为万科的"客户年"。从1993年起,万科开始了为期四年的业务架构和资源配置的调整,于1997年基本形成以房地产为主导业务、以城市居民住宅开发为地产主营项目的业务构架。在这一年,万科提出,要在竞争日益激烈的市场中占据一席之地,万科必须在加快专业化步伐的同时,从根本上对经营理念予以明确,"尊敬客户,让客户满意"是集团重要的经营理念,没有客户的满意,就没有公司生存的意义;要善待客户,并从善待为客户提供专业化服务的员工开始。

2002年,万科在对其核心价值观进行修订时,将客户理念的内容进一步丰富成为"客户是我们永远的伙伴"的六大含义,置于万科核心价值观的首位。2002年也是万科的"客户微笑年"。这一年,万科喊出一个更为响亮的口号,即"让客户微笑,是万科存在的价值"。

"客户是我们永远的伙伴"所阐述的是万科人与万科客户之间所存在和要去追求的关系;"客户微笑年"则代表万科人在与客户进行交往时,需要遵守的根本原则,体现了万科定义的客户意识;"客户并非永远是对的,但是当你试图证明客户是错误的时,你就是错误的";"尽管有些时候客户的表现并非理性和客观,但面对新阶段出现的新问题,万科应该更多地同情理解,更多地检讨反思自身的不足"。

2.人才是万科的资本

①热忱投入,出色完成本职工作的人是公司最宝贵的资源。

②尊重人,为优秀的人才创造一个和谐、富有激情的环境,是万科成功的首要因素。

③尊重每一位员工的个性,尊重员工的个人意愿,尊重员工的选择权利。所有员工在人格上人人平等,在发展机会面前人人平等。万科提供良好的劳动环境,营造和谐的工作氛围,倡导简单而真诚的人际关系。

④职业经理团队是万科人才理念的具体体现。持续培养专业化、富有激情和创造力的职业经理队伍,是万科创立和发展的一项重要使命。

⑤我们倡导"健康丰盛的人生"。工作不仅仅是谋生的手段,更应该能给我们带来快乐和成就感。在工作之外,我们鼓励所有的员工追求身心的健康,追求家庭的和睦,追求个人生活内容的极大丰富。

⑥学习是一种生活方式。

万科关于人才的核心理念是:善经营、懂管理、有专业知识、不断追求卓越而且从不满足的人是企业在资产负债表上看不到的,同时又是最宝贵的资产。万科称这样的人为职业经理人,称自己的人才培养工作为"致力于培养职业经理阶层"。

万科对职业经理人的要求是具有专业化精神、开放的心态以及持续进取和创新的活力。

工作方面:勇于承担工作责任,有进取意识;集团利益至上,具有全局观念;以积极的态度和角度对待困难和遗留问题;接纳差异,有用人所长的领导心胸;善待客户,一切从市场出发;尊重规范,不断改进;具备开放心态,善用、整合资源,善于创新突破,有能力找到解决问题的办法;不回避矛盾,大胆管理;思维严谨,工作计划性强;客观敏感把握,控制到位。

能力方面:善于激励,有号召力;能营造有效沟通的氛围,让沟通成为习惯;有效授权,控制得当;培养直接下属,鼓励向别人学习;科学决策;压力管理;组织管理;时间和会议管理;精通本行业的专业技能,并知道如何应用;有系统的理解能力及专业创造能力。

万科认为,在经历创业和解决产权、主业等基础性问题后,企业即进入日益专业化的成长期,有效运用训练有素的职业经纪队伍成为现代企业生存、扩张所必需的第四要素,即人、财、物等资源投入基础之上的企业家才能。具有卓越专业素质的职业经理堪称振兴企业的稀缺资源,因此,开发与培训职业经理、强化公司的职业经理阶层是万科人力资源开发的首要任务。

万科培养人才的目标是达到员工个性发展与团队意识的协调一致,使公司拥有一支富有理想和激情的团队,充满着追求创新的进取精神和蓬勃向上的朝气;使员工在万科的生活中增值,并享受"健康丰盛的人生"。

继1998年的"职业经理年"后,万科将1999年定位为"团队精神年"。万科对企业持续发展的理解和定位是,改革开放后创立的新兴企业早期的发展在相当程度上依赖于权威,但新兴企业要做大,就必须摆脱权威的阴影,走出人治的怪圈。在万科,当权威在企业运作中逐渐淡出,为企业的持续发展提供澎湃动力的是万科的核心理念"万科化"。"万科化"涵盖了"专业化、规范化、透明度"三大内容,而这三方面的建设发展都与团队精神密切相关,因此万科在缜密思虑后,将职业经理层建设后要做的第一件事定位在团队精神上,努力达到每个职员、每个主管、每个高层管理人员都能够发挥合作、进取、创新精神的工作组合,万科称之为"团队精神,梦幻组合"。

万科在日常管理中倡导"健康丰盛的人生":良好的职业操守,健康的职业心态和积极进取的敬业精神;健康的体魄、和谐的家庭生活和人际关系;富有挑战性的工作内容;良好的合作关系和伙伴情谊;稳定而宽裕的白领生活;在社会上获得的认同感和成就感;在工作中获得的成功人生体验;承担对企业、社会、家庭的责任。

万科培养人才的主要方式是提供可持续发展的机会和空间、公平竞争的环境以及建设学习型组织。

万科建立年度积分制来鼓励员工将学习融入工作、融入生活,提出"享受学习,享受生活"的口号。职员可以通过公司内部培训、网络学习平台,以及参加公司的内部交流和外出参观活动进行学习;也可以参加外部专门培训或教育机构举办的各类课程,并在顺利结业时获得一定的公司进修资助;各种培训结业后均可申报积分,公司将积分作为职员薪金调整或职务晋升的参考依据。

公司也鼓励员工制订个人职业发展计划。员工可以自己定位,走专业发展系列,在某些领域内努力进行纵深发展,或走职务系列,在团队发展中获得个人业绩;对自己的发展道路有其他设想的员工可以申请内部流动,寻找合适的个人发展机会。

万科为员工提供发展空间的另一种方式体现在它的奖励制度上。在万科,可以获得公司奖励的原因达到15种之多,大的方面如为公司的社会形象、业务推进、经济收益作出重大贡献或避免损失等,在专业方面、管理方面有所突破等;小的方面如推荐了好的人才,或者长期兢兢业业工作。奖励的方式可以是精神上的、物质上的,也可以是奖励休假、旅游、学习机会等。从奖励项目的设置上可以看到万科为所有在工作上值得尊敬的人提供了被认可的机会。

公平的竞争环境实际上是万科的核心理念之一。公司提倡良好、融洽、简单的人际关系，提倡个人与公司、个人与个人之间坦诚的沟通与合作。公平竞争特别体现在万科讲究"举贤要避亲"。这种工作环境在制度上的保障就是万科竭力建设的"阳光照亮的体制"。

万科人才理念的特点在于对员工、公司与客户之间的利益关系的认识和协调。

万科曾对客户满意的重要性进行了专门调查，调查结果显示：客户满意不仅可以导致客户自己的购买甚至再次购买行为，还会向3~4个人做宣传；反之，客户不满意，既会使客户自己不再购买，还会向9~11个人做反面宣传。客户对居住环境的评价，大多来源于房屋设计规划、质量以及销售和售后服务中的细节问题。万科认为："魔鬼"在细节之中，细节直接影响到客户的心理满足和居住质量，如管线端口的位置是否符合生活习惯，门窗的气密性好不好，销售信息是否全面，投诉和建议是否能得到及时的反馈等；而对细节问题坚持不懈地发现、关注和解决，是通过广大员工日复一日的努力来实现的，是员工本人表现出的热忱。因为一个细微的疏忽，甚至一句不恰当的回复，也会使客户对万科的美好情感消失殆尽。员工对工作的热忱源于其对工作环境、个人发展以及生活品质的信心和追求。因此，如果公司不能为员工提供友善宽松的环境，也就无法要求员工以良好的心态去面对客户。

万科的结论是：员工满意、客户满意和公司满意三者会互相回报。"因此，万科的客户不仅是购买我们商品的人，而是所有的人，包括公司内部的员工和外部的客户。"实际上，早在1997年万科就提出：善待客户首先要善待员工。

3．"阳光照亮的体制"

①对内平等，对外开放，致力于建设"阳光照亮的体制"；

②专业化＋规范化＋透明度＝万科化；

③规范、诚信、进取是万科的经营之道；

④我们鼓励各种形式的沟通，提倡信息共享，反对暗箱操作；

⑤反对任何形式的官僚主义。

万科化是企业发展过程中的三个努力方向：专业化、规范化和透明度。

万科化源于万科创始人王石对企业发展道路的认识和判断。

万科目前定义的专业化也主要是指万科从1993年到1999年在企业业务领域上的调整，具体包括：由多元化经营向专营房地产集中；由房地产多种类项目开发向住宅开发集中；投资地域由在全国13个城市开发向深圳、上海、北京、天津、沈阳五大城市集中。万科化也被称为"万科的减法"，与"海尔的加法"相对应。

专业化是王石就新兴企业面临的宏观环境变化时所做的选择，规范化则是其认为新兴企业对企业自身变化该做的选择。规范化被万科称为企业的生命线。讲究规范化，就需要冲破传统思维中对个人英雄主义的崇尚，按照现代企业制度的原则，将企业的行为规范化，通过建立一支优秀的职业经理队伍来实现企业的策略和计划。万科领导人认为，新兴企业的另一大问题是企业权威在企业成长中所起的作用。企业创业时期，企业权威往往具备了创业家该有的重要素质——打破传统，能够带领企业冲锋陷阵，而且成长到一定程度，需要在既定的游戏规则下运行。

在有秩序的环境下发展，企业必须从创业家角色切换到遵守现存秩序的企业家角色。目前万科的规范化除王石本人做了角色切换外，更主要的是体现在制度化方面。

透明度建设与制度化相辅相成，它是万科走规范化发展道路的重要支撑。透明度建设途径之一是常规的制度保障。万科建立了12条沟通渠道，其中包括：在整体上，开"吹风会"，让员工及时了解公司业务发展方向及动态，并现场解答员工关心的问题；提倡开工作讨论会，保障团队内部的信息交流；建设网站、周刊、业务简报、公告板等多种形式的整体信息发布渠道，便于员工了解公司情况；定期进行不记名意见调查，向员工征询对公司业务、管理等方面的意见，了解员工对工作环境的整体满意程度。在个体上，公司倡议所有经理人员做到"门户开放"，倾听下属的想法，关注下属的情绪；在新员工转正、员工调薪或岗位变动，进行工作评估、职业发展规划以及员工提出辞职等情形下，员工上司都要与员工进行面谈，了解情况，听取意见；公司设员工关系专员岗，承诺在工作日36小时内对员工的要求给予答复，包括接受和处理员工表达的想法、意见和建议，以及接受员工提出的与公司高层管理人员单独面谈的申请；公司也设有员工委员会，代表员工进行参与、沟通、监督；另外，建立了公司申诉通道。另外，万科也特别提出，便于面对面交流的事情，可以通过邮件交流，或者发表在内部网论坛上。

透明度建设是"阳光照亮的体制"的亮点所在，而透明度本身的亮点又在于以万科企业内刊形式出现的《万科周刊》以及万科网络论坛。《万科周刊》创刊于1992年，追求"企业视角，人文情怀"，撰稿人都是业界专家泰斗，内容绝不仅仅局限于万科之内，国家大事、经济发展现象与最新观点争鸣都可以在上面见到。每年有相当数量的文章被其他媒体转载。2000年8月，追随网络潮流，《万科周刊》开通了网站，其中"王石online"和"投诉万科"这两个论坛是专为加强企业透明度而设。开设论坛的直接作用是建设了一个公开交流的空间，强化"阳光之下无阴影"的信念和品牌，用带有生活气息的方式处理工作中的问题，让万科的员工、客户以及其他关注者真正感受到"建筑无限生活"的万科文化。论坛更为重要的作用是它间接地帮助企业解决官僚主义问题。官僚主义是大企业集团几乎难以回避的弊病，日久成为企业的积垢，然后侵蚀集团健康，相当多的企业集团，曾经或正在经历这样的"慢性病"。传统的遏制官僚主义的方式之一是组织体系和组织管理扁平化，减少中间层次，加快信息传递，加快问题的解决。互联网是信息传递的最快途径，通过论坛，意见和建议直接传递给王石或其他负责人，有效地督促了相关管理者尽快解决问题，从而避免了官僚主义的蔓延。

4. 持续的增长和领跑

① 做中国房地产行业的领跑者。

②通过市场创新、产品创新、服务创新和制度创新,追求有质量、有效率的持续增长,是万科实现行业领跑、创造丰富人生的唯一途径。

③在新经济时代,万科要以大为小、灵活应变、锐意进取,永怀理想与激情,持续超越自己的成绩,持续超越客户的期望。

- 万科宗旨:建筑无限生活

对客户,意味着了解你的生活,创造一个展现自我的理想空间;

对投资者,意味着了解你的期望,回报一份令人满意的理想收益;

对员工,意味着了解你的追求,提供一个成就自我的理想平台;

对社会,意味着了解时代需要,树立一个现代企业的理想形象。

- 万科愿景:成为中国房地产行业领跑者

不断钻研专业技术,提高国人的居住水平;

永远向客户提供满足其需要的住宅产品和良好的售后服务;

展现"追求完美"的人文精神,成为实现理想生活的代表;

快速稳健发展我们的业务,实现规模效应;

提高效率,实现业内一流的盈利水准;

树立品牌,成为房地产行业最知名和最受信赖的企业;

拥有业内最出色的专业和管理人员,并为其提供最好的发展空间和最富竞争力的薪酬待遇;

以诚信理性的经营行为树立优秀新兴企业的形象;

为投资者提供理想的回报。

思考与讨论:请总结万科集团的组织文化包含哪些方面。

复习思考题

1. 马术俱乐部组织文化的内涵包含哪些方面?
2. 简要分析马术俱乐部组织文化的基本要素。
3. 具体说明马术俱乐部组织文化的功能。
4. 怎样塑造马术俱乐部组织文化?其主要途径有哪些?

(张　骞)

第八章　马术俱乐部信息管理

内容提要

- 马术俱乐部信息管理的内涵
- 马术俱乐部信息管理系统的作用
- 马术俱乐部信息管理的内容
- 马术俱乐部信息管理的方法
- 马术俱乐部信息管理案例分析

学习目标

- 掌握马术俱乐部信息管理的概念及内涵
- 了解马术俱乐部信息管理的内容
- 掌握马术俱乐部信息管理的方法

第一节　马术俱乐部信息管理的内涵

一、信息管理的含义

（一）什么是信息管理

信息是事物的存在状态和运动属性的表现形式。"事物"泛指人类社会、思维活动和自然界一切可能的对象；"存在状态"指事物的内部结构和外部联系；"运动"泛指一切意义上的变化，包括机械的、物理的、化学的、生物的、思维的和社会的运动；"表现形式"是指事物在时间和空间上变化所展示的特征、态势和规律。

信息管理（information management，简称 IM）是人类为了有效地开发和利用信息资源，以现代信息技术为手段，对信息资源进行计划、组织、领导和控制的社会活动。简单地说，信息管理就是人对信息资源和信息活动的管理。信息管理是指在整个管理过程中，人们收集、加工和输入、输出的信息的总称。信息管理的过程包括信息收集、信息传输、信息加工和信息储存。

（二）信息管理的特征

1. 管理特征

信息管理是管理的一种，因此它具有管理的一般特征。例如，管理的基本职能是计划、组织、领导、控制，管理的对象是组织活动，管理的目的是为了实现组织的目标等，这些在信息管理中同样具备。但是，信息管理作为一个专门的管理类型，又有自己独有的特征：

①管理的对象是信息资源和信息活动；

②信息管理贯穿于整个管理过程之中，有其自身的管理特征，同时又可支持其他管理活动。

2. 时代特征

（1）信息量迅速增长。

随着经济全球化，世界各国和地区之间的政治、经济、文化交往日益频繁；组织与组织之间的联系越来越广泛；组织内部各部门之间的联系越来越多，以致信息大量产生。同时，信息组织与存储技术迅速发展，使得信息储存积累可靠、便捷。

（2）信息处理和传播速度更快。

由于信息技术的飞速发展，使得信息处理和传播的速度越来越快。

（3）信息的处理方法日益复杂。

随着管理工作对信息需求的提高，信息的处理方法也越来越复杂。早期的信息加工，多为一种经验性加工或简单的计算。现在的信息加工处理方法不仅需要一般的数学方法，还要运用数理统计、运筹学和人工智能等方法。

（4）信息管理所涉及的研究领域不断扩大。

从科学角度来看，信息管理涉及管理学、社会科学、行为科学、经济学、心理学、计算机科学等；从技术上看，信息管理涉及计算机技术、通信技术、办公自动化技术、测试技术、缩微技术等。

（三）信息管理的要求

1. 及时

及时就是信息管理系统要灵敏、迅速地发现和提供管理活动所需要的信息。这里包括两个方面。一方面，要及时发现和收集信息。现代社会的信息纷繁复杂，瞬息万变，有些信息稍纵即逝，无法追忆，因此信息的管理必须最迅速、最敏捷地反映出工作的进程和动态，并适时地记录下已发生的情况和问题。另一方面，要及时传递信息。信息只有传递到需要者手中才能发挥作用,并且具有强烈的时效性。因此,要以最迅速、最有效的手段将有用信息提供给有关部门和人员,使其成为决策、指挥和控制的依据。

2. 准确

信息不仅要求及时,而且必须准确。只有准确的信息,才能使决策者做出正确的判断。失真以致错误的信息,不但不能对管理工作起到指导作用,相反还会导致管理工作的失误。为保证信息准确,首先要求原始信息可靠。只有可靠的原始信息才能加工出准确的信息。信息工作者在收集和整理原始材料的时候必须坚持实事求是的态度,克服主观随意性,对原始材料认真加以核实,使其能够准确反映实际情况。其次是保持信息的统一性和唯一性。一个管理系统的各个环节,既相互联系又相互制约,反映这些环节活动的信息有着严密的相关性。所以,系统中许多信息能够在不同的管理活动中共同享用,这就要求系统内的信息应具有统一性和唯一性。因此,在加工整理信息时,要注意信息的统一,也要做到计量单位相同,以免在信息使用时造成混乱现象。

(四)信息管理对体育的作用

(1)为体育科学研究服务,促进体育科学的发展。具体表现在各数据库的建立,加快了信息的检索,可以获得最新的研究信息,避免重复研究。

(2)为体育决策服务,为体育决策提供依据。通过信息资源管理实现各部门的统一管理,及时获得内外环境的信息,才能调整具体的战略措施,达到对体育过程的控制,最终实现体育战略目标。

(3)为体育教学训练服务、提高教学训练水平。现代体育教学训练的关键在于控制,这就需要对各方面的信息进行收集、加工、整理。通过反馈不断调整,实现训练的目标。

(4)为体育比赛服务。教练员要指挥好比赛、达到预期成绩,就需要不断收集信息,相互了解,灵活决策。

二、马术俱乐部信息管理的含义

(一)马术俱乐部信息的特征

1. 广泛性

从国际上来看,当今世界常年都在进行着国际马术活动或重大比赛。马术俱乐部信息已不仅是马术工作者的重要资源,也是社会上人们获得健康知识和丰富精神生活的"养料",它具有的广泛社会作用和效果是许多学科和行业性信息无法比拟的。

2. 综合性

马术俱乐部是一种复杂的社会产物,它既包括生物学因素,又包括社会因素。因此,也就造成了马术俱乐部信息内容的综合性和复杂性。

(1) 内容丰富。当今马术俱乐部涉及面非常广泛,与各种领域都有关系,在马术俱乐部内部也门类复杂、项目繁多。其内容广泛涉及人体形态学、心理学、生理学、营养学和社会学等方面。

(2) 用途广泛。同一份马术俱乐部信息可被多方利用,管理人员、教练员、教师需要,运动员、学生也需要;科研人员需要,业余体育爱好者与记者也需要。

3. 时效性

马术俱乐部具有高度的竞争性和强烈的胜负概念,因此赛前获得的马术俱乐部信息如同军事信息一样,其提供的及时与否与比赛的胜负直接相关。马术俱乐部信息的使用价值是随时间的演变而变化的。在竞赛中,信息瞬息万变,只有善于以最快的速度捕捉最新信息,才有可能获得成功。随着马术科学的迅速发展和马术水平的不断提高,新成果、新方法、新纪录的不断出现,马术俱乐部信息的更新速度也不断加快,同时信息的寿命周期也在缩短。马术俱乐部信息是有寿命的,衡量信息寿命的指标,是文献的"半衰期",体育理论学科文献的"半衰期"为5.9年,运动训练学为5.4年,运动医学为6.8年,运动心理学为5.5年,运动生物力学为5.0年。马术俱乐部有关的信息在很大程度上是围绕着某一次重大比赛而发生、发展以至老化的,从而表现出了信息寿命的周期性变化特点。

4. 国际性

马术俱乐部通过各种国际竞赛来提高运动技术水平,也使俱乐部本身超越了国界,成为促进各国人民相互了解、友好往来和增进友谊的纽带和桥梁。各种高水平的马术比赛或表演,既是各国文化经济和科技成果与水平的展示,又是诸方面实力的较量与竞争,最终演变为紧张激烈的马术俱乐部信息大战。

5. 直观性

马术俱乐部信息的直观性主要表现在现场观摩(包括通过电视转播)和接收声像信息中。一方面,马术比赛的情景、运动员运动状态的变化方式都可以用摄像机拍摄下来,通过光电转换系统变成相应的电波信号发出,供马术俱乐部场外的观众收看。另一方面,在教学训练中可用声像技术及时反馈信息,通过对动作的反复观看,从而对其技术进行诊断,以取得最优化控制。

(二) 马术俱乐部信息管理

马术俱乐部信息管理是指对马术俱乐部信息本身的管理,也就是人们通常所说的马术俱乐部信息工作。它是应用科学的方法,并根据马术俱乐部实际的客观需要,有目的、有计划、有组织地把国内外最新的马术俱乐部信息收集起来,经过分类、整理、加工、存储和分析之后,使有序化的信息以多种形式,准确、及时、有效地传递给使用者的一项工作。

1. 马术俱乐部信息的收集

马术俱乐部信息的收集工作是马术俱乐部资源建设工作中的首要环节,而调查研究各类信息源的状况,则是搞好信息工作的先决条件。信息源是指人们获得马术俱乐部信息的来源,主要包括体育报刊、图书、会议文献汇编、学术论文、声像资料、体育档案等材料。

2. 马术俱乐部信息的加工整理

马术俱乐部信息的加工整理工作,就是在收集来的信息资料基础上把无序的、分散的文献资料进行集合的过程,主要包括:①对文献资料本身的科学管理,即分类、登录和保管等;②编制检索工具,即对文献资料的选择鉴定、主题分析(标引)和编制。

3. 马术俱乐部信息的检索

检索就是查找和索取的意思,马术俱乐部信息检索就是从数量庞大、高度分散的体育文献和有关科技文献中按照一定线索,获得马术俱乐部信息的查找过程。检索包括文献检索、数据检索、事实检索。

4. 马术俱乐部信息的研究

马术俱乐部信息的研究工作是针对马术俱乐部的某一具体问题,通过广泛收集信息资料,并对这些信息资料进行分析、研究,使之激活成新的再生信息,从而了解现状、预测未来,为该问题的决策和解决提供依据和咨询服务的一项研究性工作。

5. 马术俱乐部信息的报道

马术俱乐部信息的报道是从收集、整理到分析、研究等各项信息工作的成果,通过报道传播出去,满足用户对马术俱乐部信息的需要,发挥其应有作用。马术俱乐部信息报道形式有文字报道、口头报道和直观传播报道。

6. 马术俱乐部信息服务工作

马术俱乐部信息服务工作包括文献借阅服务、通过检索工作来实现的咨询服务、为课题服务的定向定题专门服务,以及文献复制、翻译、委托调查服务等工作。

(三)马术俱乐部信息管理系统

1. 马术俱乐部信息管理系统概述

马术俱乐部信息管理系统,即是以管理为目的,在马术俱乐部部门中对提供的马术俱乐部管理所需要的信息进行收集、加工、整理、储存、输出等一系列过程的总和。

2. 马术俱乐部信息管理系统的作用

(1)辅助分析。马术俱乐部对服务、经营、管理等活动进行决策的时候,需要以各种数据作为依据。在人工的数据处理方式下,只能提供定期的报表,难以根据需要提供各种综合分析的数据,使得马术俱乐部的决策活动只能是依靠经验,往往带有盲目性,这种经营方式是一种低水平的运作,会造成大量的浪费。而通过计算机系统将数据组织起来,可以随时提供各种所需的数据,能保证决策的准确、及时。

(2) 规范化管理。马术俱乐部等组织中的许多数据管理并不像财务管理那样有严格的制度,常常带有较大的随意性,数据采集的时间、格式和计算方式等往往是根据经验和公式完成的,而且又不便于审核,容易引起混乱和错误。计算机系统则能为数据处理提供明确的尺度,使之标准化、规范化。

(3) 节省人力。不仅大量的重复计算由计算机处理,减轻了劳动强度,更重要的是在输入数据以后,所有的处理都由计算机系统来完成,免去人工方式下许多中间的处理环节,可达到减员的效果。

(4) 促进组织管理职能、结构优化。马术俱乐部信息管理系统本身是一项复杂的系统工程,它涉及马术俱乐部或各种组织原有管理职能分配、工程程序等是否科学、合理,组织机构的设置是否恰当等问题,因而需要进行管理职能、工程程序乃至组织结构的调整、优化。

(5) 减轻管理人员的工作强度。马术俱乐部等各种组织管理的工作量很大,每天都会产生大量的信息,但以往由于缺乏有效的手段,使管理人员的时间与精力都只能放在大量的分类、登记等工作中,因而很多场合只能简化管理。但是通过马术俱乐部信息管理系统,可以调用计算机的强大功能,使工作人员有更多的精力去研究、细化管理内容,扩大管理的深度和广度。这有利于各层次管理者全面、深入地把握各种信息,进行科学的决策,进一步提高管理水平。

(6) 促进管理制度的完善。在建立马术俱乐部信息管理系统的过程中,随着职能、组织结构的调整、优化和管理深度的提高,各机构之间的联系也随之越来越复杂,要使各机构有机地联系起来,依靠的是以责任制为基础建立起来的一整套完整的管理制度。完善的管理制度为信息的采集、加工整理、传递等提供了可靠的保证,可使信息这一重要的马术俱乐部资源在管理中充分发挥作用。

(7) 提高工作效率。计算机进行数据的处理,其速度是人的几百倍、几千倍,将使马术俱乐部管理信息的提供更加及时。马术俱乐部管理内部网络的建立,使部门之间的工作衔接更加紧密,大大加快了业务办理的速度,从而为提高工作效率奠定了良好的基础。

(8) 促进管理人员素质的提高。在目前的马术俱乐部信息管理系统建设中,一个突出问题就是计算机专业人员数量少,而且既懂计算机技术又懂管理的复合型人才奇缺;同时,马术俱乐部信息管理系统建设的主力军是管理人员,管理人员不了解信息管理系统的基础知识,就不能建立信息管理系统。因此,在马术俱乐部信息管理系统的建设中,要保证建设工作的顺利进行,人才培养必须同步进行,进一步提高管理人员的素质。

第二节 马术俱乐部信息管理的内容

一、会员信息管理

马术俱乐部的硬件投入非常庞大,硬件设备具有有限使用期限,因此,马术设备和场地的使用率决定了俱乐部利润的多少、运营成本的高低。马术俱乐部的发展主要以会员的会费、马术教学、马术用品销售等为主要经济来源。例如,北京天星调良国际马术俱乐部以会员管理服务、专业培训教育、场馆功能多样化、马匹寄养管理、俱乐部级别认证5个方面为拓展方向;以会员会费、马术培训、马匹寄养、赛事门票与赞助、会所活动作为盈利模式。会员信息管理,是为了更好地以信息化方式管理会员卡信息、会员信息,以及与会员及时沟通。

(一)发行会员卡

马术俱乐部各种不同类型、不同级别的卡的使用和卡型转换,需要大量信息显示作为指定消费的凭证。例如,办卡会员继续充值从月卡转年卡,或充值增加其他项目、延长有效期等,都需要相关的信息来服务。传统会员卡只能通过办理换卡手续来实现,这对于马术俱乐部和会员都存在许多的障碍。手机会员卡将解决以上所有的问题,具体如下所述。

(1)实体会员卡,不用换卡的会员,带卡时,刷卡消费,没带卡时,刷手机消费。要换卡时,工作人员只需在计算机上更新以上信息,会员通过刷卡,卡面会更新显示出调整过的时限内容,即可按新的会员资格继续使用该卡,接待员通过卡面显示的时限,判断会员卡是否有效,也可以使用手机会员卡。

(2)金额信息管理。会员充值一定金额,可进行每次消费或每个项目扣款消费,卡面显示当次消费信息,以及剩余金额,当会员充值时卡面即可显示最新余额。

(3)项目管理。某些会员只对指定马术项目感兴趣,可以给其办理相应类型的会员卡。

(4)积分、优惠管理。可发行消费积分卡,会员凭卡可每次付费时,获得消费积分,积分达到一定数值,可以兑换礼品或者获得赠送服务等。

(5)纪念日信息管理。会员在生日等纪念日消费刷卡,卡面即显示个性化的祝福信息,使会员产生强烈的被重视感和愉悦感,全面提升对俱乐部的好感度,并使俱乐部获得其持续的忠诚消费。

（二）进行会员信息管理

（1）基本信息。基本信息包括会员编号、姓名、性别、生日、年龄、职业等。

（2）客户分类信息。客户分类信息包括会员等级、充值金额、专享优惠、累计积分等。

（3）消费信息管理。通过消费信息管理可清晰掌握会员消费频率、消费额度及排名，挖掘重点客户，及时进行个性化服务。

（4）客户消费信息跟踪。通过客户消费信息跟踪能掌握客户消费情况和消费行为，及时进行跟踪维护及调整产品销售策略。

二、马匹信息管理

马匹信息管理系统经历如下三个阶段。

第一阶段：基于个人计算机和局域网的第一代。最突出的技术瓶颈是由于无线感应技术尚未完善，无法解决马匹的电子身份识别这个难题，往往需要给马匹配备非感应类识别标签，如身份编号吊牌、条形码标签等，使系统能够辨别马匹的个体身份。目前此类系统已基本被淘汰。

第二阶段：基于桌面互联网的第二代。马匹的电子身份识别的难题也基本解决，但依旧存在不足，主要有：感应式芯片电子编码格式不统一，各个厂家的识别芯片技术标准不一，信息的传输还不能做到实时，信息访问的便利度不够，目前在应用的大部分是这一代系统。

第三阶段：基于物联网理念的移动互联网技术的第三代。所谓物联网，就是通过射频识别（RFID）等信息传感设备，把物品与互联网连接起来，进行信息交换和通信，以实现智能化管理的一种网络。简而言之，物联网就是"物物相连的互联网"。

三、客户信息管理

客户信息管理，通常是利用设计并开发好的软件来实现，软件要求界面简洁、菜单模块一目了然，具有简单实施、轻松使用的特点。软件能够记录客户电话、传真、电子邮件、所在省份、客户状态、客户级别、客户备注等，能够让俱乐部员工记录获得的客户信息，根据客户需求进行交易。其主要功能模块至少包括添加、修改、删除、查找、数据统计、数据分享等。

客户信息管理除了会员信息管理的内容之外，还需要建立客户沟通平台，客户沟通平台包括以下两方面。

（一）呼叫中心

呼叫中心具有来电弹屏功能,通过会员来电,即可显示客户姓名、来电地点等信息,服务人员接电话直接称呼客户姓名,有利于更好更快地服务会员。

（二）短信平台

短信群发:在系统平台可直接向客户群发送俱乐部最新信息,如活动信息、促销信息、马术常识、各种提醒等。

个性短信:可在群发短信内容设置客户姓名称呼,如"王先生,节日快乐!"全面提升短信价值,让客户觉得惊喜。

提醒功能:可设置短信提醒,方便服务人员的客户跟踪维护,确保服务及时。

客户分组:可对不同身份、类别的客户进行分组管理,有针对性地发送短信。

定时发送:可以设置在会员生日、节假日发送祝福短信。

目前,在客户信息管理上较为突出的是客户关系管理(customer relationship management,简称 CRM)。CRM 是选择和管理有价值客户及其关系的一种商业策略,CRM 要求以客户为中心的商业哲学和企业文化来支持有效的市场营销、销售与服务流程。它主要有:客户概况分析(包括客户的层次、风险、爱好、习惯等);客户忠诚度分析,指客户对某个产品或商业机构的忠实程度、持久性、变动情况等的分析;客户利润分析,指对不同客户所消费的产品的边缘利润、总利润额、净利润等的分析;客户性能分析,指对不同客户所消费的产品按种类、渠道、销售地点等指标划分的销售额的分析;客户未来分析,包括对客户数量、类别等情况的未来发展趋势、争取客户的手段等的分析;客户产品分析,包括对产品设计、关联性、供应链等的分析;客户促销分析,包括对广告、宣传等促销活动的管理。

四、市场信息管理

市场信息管理是将市场信息(包括客户信息、竞争信息、政策信息、市场信息、价格信息、需求信息等)按一定的规则进行分类,形成市场信息文档库,再按一定的权限和规则实现信息共享。

俱乐部可借助市场营销信息系统收集、挑选、分析、评估和分配适当的、及时的和准确的信息,为市场营销管理人员改进市场营销计划、执行和控制工作提供依据。

市场营销信息系统由俱乐部内部报告系统、营销情报系统、营销调研系统和营销分析系统构成。

第三节　马术俱乐部信息管理的方法

一、"互联网＋马术"

"互联网＋"是创新2.0下的互联网发展的新业态,是知识社会创新2.0推动下的互联网形态演进及其催生的经济社会发展新形态。"互联网＋马术"就是"互联网＋传统马产业",但这并不是两者简单的相加,而是利用信息通信技术以及互联网平台,让互联网与马术产业进行深度融合,创造新的发展生态。它代表一种新的社会形态,即充分发挥互联网在社会资源配置中的优化和集成作用,将互联网的创新成果深度融合于马术产业中,提升马术俱乐部的创新力和生产力,形成更广泛的以互联网为基础设施和实现工具的经济发展新形态。

"互联网＋"背景下的消费模式完全不同于传统消费模式,对商品生产、市场流通、经营销售都产生了巨大的影响,合成了消费模式的新常态。

(一) 满足了消费需求,使消费具有互动性

在传统模式下,消费者是商品服务的被动接受者,同时因为技术、资金等各方面的限制,供给方很难满足需求方的个性化需求;商品流通的中间环节为各种类型商业机构,商业机构充当了供给方和需求方的中间枢纽。但在"互联网＋"背景下的消费模式中,互联网为消费者和商家搭建了一个快捷而实用的互动平台,供给方直接与需求方打交道,中间枢纽环节被省去,供给方与需求方直接形成了消费流通环节,同时互联网使得个性化的"私人订制"成为可能。消费者通过互联网直接将自身的个性化需求提供给商家,甚至能够亲自参与到商品和服务的生产中;生产者则根据消费者对产品外形、性能等多方面的要求提供个性化商品。"互联网＋"间接上促进了消费个性化趋势的形成,消费者成为商品和服务的生产出发点与归宿,与生产有了直接紧密的联系。这种互动性体现的不仅是一种商业模式,更代表着未来新经济及新文化的发展方向和趋势。

(二) 优化了消费结构,使消费更具有合理性

在物资匮乏的年代,一个地区甚至全国同时追求千人一面的产品和服务的模仿型排浪式消费屡见不鲜。这一特定的历史阶段虽然对提升居民的生活水平产生了积极作用,但是当规模化生产愈演愈烈时,产能过剩就不可避免。随着社会的进步与发展,人们已经不再满足于简单的基本物质生活需求,对特色化、趣味化的需求更加强烈,以互联网为载体的新兴消费正好满足了人们的需求。消费者置身于资源丰富的网络世界中

时,不仅能够借助互联网的特点进行方便快捷的消费,同时互联网购物本身就是一种前所未有的体验。消费借助于互联网的各种创新特点,能够体验到与传统消费模式截然不同的感受,体验消费过程就与消费本身融为一体,体验中有消费,消费中蕴含体验。互联网逐渐使消费者享受到快捷选择、快捷支付的舒适性,消费者也就逐渐习惯互联网所提供的"唾手可得"和"无所不及"的精神享受。这种传统消费模式不能提供的体验使得消费已经进入了享受型和发展型消费的新阶段。同时,互联网信息技术有助于实现空间分散、时间错位之间的供求匹配,从而可以更好地提高供求双方的福利水平,进而优化、升级人们的基本需求。

(三)扩展了消费范围,使消费具有无边界性

传统消费由于时间、空间限制,在消费内容、消费时空上都受客观条件所限,互联网消费由于成功运用了互联网技术,使得传统消费的时空限制趋于消失,形成了一种无边际消费模式。首先,消费者在商品服务的选择上是没有范围限制的。当前各个电商在互联网上销售各种各样的商品和服务,特别是为消费者提供了大量个性突出的非标准化产品,如图书、影视、音乐和游戏等。在互联网技术蓬勃发展的背景下,互联网能够提供无限的商品来满足消费者的需求。其次,互联网消费突破了空间的限制。随着互联网在全球普及范围的逐步扩大,消费者能在互联网上购买世界各地的商品和服务,互联网提供的商品和服务超越国家和地区边界的限制,所以互联网消费没有了边界限制。再次,消费者的购买效率得到了充分的提高。网络技术的不断创新,使得包括商品搜寻、支付手段等在内的各种消费支撑技术得到了充分的发展,完全能够满足当前消费者方便快捷购物的需求。最后,互联网提供信息是无边界的。网络技术的发展使得各种类型信息排山倒海般地被消费者接收,信息的传播同样不受时空和地域的限制,同时借助大数据技术,消费者的消费偏好、消费习惯等微观信息也被归纳统计,生产方更能借助这些数据为消费者提供完善的服务,消费信息在生产方与消费者的充分流动促使整个互联网消费稳步健康发展。

(四)改变了消费行为,使消费具有分享性

AIDMA法则作为分析消费者行为传统模式理论已经存在了很多年。该理论认为,消费者从最初接触商品到最终完成购买将经历五个阶段:A(attention)诱发注意;I(interest)激发兴趣;D(desire)形成欲望;M(memory)产生记忆;A(action)促成购买。然而,在互联网背景下,该理论已经鞭长莫及了。AISAS理论能更好地诠释在"互联网+"背景下消费者购物的行为模式。新消费行为模式AISAS与AIDMA相比,前两个阶段基本相同,但从第三个阶段开始就出现了变化。新消费行为模式AISAS在第三个阶段变为了S(search),即消费者在互联网背景下主动进行商品服务的搜寻;第四个阶段为A(action),即采取购买行为;最后一个阶段变为S(share),即分享。因为互联网技术的发展,

消费者也成为自媒体的代言人,能够随时随地分享自己的信息,能够将自身商品和服务的使用体验与其他人分享。基于"互联网+"时代特点而重新构建的 AISAS 模式强调互联网技术的应用而着重突出了信息获取和信息分享环节。正是因为消费者自主"搜索"和"分享"行为的普及,所有的信息将以互联网为中心聚合扩散,产生成倍的传播效果,给消费者购买决策及信息收集模式带来了颠覆性的变革,这就使得消费者能直接接触到网络中由其他消费者分享的商品服务等各式各类信息。在电子产品、汽车、化妆品和一些奢侈品领域,互联网已经是消费者了解商品信息的首要来源。网络的普及,带来了全民传播、全民分享消费信息的趋势。互联网的时效性、综合性、互动性和使用便利性使得消费者能方便地对商品的价格、性能、使用感受进行分享,消费者"货比三家"的困难程度大大降低。这种信息体验对消费模式转型产生了越来越重要的影响。

(五)丰富了消费信息,使消费具有自主性

"互联网+"时代的消费者不喜欢被动接受商品和服务,他们更倾向于选择流行、时尚的新鲜事物来彰显自我。这种倾向性的选择源于互联网把产品、信息、应用和服务连接起来,使消费者的"搜索引擎"有了"库"、有了"源"。消费者如果想购买商品,可以方便地找到同类产品的信息,并根据其他消费者的消费心得、消费评价做出是否购买的决定。也就是说,"互联网+"的消费时代最大限度地扩大了消费增量,盘活了消费存量,强化了消费者自由选择、自主消费的系列权益。

目前,利用"互联网+马术"来对马术俱乐部进行信息管理的方法主要有开通微信公众号通过阅读量实现盈利、以电子商务的方式来出售相关产品、拍摄马术视频上传来获取浏览量等。

二、大数据

大数据(big data)是指无法在一定时间范围内用常规软件工具进行捕捉、管理和处理的数据集合,需要新处理模式才能具有更强的决策力、洞察发现力和流程优化能力的海量、高增长率和多样化的信息资产。在维克托·迈尔·舍恩伯格及肯尼斯·库克耶编写的《大数据时代》中,大数据是不采用随机分析法(抽样调查)这种捷径,而使用所有数据进行分析处理。大数据的 5V 特点(IBM 提出)包括大量(volume)、高速(velocity)、多样(variety)、低价值密度(value)、真实性(veracity)。

大数据的价值体现在以下几个方面:对大量消费者提供商品或服务的企业可以利用大数据进行精准营销;做"小而美"模式的中小微型企业可以利用大数据进行服务转型;互联网压力下必须转型的传统企业需要与时俱进充分利用大数据的价值。

据统计,截至 2016 年 3 月 10 日,我国大陆地区马术俱乐部数量达到 823 家,俱乐部类型包括对外经营型俱乐部、会员制俱乐部、私人马场和竞技型俱乐部。

我国马术俱乐部数量排在前十的地区分别为北京、山东、江苏、河北、辽宁、浙江、上海、河南、广东、内蒙古。前三名(北京、山东、江苏)的俱乐部数量占全国马术俱乐部总数的37.7%，超过了三分之一。

目前我国马术爱好者有13万人左右，且逐年递增速度非常快，其中绝大多数是依托于马术俱乐部进行骑乘和训练。全国马术爱好者数量分布排名前十的地区分别是北京、上海、广东、山东、江苏、辽宁、内蒙古、浙江、新疆、河北。

在俱乐部统计过程中，《马术》杂志编辑对其中60家进行了马匹数量的抽样调查，其结果是平均每家马术俱乐部的马匹数量为51匹。

三、马业O2O

中国模式与国外的类似，马主通过互联网在一个更便利、更省钱、更专业的管理服务平台投资，同时利用互联网打造属于自己的高端赛马商会，是一种新兴的商业模式。该O2O商业模式在国外一些地方已经得到实践。借助这个平台，中国马主可轻松投资全球赛马，也可购买马匹并运到中国，同样，外国马主也可投资中国赛马，通过全球赛马相互流通，促进国内赛马配种品种的改良。

以法国为例，多维尔拍卖行最负盛名的阿卡娜拍卖会是当今欧洲排名第二的拍卖会，它的组织业务涵盖了纯血马速度赛和马车赛等。2013年，阿卡娜通过设立阿卡娜赛马俱乐部开始涉足马术赛事领域，阿卡娜有自己的网络页面，有马匹及价格展示、参股价格等。其每年举办的拍卖会总场次为18场，全年累计拍卖马匹超过5000匹，总交易额超过1亿欧元，最著名的为每年8月在多维尔的周岁马拍卖会，吸引着全球的专业人士和赛马爱好者。法国国内电台RMC曾组织集资买马，他们成立了一家8000人的赛马俱乐部，每人出资55~85欧元，集资买马、养马，已经连续组织了三届，特点是集体投资、平分收益、一年一次结算。

目前，澳洲马业没有O2O商业模式，对于一个传统的马主来说，到澳洲买马，由于地域、语言、团队不足等原因，会非常困难，在中国启动的马业O2O商业模式，可以改变这个现状，提供非常好的服务。赛马是需要运气的一种竞技，也是能带来高收益的一种投资，例如，这几年在澳洲非常有名的一匹马在周岁马拍卖会上卖出，盈利达到130%，后来它成为一匹配种公马，不止赢得了奖金，最后还卖出4800万澳元。这说明一匹马的赛事生涯里存在非常多的投资机会，而马业O2O商业模式的开展，可以提供一个更便利、更专业的平台。

互联网＋马术：武汉驭马天下体育有限公司

来自市场研究机构易观智库的研究报告《2016中国体育O2O市场专题研究报告》

显示,中国体育O2O应用环境正在逐渐解冻。从社会环境来看,人们对O2O服务的认同度越来越高,外卖、打车等服务已逐步建立起消费习惯。从技术环境来看,位置服务不断成熟,可以很方便地为用户提供周边的运动圈子、场地、教练等;运动捕捉技术的发展,可以有效量化用户的运动数据;互联网与智能终端应用广泛,不断渗透人们的生活。报告显示,我国的互联网体育产业,逐渐形成以用户偏好为基础、以资讯直播及服务为中心,形成覆盖O2O运动、垂直社区、医疗服务、场馆预约、教练预约及运动电商衍生服务的生态圈。

从体育产业未来的发展来看,互联网已经成为体育产业主流(创新要素的重组是重点)。基于互联网的消费市场如磁石般吸引着资本滚滚而来,每一项技术革新、每一个新的商业模式,哪怕仅仅尚处于概念阶段,在资本的推动下都有可能在短时间内爆发出巨大张力。

虽然就目前来看,互联网体育经济依然属于蓝海,行业处于发展初期,成熟的体育类互联网产品并不多,但是由于互联网产品过度依赖流量入口,在整个互联网经济趋于成熟的今天,流量成本已成为互联网体育产业的最大成本,如何利用最低的成本获取用户,成为困扰互联网体育产业创业者的难题。体育行业的先行者,开始思考并践行,结合自身优势,切入体育产业的细分领域,精耕垂直市场,从而打破流量成本魔咒。

武汉驭马天下体育有限公司利用自身多年在中国马业的沉淀,依托高校的研究成果,以"驭马天下"互联网平台为产品核心,成为体育行业细分领域(赛马竞技娱乐)率先实现信息化创新的公司,驭马天下以高校资源为依托、以体育为元素、以体育组织(行业组织、马场、俱乐部)为关键环节、以服务产品(体育不是唯一要素)为重点的产业形态成为未来的基本方向,打造出以优质的资讯及竞技娱乐为内容传播,服务B(business)端市场,链接C(customer)端市场,软硬件结合,线上线下互动,形成马业精分市场的创新生态圈,成为中国首个马资源交易平台。武汉驭马天下体育有限公司联合高校率先尝试引进国外体育竞技教育体系及资格认证体系(Galop认证体系),积极推进中法国际马术学院的创建。

- 业务主要类型

马业教育培训;人才招聘求职;赛马资讯及赛事直播;企业信息化解决方案及孵化;马匹交易;马装备交易;赛事组织;马术休闲旅游;马业管理软件开发。

- 成功招商案例

北京天星调良国际马术俱乐部;武汉东方马城;骑域国际马术俱乐部(北京)有限公司;武汉马术协会;北京中联骑士联盟马术俱乐部。

- 主要业务成绩

武汉国际马产业高峰论坛;鄂疆马产业信息化服务平台;天星调良赛事报名系统;

武汉驭马天下体育有限公司业务涵盖较为全面,作为首家上线的马业平台类公司,武汉驭马天下体育有限公司与经济领域不断进行深度融合,呈现出较强的产业关联效应。

思考与讨论：通过本案例，试分析"互联网＋马术"市场的发展现状与前景，并结合你对马术俱乐部现状的了解，谈谈如何对马术俱乐部做好信息管理。

关于如何提高马场、马术俱乐部经济效益的猜想

近几十年来，我国马术俱乐部、马场数量有较大幅度的增加，我国马匹数量与20世纪80年代相比也增加了很多。近十年来进口马匹业务十分频繁，包机购马的记录一再被刷新，越来越多的人开始看好马产业发展的前景，并对其进行投资。然而现实情况似乎并不让人满意，据专业人士透露：目前国内的马场几乎99%处于亏损状态。

为什么马场会亏损？因为马术运动本身就属于高大上的贵族运动，只会有少数权贵、富人才有机会参与，消费群体注定非常小；虽然博彩赛马能带来巨大的效益，然而目前由于政策导向，博彩赛马在内地开放遥遥无期。赛马是一项"烧钱"的运动，没有了博彩，即便能在比赛中胜出，微薄的奖金与马匹、骑手、马工、驯马师等各方面的巨大开销相比根本不值一提。近年来马术表演也非常火，然而完全照搬西方的盛装舞步、西班牙古典马术、pony马拉车等表演更是缺少稳定的消费群体。对于广大国民来说，这些表演更像是马戏团的演出，没有更多的兴趣，即便有机会看了一次也大多不会选择看第二次。与观看马术表演相比，他们可能会更喜欢看一部电影。

只有让消费者真正参与进来，使他们切身体会到马术运动的乐趣，感受到马术运动的魅力，并设法使这种消费关系稳定下来，马场才能持久地盈利。

骑马是一项非常有利于健康的运动，然而大部分人还不知道，或者他们知道却没有真正体验过。所以推广的工作重心应放在有效的宣传和营销上。把这么好的运动推广出去，以下几点非常有必要，也是比较可行而且效果比较好的方法。

（1）充分利用微信、微博等平台进行宣传、推广。

（2）使用团购网站进行灵活打折营销。呼和浩特市已有成功案例：内蒙古赛马场已经有人尝试在"美团网"上进行营销（由于冬季天气太冷已经下架），39.9元骑乘一次，根据消费者评价可以发现消费者满意度很高，很多人表示想要再次骑乘。

（3）举办马术节，开展免费马术体验活动，培养潜在的消费群体。内蒙古射击射箭马术运动管理中心曾举办免费马术体验活动，活动非常成功。

（4）与公交公司合作，增开到马术俱乐部的线路，使人们去俱乐部消费更加方便。也可在公交车上打广告进行宣传。

（5）与学校合作，以社会实践的形式开展马术夏令营，目前国内已有多家马术俱乐部举办过这种活动，并取得了良好效果。如内蒙古邦成马术俱乐部、江苏海澜国际马术俱乐部等。还可采用挑选每班的前几名赠送马术课程的方式，培养潜在的消费群体。

（6）设定马场实习岗位，选择高校大学生（最好是兽医、动物科学等相关专业），采取以工作换取骑马机会的模式，既能降低马场运营成本，又能提高马场工作效率，还能培养潜在客户（实习生会在俱乐部买马具，工作后也可能会继续来消费，甚至可以挑选优秀实习生留在俱乐部工作）。

（7）采取会员制、股份制，增加消费者的参与度。消费者长时间骑乘后必然会对所骑的马产生深厚的感情，那么俱乐部可以提出这样的方案：将一部分马匹股份化，消费者可以根据自身情况认购喜欢的、适合自己的马匹股份。这样的话，消费者就成了这匹马的主人，他自己（或与别的消费者共同）拥有这匹马，这匹马只有他们才能骑。这样加深了消费者与俱乐部的关系，而且能减轻俱乐部开支。此外，这种方法对于提高消费者马术运动体验也是很有必要的，因为每匹马的性格都不是完全一样的，长时间地骑一匹马才能与马匹产生默契和信任。消费者也会因此更加喜欢马术运动。

（8）定期举办各种有趣的活动，丰富消费者的消费范围。如马术比赛、西部骑术比赛、骑射比赛、马文化派对、骑士化装晚会（提供各种风格骑手服装出租服务）、篝火晚会等。一方面能通过这些活动增加马场的影响力，另一方面能加深会员与俱乐部的关系，另外，会员必定会邀请自己的朋友来参加、体验，这样会为俱乐部带来更多的潜在客户。此外，俱乐部还可以提供马文化毕业照拍摄、微电影拍摄服务，承办婚庆、婚宴以及各种礼仪活动等。

思考与讨论：通过本案例，试分析信息管理在提升马术俱乐部经济效益中的重要性，并在此案例的基础上提出你自己的看法。

复习思考题

1. 什么是马术俱乐部信息管理？
2. 马术俱乐部信息管理的内容有哪些？
3. 马术俱乐部信息管理的方法有哪些？
4. 马术俱乐部信息管理系统的作用包括哪几点？
5. 请利用学过的知识，结合实例，谈谈马术俱乐部信息管理的重要性。

（吴　钟）

第九章　马术俱乐部安全风险管理

内　容　提　要

- 马术俱乐部安全风险管理概述
- 马术俱乐部安全风险的类型
- 马术俱乐部安全风险防范机制
- 马术俱乐部安全风险案例分析

学　习　目　标

- 了解马术俱乐部安全风险管理的概念及内涵
- 掌握马术俱乐部安全风险的类型
- 掌握马术俱乐部安全风险防范机制

第一节　马术俱乐部安全风险管理概述

一、安全的概念

安全是每一家马术俱乐部都极其重视的,不仅关系到客户的安危,更关系到俱乐部的经营发展。而"安全"是一个现代才逐渐出现的汉语词汇,其历史并不长。在古代汉语中,并没有"安全"一词,更多情况下,"安"字即表达着现代汉语中"安全"的意义。例如,"是故君子安而不忘危,存而不忘亡,治而不忘乱,是以身安而国家可保也。"中的"安"是与"危"相对的,表达的就是"安全"的概念。"安全"确切的定义,在《现代汉语词典》中是这样的:"没有危险;不受威胁;不出事故"。现在更多情况下认为"安全"是一种状态,即通过持续的风险识别、风险评估和风险应对过程,将人员伤害或财产损失的风险降低至并保持在可接受的水平或其以下。马术运动的"安全"即是一种状态,是一种动态发展的过程。

"安全"是贯穿马术运动过程中首要的重点,也是马术俱乐部经营与管理中首要的重点,既要保护马的安全,更要时刻保护人的安全。

二、风险的概念

与"安全"不同,"风险"是一个历史比较悠久的词汇,其最早的起源可以追溯到远古时期。相传,那时以打鱼捕捞为生的渔民们,每次出海前都要进行一番祈祷,以祈求神灵保佑自己能够平安归来。因为,他们在长期的海上捕捞实践中,深深地体会到"风"给他们带来的是无法预测无法确定的危险。所以,他们认识到,在出海捕捞打鱼的生活中,"风"即意味着"险",因此有了"风险"一词的由来。

目前,由于对"风险"的理解和认识程度不同,或对"风险"的研究角度不同,不同的学者对"风险"的概念有着不同的定义。因此,学术界对"风险"一词的确切内涵还没有统一的定义。一般来说,具有代表性的主要有以下三种观点。

(一)风险是对未来的结果期望值的偏离

风险是对未来的结果期望值的偏离,即未来的结果与预期的结果不符,一般是实际结果低于预期结果。这种风险主要存在于财务或金融方面。

(二)风险是未来结果的不确定性

风险是未来结果的不确定性,即未来结果不能被预测,导致可能出现较坏情况。这种风险主要是存在于发展的事物或事情方面。

(三)风险是带来损失的可能性

马术俱乐部安全风险管理主要侧重于此种解释,即风险是带来损失的可能性,这种损失既可能是马术俱乐部的,也可能是客户的。

三、安全风险管理的程序

马术俱乐部都极其重视安全风险的管理,这是它们生存与发展的根本保障。其程序主要包括安全风险识别、安全风险评估、安全风险应对、安全风险管理效果评价等四个环节,这四个环节形成闭合的循环系统,以保障马术俱乐部安全运营与发展。

(一)安全风险识别

安全风险识别是这个闭合循环系统的开端,是指在安全风险事故发生之前,人们运用各种理论、方法或经验来认识与分析各种潜在的安全风险。其作用在于以此为基础,人们可以主动选择有效的方法与措施来应对安全风险。安全风险识别过程包含两个基本环节,即感知安全风险和分析安全风险。

(1)感知安全风险,是安全风险识别的基础与前提,是指对各种客观存在的安全风险进行了解和感知。只有通过了解和感知各种安全风险,才能在此基础上进行进一步的分析,以寻找可能导致安全风险事故发生的各种因素,从而为制订安全风险的处置方案来进行安全风险管理提供决策服务。

(2)分析安全风险,指在了解和感知安全风险的基础上,分析引起安全风险事故的各种因素,它是安全风险识别的关键。如果仅仅只是对安全风险进行感知,而没有进一步的分析,则会影响安全风险管理的顺利实施。因为,存在于人们周围的安全风险是多种多样的。既有表面的,也有隐藏的;既有内部的,也有外部的;既有当前的,也有潜在的;既有静态的,也有动态的。安全风险识别的任务就是要从错综复杂的环境中找出主体所面临的主要安全风险,而这离不开对各种安全风险进行比较、分析、判断。安全风险的分析一方面可以通过感性认识和过往经验来进行判断,另一方面也可通过对各种客观的文献资料和安全风险事故的记录来判断、分析,从而找出各种明显的或潜在的安全风险,为下一步的安全风险管理提供决策依据。

因为安全风险不是一成不变的,具有高度的可变性,所以安全风险识别不是静止不变的,也不是一蹴而就的,而是一项持续性和系统性的工作,要求安全风险管理者始终密切注意原有安全风险的最新变化,根据其变化进行持续判断与分析,并随时发现新的安全风险,随时进行分析。

(二)安全风险评估

安全风险评估是指在安全风险事件发生之前或之后,对该事件可能给人们的生命、财产、工作、生活等各个方面造成的影响和损失进行量化评估的工作。也就是说,安全风险评估是量化测评某一事件或事物所带来的安全方面损失或影响的可能程度。

安全风险评估一般包括三个步骤,即安全风险辨识、安全风险分析、安全风险评价。

(1)安全风险辨识,指查找企业各业务单元、各项重要经营活动及其重要业务流程中有无安全风险以及有哪些安全风险。在马术俱乐部中安全风险辨识主要是查找马术骑乘活动过程中有无安全隐患与安全风险的过程。

(2)安全风险分析,是在安全风险辨识的基础上,对辨识出的安全风险及其特征进行明确的定义描述,判断分析以及预测安全风险发生的可能性的高低、安全风险发生的条件等。

(3)安全风险评价,是评估某一安全风险对企业实现特定目标的影响程度或安全风险本身的价值等。

(三)安全风险应对

安全风险应对是指在明确了主体经营活动中存在的某一安全风险,并在分析出此安全风险发生的概率及其影响程度的基础上，根据安全风险的性质和决策主体对安全风险的承受能力而制订的回避、承受、降低或者分担安全风险等相应的应对计划，主要包括以下内容。

（1）对触发事件的安全风险做出反应。得到授权的个人或组织必须对触发事件的安全风险做出反应。此为安全风险应对的启动阶段。

（2）执行安全风险行动计划。应对安全风险应该按照已经明确决策的，并且是书面的安全风险行动计划进行。此为安全风险应对的开始阶段。

（3）对照行动计划，报告行动进展。确定和交流对照原计划所取得的进展。定期报告安全风险的状态，加强安全风险应对小组内部交流，定期回顾安全风险状态。此为安全风险应对的发展阶段。

（4）校正偏离行动计划的情况。安全风险应对行动有时结果不能令人满意，就必须换用其他措施，并将校正的相关内容记录下来。此为安全风险应对的完善阶段。

（四）安全风险管理效果评价

安全风险管理效果评价是比较、分析已实施的安全风险管理措施产生的结果与安全风险应对行动预期目标的契合程度，以此来评判安全风险管理方案的科学性、适应性和收益性。安全风险管理效果评价一般在安全风险事件结束后进行。根据评价结果总结经验，吸取教训，为以后的安全风险管理方案提供借鉴和参考。

第二节　马术俱乐部安全风险的类型

马术俱乐部是一个比较特殊的企业，通过马匹为消费者提供骑乘服务。其涉及的安全风险比较多，既有人的因素，又有马的因素。概括起来，马术俱乐部安全风险包括三个方面：人的风险、物的风险和环境的风险。

一、人的风险

人的风险是马术俱乐部面临的最大安全风险。马术俱乐部安全风险所涉及的人包含两类：一是服务者；二是消费者。服务者主要指俱乐部的教练员，消费者主要指来俱乐部进行马术骑乘的顾客。

（一）教练员风险

在人的风险中，教练员的风险占据核心地位。因为，教练员是马术运动开展的组织者，也是马术运动安全的保障者。由于马术教练员需专业的培训和理论学习，包括如何指导青少年学习马术,规避运动中可能出现的危险及使用专业的急救知识等。所以,优秀的马术教练员不仅能够为马术运动消费者提供高品质的马术骑乘服务,而且其丰富的经验能够早期甚至是提前识别马术运动过程中存在的安全风险并及时采取必要的措施来化解安全风险。但是,由于目前国内并没有针对马术教练员的单项行业标准和技术安全标准,对马术教练员的培养和评定都不规范,因而,国内优秀的马术教练员是匮乏的,甚至合格的马术教练员都比较欠缺。马术教练人才的更新换代,仍然依靠过去"师傅带徒弟"式的教学,导致马术俱乐部中教练员水平的参差不齐。那些技术水平低、沟通能力差、缺乏判断能力和应变能力的教练员本身就是马术运动中的一个风险因素,他们在马术骑乘教学过程中不规范的教学非常容易导致消费者或马匹的意外伤害。

(二)消费者风险

马术俱乐部的消费者主要是指来俱乐部骑乘马匹的顾客。一般来马术俱乐部骑乘的顾客分以下几种:①马术俱乐部的会员,这些顾客是真正喜欢马并热爱马术这项运动的;②游客,这类顾客来马术俱乐部是偶尔为之,只是想在休息时间放松一下,并无其他目的,更谈不上对马的喜爱或对马术运动的热爱;③团购顾客,因价格实惠,这类顾客觉得骑马这项运动很新鲜,想要尝试,但远未达到喜爱马和马术运动的程度;④教练或者老板的朋友,严格意义上说,这类人群不属于马术俱乐部顾客的范畴。

第一类顾客:其对马术运动有一定的基础,有一定驾驭马匹的技术,能够虚心学习,好管理,安全风险相对较低;第二类顾客:不具备马术骑乘的基本知识与技能,大多只是想体验在马上飞奔的感觉,不带有学习目的,不虚心学习,不好管理,容易出现安全隐患,安全风险最大;第三类顾客:第一次尝试这项运动,马术运动技能较差,但是因为感兴趣而来,能够较虚心地学习,较好管理,安全风险等级居中;第四类顾客:不在安全风险考虑范围内。

由于马术运动是人与马共同完成的运动,因此具有很强的自主参与性,这保证了消费者参与马术运动时在角色和心理上的较高主动性。与此同时,如果消费者技术水平较低,且处在恐惧、担心、犹豫、怀疑的心理状态下,或是对马术运动缺乏必要的了解,或是在马术运动过程中出现各种状况,甚至突发疾病等,那么在马术运动项目的进行中,消费者就有可能处在被动参与状态,倘若没有按照教练员的指导去进行操作,可能导致擦伤、扭伤、摔伤、骨折甚至死亡等人身伤害,从而导致消费者成为马术俱乐部骑乘活动的安全风险源。

二、物的风险

物的风险也是马术俱乐部安全风险管理中不可忽视的内容。马术俱乐部安全风险所涉及的物可以分为两大类。

（一）技术装备风险

马术运动技术装备包括马鞍、肚带、防护背心、马靴、马裤、头盔等以及场地设备器材。技术装备的违规使用、保养不当都能够影响到其使用寿命或使用功能，从而给消费者和教练员的生命安全带来巨大风险。

（1）马鞍。马鞍是马术骑乘时最重要的装备，一盘工艺精良、大小合适的马鞍是人与马在运动中安全与舒适的重要保证。如果马鞍不配套，或者大小不合适，就会造成备鞍不稳，在骑乘过程中容易松动，成为骑乘过程中的安全风险隐患。

（2）头盔。在马术运动中，头部是最容易受伤的，所以，每次骑马都必须戴头盔。马术运动中必须戴三点固定式的头盔，这样才能保证在骑乘剧烈颠簸时头盔依然保持固定。如果头盔大小不合适或者材质不符合要求都会造成安全风险隐患。

（3）肚带、扣带。肚带、扣带俗称"肚带根子"，是固定马鞍用的，受力最大，因此最容易断裂。所以要经常检查、及时修理，防止肚带在骑乘过程中突然断裂，这样会造成马鞍松动，进而导致骑手落马，使骑手受伤甚至危及生命。在马术俱乐部实际骑乘活动中，就发生过因为肚带断裂造成骑手落马进而受伤死亡的沉痛案例。

（4）防护背心。防护背心可以保护骑手胸部、肋骨和内脏，有减震作用，如果没有穿戴防护背心或者穿戴不正确，或者防护背心质量不佳起不到防护作用，在骑手落马或者发生碰撞时，都会造成骑手的安全风险隐患，有可能引起骑手的受伤。

（5）马靴。马靴头最好附有钢板，可以保护脚不被踏伤。如果马靴不合脚或者质量不佳，在骑乘时可能会脱落，或者在马下被马踩到时，导致脚部受伤。这些都会导致骑手的安全风险隐患。

（6）马裤。马裤的要求是厚实、耐用，可以防止骑乘过程中骑手皮肤的擦伤。如果马裤质量不合格就起不到保护作用，就有导致骑手发生皮肤擦伤的安全风险。

（7）马镫。马镫分为标准镫和安全镫，马术运动中选择大小适宜的马镫能够提高骑乘的安全和舒适，反之则会造成骑手的安全风险隐患。

（8）衔铁。在马术运动中，衔铁的种类有上千种，不同性格、品种的马对衔铁的使用要求各不相同，衔铁应以不锈钢材质为主，表面光滑，重量适中，不生锈，不伤马。如果衔铁易生锈就会刺伤马嘴，导致马匹感染破伤风梭菌，甚至造成马匹死亡。

（9）水勒和缰绳。这两件物品就如同马匹的方向盘和制动系统，一般由皮革和PVC制作。好的水勒和缰绳有很好的柔韧性能，在骑乘运动中更能准确地传递动作信息，实现人与马的默契配合。如果水勒和缰绳出现问题，就如同在马路上行驶的汽车方向盘和刹车都失灵，其安全风险可想而知。

（10）场地器材。如跑马圈防护栏杆没有用海绵包裹，过于坚硬没有缓冲，则会造成骑手或马匹撞击受伤，马术运动场地内泥沙碎石太多造成马蹄受伤等。

（二）马匹风险

骑马是一项"人马结合"的运动，马术运动离不开马。虽然马术俱乐部的马匹多为调教好的纯血骟马，性格较温顺，但是纯血骟马的特点是高大，兴奋起来后难控制，一般骑术不成熟的学员上马后很难驾驭马匹，特别是马有喜欢欺负新手的习惯，更增加了安全风险。因此，马匹在供各种马术项目使用之前，应进行必要的驯服，接受系统的技能教练和锻炼，目的在于使马习惯接触人及日常管理和操作，教马学会担负骑乘工作或某些特殊的工作技能，服从驾驭和操作，获得专门方向或综合全面的速度、力量和耐力锻炼，从而不仅使人能安全驾驭马匹又能改善马的生理功能，提高效率。但是，由于马匹训练水平有高低差异，能力较差的马匹即存在安全风险。另外，马是有思维的敏感动物，脾气暴躁的马匹其安全风险更大。对于马术运动来说，马匹的不确定性是影响人身安全的最根本原因，自认为对马匹了解的人，发生安全问题的概率也就越大。马匹风险主要体现在以下几个方面。

（1）接近马的风险。马术骑乘技巧中，最基础的是如何接近一匹陌生马。不要小看接近马的技巧，如果不会正确地接近马，搞不好与马的亲善过程，那么可能会出现骑乘不适，导致安全风险。接近马匹时应向其柔声说话，不能有突然的举动，防止马匹受惊伤人。切忌从马的后方接近马，因为马匹视野是看不到自己后方的，由于看不到就会对于从后方接近自己的物体感到非常恐惧，马匹会用后蹄踢，其单后肢飞踢不仅非常准，而且力量相当大，被踢到则十分危险。

（2）骑乘前的风险。骑手在骑乘前如果不和马进行任何沟通就匆忙备鞍上马，这样马会产生抗拒心理，骑术不精的新骑手甚至可能发生危险。骑乘前也不要撩逗马匹，否则它会生气伤人，造成安全风险。

（3）骑乘时的风险。在骑乘当中，骑手要始终保持冷静的头脑，不要忽视马是有思维的，骑乘必须是人马共同合作才能完成的体育运动；马鞭主要起装饰和威慑作用，一般情况下不要轻易击打马匹，更不得击打马头，造成马匹受惊或者马匹逆反抗拒产生安全风险；在骑乘当中，骑手的心态要稳定，其心态深深影响着马匹的情绪，如果骑手心态不稳则会造成马匹惊慌，产生安全风险；骑手在骑乘时不得过于兴奋，否则会严重影响马匹的情绪，一旦人马过度兴奋，极易失去理智而发生安全风险；在马匹紧张不安或受到惊吓时，骑手一定要保持镇静，切忌大喊大叫，因为骑乘人的惊慌只会加剧马匹的紧张情绪而出现更大的安全风险。

（4）骑乘后的风险。马匹运动结束后，严禁立即静止不动，应慢慢走动遛马，让其身体慢慢恢复到运动前的状态，以防其生病；马匹运动后，严禁马上饮水或饲喂，尤其是暴饮冷水，否则马匹极易生病或死亡；下马后，应进行遛马消汗，直至马汗消除，才能进马厩休息，防止马匹受凉感冒。

（三）环境的风险

马术运动过程中产生的环境风险主要包含以下两个方面。

（1）下雨、下雪、大雾、大风、烈日、黑夜等天气状况突变造成的安全风险以及野生动物攻击和植物中毒等引起的安全风险。

如马术俱乐部开展户外野骑活动，骑乘过程中下雨、下雪、大风天气可能引起人们受凉感冒，若气温较低则可能导致冻伤；下雨、下雪、大风天气加大了骑乘操作难度，更易导致马匹摔倒情况的发生；而在炎热天气中开展马术活动容易引起中暑，尤其是马匹的中暑，并且烈日容易导致骑手皮肤晒伤；在户外骑乘中，如果是在黑夜，人们容易迷失方向，同时摔跌、坠马的可能性也很大。

（2）骑乘过程中周围事物造成的安全风险。马术俱乐部在开展户外野骑活动时，应避开树林、树丛等比较高的植物，否则容易被树枝挂到或被树枝打到造成骑手或马匹受伤；应时时注意路况，像水坑、泥坑这些在不能探底的情况下，千万要绕行，防止深陷其中而受伤；在公路上骑乘时应沿路边而行，提防来往车辆，防止马匹受惊，引起安全风险；穿越比较狭窄的小径时，应有秩序地通过，切忌超越别人的马，防止马匹拥挤碰撞，造成骑手跌落马下受伤；骑乘时应跟随熟悉路程的向导教练和大队人马，不要独自一人，防止迷路；骑乘时最好不要在马背上互递东西，不要中途下马，也不要在马上脱换衣服，尤其是鲜艳的衣服，马匹对鲜艳的颜色比较敏感，容易造成马匹兴奋，引起安全事故。

第三节　马术俱乐部安全风险防范机制

为了更好地对马术俱乐部安全风险进行管理，有必要建立马术运动安全风险防范机制，从源头上杜绝安全事故的发生。其内容应包括制定马术运动安全政策法规、大力开展马术运动安全知识教育、建立完善的马术运动安全预警系统、构建反应迅速的马术运动安全救援系统和开发马术运动保险系统，具体内容如下。

一、制定相应的政策法规，为马术运动安全风险管理提供法律依据

马术运动在我国是一项新兴运动项目，发展时间还很短，因此缺乏相应政策法规约束，造成马术行业鱼龙混杂，面临巨大的安全风险。如果能制定马术行业的政策法规就能够从政策法律的权威性和强制性的角度来规范和指导马术运动从业人员的行为，强化马术从业人员的安全防范意识，从而为马术运动安全风险管理创造良好的社会环境。如可以制定"马术教练员准入规定"对马术教练的从业资格进行规定，确保进入马术行业的教练员具备基本教学水平和常用急救技能，可以在很大程度上降低由于马术教练

的因素造成的马术俱乐部安全风险隐患;还可以制定"马术俱乐部经营活动安全条例",对马术俱乐部经营活动、场地器材等进行规定和指导,降低马术俱乐部经营活动因素造成的安全风险隐患。

二、大力开展马术运动安全知识教育

马术运动相对比较小众,了解的人还不是很多。因此应加大宣传力度,提高公众对马术运动的认识,唤起社会公众对马术运动安全问题的关注,引起社会公众对马术运动安全问题的重视。通过多种教育手段增加马术运动参与者和从业者的安全意识、安全知识与安全技能,强化马术俱乐部的安全文化建设和职业道德建设,从而规范马术运动管理,减少相关人员的不安全行为。如可以结合马术运动实际编印"马术运动安全教育手册",具体介绍马术安全常识、马术运动应急方法、从业人员安全教育等安全知识,并大量分发给广大马术从业人员和马术运动参与者,普及安全知识教育,降低安全风险。

三、建立完善的马术运动安全预警系统

马术运动安全预警是指围绕马术运动安全收集相关信息并采取科学的理论和方法对未来的马术运动安全做出判断、发出警告的方法。马术运动安全预警系统对于马术运动安全管理来说极其重要,它将安全风险管理前移,可以有效降低马术运动安全风险。通过马术运动安全预警分析,可以探明风险产生的原因,有利于制定马术运动安全标准,而这也是目前马术行业奇缺的。同时,也给马术运动安全教育培训提供了一个高效的平台,有利于马术运动安全教育培训的顺利开展并取得实效。

四、构建反应迅速的马术运动安全救援系统

马术运动安全救援系统是指为实施马术运动救援而建立的、涉及与马术运动安全各相关层面的组织机构和包括马术运动救援的分工、协作在内的工作体系。如在马术俱乐部应设立常规的急救力量,一旦发生安全事故,能在现场,第一时间进行安全救援,将安全事故损伤降到最低。在各级医疗机构应设立专门的体育运动安全事故急救力量,专门面向各项体育运动发生的安全事故,其中就包括马术运动,可以更有效地防止马术运动安全事故的发生。

五、开发马术运动保险系统

保险是在安全事故发生后,保障相关利益主体正当合法权益、补偿损失的重要途

径。由于体育运动有一定的风险性,其与保险相结合是最恰当的"联姻"。但是,目前我国体育保险发展滞后,市场规模很小。据2015年统计,我国体育保险的市场规模仅为5亿元左右,特别是我国的马术运动保险还刚刚起步,保险的品种、规则都还不完善,已经不能适应马术运动的蓬勃发展,需要加快发展完善。如果马术运动有了保险的保障,对俱乐部来说是意外事故发生后迅速恢复运转的有力经济支持,对马术运动参与者来说是及时的经济补偿,而对管理者来说是市场经济条件下整个行业持续健康发展不可或缺的保障机制,可以将马术运动安全风险进一步降低。

案例分析

案例1:2014年7月,经朋友介绍,杨女士认识了某驯马师,因女儿月月(化名)一直热衷于骑马,杨女士在驯马师那里购买了马术训练课程,每周末带着月月前往位于北京市顺义区的××养殖有限公司内马场(以下简称××马场)培训。2015年1月,杨女士还花费20万元购买了一匹马,打算将来月月长大后再骑。5月17日早上9点40分左右,因建议训练时父母不应在场,杨女士将月月交给驯马师之后,便到马场附近休息,约10分钟后,走进马场的杨女士发现,女儿已由驯马师抱到一旁的地上且昏迷不醒,她立即将女儿送往医院急救,遗憾的是,因伤势过重,月月于19日清晨死亡。事发后,月月父母将××马场及驯马师起诉至法院,2015年12月14日,北京市顺义区法院一审判决两被告赔偿月月父母106万元。

案例2:2013年8月,宁波的林女士在马术俱乐部练习马术课程时摔下马背,造成第12胸椎压缩性骨折,在医院花费了10万余元进行治疗。

案例3:2015年7月11日,在云南省澄江县的某景区,游客周××在体验景区骑马娱乐项目时,由于马匹受惊跳起使其摔下,后经抢救治疗无效死亡。

案例4:36岁的王女士是某知名公司的部门经理,2007年3月25日,她和同事到某马术俱乐部学骑马,并缴纳了马术课程费、会费,该俱乐部安排了教练陪练。谁知刚上第一堂课,马匹就突然受惊,失去控制,王女士一下子从马背上摔下,致使头部、右脚受伤。俱乐部立即将其送进医院急诊治疗,经检查其右足第1楔骨及第2跖骨基底部骨折,进行了手术治疗。事发后,王女士在家休养3个月,公司调整了她的工作岗位。对此,王女士认为,正是这次伤害事件,给她造成了巨大的经济损失,严重影响了她的职业生涯发展,故于同年8月,起诉至法院要求该马术俱乐部赔偿其医疗费、误工费、营养费等共计13.37万元。

案例5:嘉兴市民小军前往马术俱乐部进行休闲骑马,在购得门票并穿戴装备后,找到教练。教练扶小军上马后告知用缰绳控制马转弯,并递给小军一根树枝控制马的行动,教练仅带着小军骑马走了一段路,便让他单独骑行。小军在单独骑行时,由于其他马匹突然跑动导致小军的马失控飞奔,小军控制不住便摔下马,右手掌撑地造成手腕受伤,随即被送往医院治疗。小军治疗期间花费了6000余元医疗费,并经鉴定构成了十级伤残。出院后,小军与马术俱乐部因赔偿事宜协商数次不成,无奈之下,小军向法院起诉,以俱乐部未尽到安全保障义务为由要求俱乐部赔偿各项损失约14万元。

案例6:11月13日是南京市民丁女士的38岁生日。这天,她跟几个朋友开车到某区大厂的××马术俱乐部骑马休闲。当天下午在教练陪同下到户外骑马时,丁女士因马匹受惊从马背上跌落,摔断5根肋骨。马场称有告示"责任自负",拒绝赔偿。丁女士的家人已经报警,此事不可能协商解决,只有通过法律途径。

人们常说"上马三分险",说明马术运动是一项比较危险的运动。据统计数据显示:人骑1小时马受伤的概率是骑1小时摩托车的20倍,在体育运动项目安全风险排行中,伤亡率最高的是足球(18.9%),其次是跑步(9.4%),第三位是橄榄球(4.9%)。其后依次是自行车(4.5%)、游泳(3.2%)、举重(3%)、网球(2.8%)、散打(2.8%)。排在第九位的是马术,达到了2.3%。所以,马术也被称为世界上的"十大危险运动"。以上这些血淋淋的案例告诫我们:马术运动的风险就在我们的身边,任何麻痹大意、技术不精、忽视环境变化、不重视装备安全质量等行为都有可能导致马术运动事故的发生,而这些事故不但会对我们的身体健康造成不同程度的伤害,有时甚至还会危及我们的生命。因此,马术运动风险无处不在,无时不有,我们应时刻注意。

思考与讨论:请阅读以上六则案例,并与同学们一起讨论分析导致每则案例产生安全风险的原因,并思考该如何提前预防。

复习思考题

1. 简述马术俱乐部安全风险管理的概念及内涵。
2. 简述马术俱乐部安全风险的类型。
3. 论述如何建立马术俱乐部安全风险防范机制。

(余　刚)

第十章　马术俱乐部绩效管理

内容提要

- 马术俱乐部绩效管理概述
- 马术俱乐部绩效管理的价值
- 马术俱乐部绩效管理的方法
- 马术俱乐部绩效管理存在的问题

学习目标

- 掌握马术俱乐部绩效管理的概念及内涵
- 了解马术俱乐部绩效管理的价值
- 明确马术俱乐部绩效管理的方法以及存在的问题

第一节　马术俱乐部绩效管理概述

一、绩效

（一）绩效的内涵

绩效是一个多义的概念，而且随着管理实践深度和广度的不断增加，人们对于绩效的理解也在不断加深，学者们主要有三种观点：第一种把绩效看作是结果，突出结果导向；第二种则把绩效看作是个体行为；第三种把绩效看作是素质。

1. 把绩效看作是结果的观点

伯纳丁（Bernadin，1995）等学者认为，绩效应该定义为工作的结果，因为这些工作结果与组织的战略目标、顾客满意度及所投资金的关系密切。还有学者在吸取前人研究结果的基础上，把绩效定义为"在特定的时间里，由特定的工作职能或活动产生的产出记录"。把绩效定义为产出的结果与人们日常的感受相结合,便于人们理解;同时结果作为绩效在进行绩效衡量时操作性强,有利于明确具体的指标,如生产总量、次品率、销售量等,容易保持客观性。

2. 把绩效看作是行为的观点

不同意把绩效作为产出或结果的学者对上述观点提出了以下质疑。

质疑1:绩效结果受多种因素影响。在许多情况下员工的工作结果不一定由员工自己的行为产生,也可能是与工作的人无关的其他因素在起作用,如营销人员所在区域经济发展状况不同,绩效很有可能受到影响。

质疑2:绩效结果受工作性质的限制。有些岗位很难将结果作为衡量员工绩效的标准,如组织中的职能管理人员、行政人员等。

质疑3:绩效结果忽略了过程和行为。单纯地追求结果,很可能导致员工的一些不当行为,如追求短期利益行为、同事之间恶性竞争、忽视组织整体利益的行为等。

坎贝尔(Campbell,1990)指出,绩效是行为,应该与结果区分开,因为结果会受系统因素的影响。他在1993年提出,绩效是行为的同义词,它是人们实际的并能观察到的行为表现。就定义而言,它只包括与组织目标有关的行动或行为,能够用个人的熟练程度(贡献水平)来测量。绩效不是行为后果或结果,而是由行为本身决定的,绩效是由个体控制下的与目标相关的行为组成,不论这些行为是认知的、生理的、心智活动的或人际的。

伯曼和莫特维多(Borman & Motowidlo,1993)则提出了绩效的二维模型,认为行为绩效包括任务绩效和关联绩效两方面。任务绩效指所规定的行为或与特定的工作熟练有关的行为,是正式定义的工作的各个方面;关联绩效指自发的行为或与非特定的工作熟练有关的行为,属于超职责行为。任务绩效与关联绩效的提出更加符合社会发展与管理发展的现实。在20世纪末,任务绩效更加强调组织对员工绩效的要求是完成本职工作,即按照工作说明书中规定的工作职责来完成任务。关联绩效的提出,与组织变革和组织再造中的组织结构扁平化所倡导的团队协作,与工作丰富化的多技能要求、合作与奉献的要求相适应。由此,任务绩效与关联绩效的提出也为传统的考核结果的方法增加了新的内容,即考核行为的方法,如关键事件法、行为锚定法等。

3. 把绩效看作是素质的观点

这一观点在伯姆瑞(Brumbrach,1988)的定义中得到很好的体现,即绩效指行为和结果。行为由从事工作的人表现出来,将工作任务付诸实施,行为不仅仅是结果的工具,行为本身也是结果,是为完成工作任务所付出的脑力和体力的结果,并且能与结果分开进行判断。该观点强调员工潜能与绩效的关系,不再认为绩效是对历史的反映,而更关注员工素质,关注未来发展。对绩效概念的这一认识,实际上已将个人潜力、个人素质纳入了绩效评价的范畴。事实上,绩效各种观点的发展,表现了人们对绩效认识不断深化的过程,这一过程是员工绩效产生的客观存在。三种观点之间的关系:潜在绩效或素质绩效是员工绩效产生的动力和源泉,员工只有在投入知识和技能的基础上才能具备产生与组织目标一致的行为;行为绩效是员工知识、技能与态度的表现,是显现的、可观察的;员工通过不同的方式,使用不同的方法将个人知识和技能转换为工作结果,从而实现提高组织和个人的绩效的目的。

随着人们对员工绩效研究的不断深入,绩效内涵也越来越丰富,在不同时期、不同发展阶段,针对不同对象,绩效有其不同的含义和适用对象。当员工的工作更适合用结果来衡量时,结果导向的绩效观点更适合解释;当员工个人的工作结果不明显或受很多因素影响时,行为导向的观点更适合解释;同理,更加关注员工未来能做什么,能给组织带来什么价值时,素质导向的绩效观点更适合解释。

从上述观点可以看出,绩效是一个多义的概念,在不同情境下有不同的解释和侧重。从管理实践的历程来看,人们对绩效的认识是不断发展的:从单纯地强调结果绩效到强调行为绩效,从强调绩效是过去历史的反映发展到强调绩效在未来的潜力。因此,应综合考虑素质、过程、方式、结果以及时间的因素来理解绩效的概念,将上述观点结合起来,就能够对绩效有一个比较完整的认识:绩效是员工在一定时期内以个人知识、技能等的投入,通过某种方式、方法实现某种结果的过程。因此,我们认为绩效指的是那些经过评价的工作行为、方式和结果,也就是说绩效包括工作行为、方式和工作行为的结果。此外,根据绩效评价的对象不同,绩效可分为员工绩效和组织绩效。员工绩效是指员工在某一时期内的工作结果、工作行为和工作态度的总和;组织绩效是指组织在某一时期内组织任务完成的数量、质量、效率和盈利状况。员工绩效和组织绩效最大的区别在于二者的侧重点不同,员工绩效侧重于员工的产出和行为,而组织绩效侧重于组织的产出和行为。

(二)绩效的特点

1. 多因性

多因性是指员工绩效是受多种因素共同影响的,既有员工个体的因素,如知识、能力、价值观等,也有企业环境的因素,如组织制度、激励机制、工作的设备和场所等。

2. 多维性

多维性是指员工的绩效往往是体现在多个方面的,员工的工作结果和工作行为属于绩效的范围。一般可以从工作业绩、工作能力和工作态度3个维度来评价员工绩效,当然,不同的维度在整体绩效中的重要性是不同的。

3. 动态性

动态性是指员工绩效并不是固定不变的,在主客观条件变化的情况下,绩效是会变动的,这实际上向我们解释了为什么绩效评价和绩效管理存在一个绩效周期的问题。在确定绩效考核周期时,应该考虑到绩效的动态性特征,如能力指标和态度指标更适合长期考核,结果指标更适合短期考核等,应根据各类绩效指标的动态性强度进行分类设置,确定恰当的绩效考核周期,从而保证组织能够根据评价的目的及时、充分地掌握员工的绩效状况。因此,在评估员工的绩效时,应以发展的眼光看待员工的绩效,切忌以主观僵化的态度看待。

4. 权变性

权变性是指根据组织和企业的现实需要,确定最合适、最容易操作、最具有效益的绩效内容,以取得组织效益的最大化和个人潜能最大限度被开发。

(三)绩效考核

绩效会因时间、空间、工作任务的工作条件(环境)等相关因素的变化而不同,从而呈现出明显的多样性、多维性与动态性,这也就决定了对绩效的考核必须是多角度、多方位和多层次的。

对于绩效考核,不同的人有不同的认识,从较早期的观点看,有以下几种描述:

①对组织中成员的贡献进行排序;

②对员工的个性、资质、习惯和态度以及对组织的相对价值进行有组织的、实事求是的考评,它是考评的程序、规范、方法的总和;

③对员工现任职务状况的出色程度以及担任更高一级职务的潜力,进行有组织的、定期的并且是尽可能客观的考评;

④人事管理系统的组成部分,由考核者对被考核者的日常职务行为进行观察、记录,并在事实的基础上,按照一定的目的进行的考评,达到培养、开发和利用组织成员能力的目的;

⑤它是定期考评和考察个人或工作小组工作业绩的一种正式制度。

通过以上观点,我们可以从以下三个角度理解绩效考核:

①绩效考核是从企业经营目标出发对员工工作进行考评,并使考评结果与其他人力资源管理职能相结合,推动企业经营目标的实现;

②绩效考核是人力资源管理系统的组成部分,它运用一套系统的和一贯的制度性规范、程序和方法进行考评;

③绩效考核是对组织成员在日常工作中所表现的能力、态度和业绩,进行以事实为依据的评价。

归纳起来,绩效考核是指考评主体对照工作目标或绩效标准,采用科学的考评方法,评定员工的工作任务完成情况、员工的工作职责履行程度和员工的发展情况,并且将评定结果反馈给员工的过程。在传统的人事管理中,绩效考核只停留在获取员工工作绩效的相关信息层面上,只注重个人考核和奖励的分配过程,是"立足现在看过去"的一种考核方法。而在现代人力资源管理中,绩效考核中的工作信息收集只是考核过程的一个步骤,关键在于信息如何以组织需求为衡量标准,并及时反馈给员工,不断改进绩效才是最重要的。所以,现代人力资源管理中的绩效考核是"立足现在看将来"的考核方法,在注重数量的同时更注重工作的质量,在注重个人成就的同时更注重团队合作,在注重工作结果的同时更注重工作过程。因此,现代人力资源管理理论将绩效考核的过程上升为一种重要的管理方法,提出了绩效管理的概念。

二、绩效管理

(一) 绩效管理的概念

近二三十年以来,随着信息时代和经济全球化的到来,世界各国的企业都面临着激烈的国内和国际竞争,企业都在努力提高自身的绩效水平以增强竞争能力。长期以来,绩效考核虽然是企业管理中的重要环节,但在实践过程中其各种弊端逐步暴露出来。Levision(1976)曾经指出"多数正在运用的绩效考核系统都有许多不足之处,这一点已得到广泛的认可。绩效考核的明显缺点在于:对绩效的判断通常是主观的、凭印象的和武断的;不同的考评者的评定不能比较;反馈延迟会使员工因好多绩效没有得到及时的认可而产生失败感,或者因根据自己很久以前的不足做出的判断而恼火。"在美国,全面质量管理理论的先驱者爱德华·戴明(W. Edward Deming)甚至认为绩效考核是美国企业管理中的七大弊病之一;在我国,绩效考核也被认为是企业管理中的十大难题之一。一方面,企业要努力提高绩效水平以增强自身的竞争能力;另一方面,绩效考核在实践中存在着各种各样的问题。在这种背景之下,20世纪70年代后期,研究者在总结绩效考核不足的基础上,进一步丰富了绩效的内涵并提出了绩效管理的概念。此后,随着人们对人力资源管理研究的深入,绩效管理逐步变成一个被广泛认可和普遍重视的人力资源管理研究领域。

绩效管理,英文为 performance management,对其含义有从不同角度所进行的解释。一种认为绩效管理是管理组织绩效的系统,这种观点是从对组织绩效进行管理的角度来解释绩效管理的。另一种认为绩效管理是管理员工绩效的系统,这种观点是从对员工个人绩效进行管理的角度来解释绩效管理的。而在这两种观点的基础上又综合形成了第三种观点,即认为绩效管理是管理组织绩效和员工绩效的综合系统,也就是组织与人员整合的绩效管理。在这种组织与人员整合的绩效管理观点中,所强调的重点也有两种情况:一种是更加强调组织绩效,如考斯泰勒认为"绩效管理通过将每个员工或管理者的工作与整个工作单位的宗旨连接在一起,来支持公司或组织的整体事业目标";另一种是更加强调员工绩效,如有研究者认为"绩效管理的中心目标是控制员工的潜力,提高他们的绩效,并通过将员工的个人目标与企业战略结合在一起来提高公司的绩效"。显然,第三种观点中的后一种情况更符合绩效管理的本意,也更多地得到人们的认可。

从绩效管理的本质含义出发,考虑到当前对绩效管理概念的各种解释方式,本书认为,绩效管理是从员工绩效管理出发,实现员工绩效管理与组织绩效管理的整合,包括绩效计划、绩效实施、绩效考核、绩效反馈和绩效结果应用等一系列环节的一个完整系统。从人员绩效管理出发,提高员工绩效水平,使绩效管理具有坚实的基础;而实现员工绩效管理与组织绩效管理的整合,能确保组织绩效水平的提高和实现组织的战略目标,使绩效管理具有战略导向性。员工绩效管理与组织绩效管理的整合使绩效管理形成组织层次系统,而绩效计划、绩效实施、绩效考核、绩效反馈和绩效结果应用则构成绩效管理的流程系统,使绩效管理具有系统性。无论是员工绩效管理与组织绩效管理的整合,还是绩效管理各环节的进行,都是以员工及组织绩效水平的提高为最终目的,表现出具有明确的目的性。

（二）绩效管理的特点

1. 系统性

绩效管理强调对绩效的系统管理,涵盖员工和组织两个层面,将员工绩效和组织绩效融为一体,因而它不是单纯的一个步骤或一个方面。同时,绩效管理是一种管理手段或方法,它体现管理的主要职能,即计划、组织、指导、协调、控制。因此,必须系统地看待绩效管理。

2. 目标性

目标管理的一个最大好处就是员工明白自己努力的方向,管理者明确如何更好地通过目标对员工进行有效管理并提供支持帮助。同样绩效管理也强调目标管理,"目标＋沟通"的绩效管理模式被广泛倡导和使用。

只有绩效管理的目标明确了,管理者和员工的努力才会有方向,才会更团结,共同致力于绩效目标的实现,更好地服务于企业的战略规划和远景目标。

3. 强调沟通和指导

沟通在绩效管理中起着决定性的作用。制度要沟通,帮助和指导员工实现目标要沟通,年终考核要沟通,分析原因寻求进步要沟通。总之,绩效管理的过程就是员工和管理者持续不断沟通的过程,在沟通中不断指导员工和提高员工工作绩效。离开了沟通,企业的绩效管理将流于形式。

许多管理活动失败的原因,在很大程度上是因为沟通出现了问题。绩效管理需要致力于管理沟通的改善,全面提高管理者的沟通意识,提高管理的沟通技巧,进而改善企业的管理水平和管理者的管理素质。

4. 重视过程

目前企业中存在的主要问题是将绩效管理简单地理解为绩效考核。主管人员认为绩效管理就是在季度末或者年度末填写的那几张表格。但事实上,绩效管理绝不等于绩效考核,绩效考核是绩效管理循环中的一个环节。绩效管理是一个循环过程,在这个过程中,它不仅强调达成绩效结果,更要通过目标、辅导、评价、反馈等环节,重视达成结果的过程。

三、绩效管理对马术俱乐部管理的重要作用

绩效管理对于马术俱乐部不断提高其整体效能和绩效有着重要作用，尤其是在当前社会主义市场经济条件下，它对于马术俱乐部获得核心竞争优势有着重要作用。虽然影响马术俱乐部发展的因素是多方面的，但是绩效管理可以为马术俱乐部高层带来关于教练员、经理工作的可靠信息，以便更有效地开展马术俱乐部的管理工作，同时为教练员、经理设立合理的目标并进行有效指导，帮助他们更好地执行任务。这些使得绩效管理在整个马术俱乐部管理工作中起到了不可替代的作用。对一个俱乐部而言，绩效管理所提供的信息有助于马术俱乐部高层对经理、教练员做出晋升或薪酬变动、培训等方面的决策，同时它还可以给高层提供积极有效的反馈，使其了解马术俱乐部员工如何看待他们的工作绩效表现。另外，针对评估中所指出的低效率行为，能迅速帮助教练员、经理改善不足并强化其已有的正确行为，促进他们在马术俱乐部规划的目标体系内快速发展。它还可以为马术俱乐部甄别、招募教练员和经理提供一定的建议。最后，绩效管理是员工职业发展、规划、培训与开发的基础，这是因为它以马术俱乐部的员工在绩效评估中表现出来的优势和不足为依据来制订相应的个人职业发展规划，并为促进组织与个人的迅速发展提供了一个良好的平台。

第二节　马术俱乐部绩效管理的价值

马术俱乐部绩效管理作为员工绩效管理与组织绩效管理的整合，是包括绩效计划、绩效实施、绩效考核、绩效反馈和绩效结果应用等一系列管理环节的完整系统，其有效实施必然具有重要的价值，发挥重要的作用。对于绩效管理的作用，可以从马术俱乐部、员工和管理者的不同角度来进行分析。

一、绩效管理对马术俱乐部的作用

马术俱乐部要实现多层次、多方面的目标，绩效管理对马术俱乐部目标的实现以及全部管理活动的有效进行具有重要作用。

（一）为马术俱乐部战略目标的实现奠定基础

马术俱乐部不仅要选择正确的战略目标，还要确保战略目标的实现。马术俱乐部战略目标必须通过组织体系落实到各个部门、每个人的身上，通过发挥组织中部门、人

员的作用来实现。在绩效管理过程中,要把马术俱乐部战略目标分解到各个部门,并根据每个职位的基本职责和要求进一步分解到各个职位的员工身上,从而形成每个职位的绩效目标。因此,通过在绩效管理过程中为每个员工制订有效的绩效目标,就把马术俱乐部战略、职位与人员连接在一起了。绩效管理通过有效的目标分解和逐层落实,为马术俱乐部战略目标的实现奠定了基础。

(二)增强马术俱乐部计划管理的有效性

在实践中,很多马术俱乐部由于受管理水平的限制,管理中计划性程度低,计划管理的效果差。因为计划管理的这种状况,导致管理的可控程度低、随意性大,而通过有效的绩效管理可以在一定程度上解决这个问题。在绩效管理过程中,首先强调的就是进行绩效计划,制订合理的绩效目标,然后通过绩效管理过程中其他环节来实现绩效目标,这样就提高了马术俱乐部各部门和员工工作的计划性。绩效管理能使马术俱乐部中每个部门的活动和每个员工的努力都朝向马术俱乐部目标,从而也就强化了马术俱乐部中的计划管理,增强了计划管理的有效性。

(三)提供马术俱乐部价值创造循环的动力

马术俱乐部要通过有效地整合和利用各种资源来创造价值,实现自身价值的最大化。马术俱乐部的价值创造是一个不断循环的过程,包括价值创造、价值评价和价值分配这三个环节。因此,马术俱乐部不仅要进行价值创造,还要把握好价值评价和价值分配,只有每个环节都处理好了,各环节之间紧密联结,才能持续不断地创造价值。通过有效的绩效管理,能够提高价值评价的准确性,对马术俱乐部中不同部门和每个人在价值创造过程中的贡献做出正确的评价,而准确的价值评价又能为价值分配提供合理的依据,从制度上保证马术俱乐部价值分配的公平性,进而提高价值创造者创造价值的积极性。因此,有效的绩效管理能为马术俱乐部价值创造提供循环的动力,使马术俱乐部实现自身价值最大化的目标。

(四)是建设马术俱乐部文化的有效工具

在马术俱乐部管理理论发展的过程中,文化管理被认为是管理的最高境界,因此,在当前的马术俱乐部管理实践中,马术俱乐部文化建设普遍受到重视。但是,尽管马术俱乐部文化受到重视,在马术俱乐部文化建设过程中多数马术俱乐部往往只做了一些形式上的工作,如提几句口号、写几幅标语和设计标识系统等,这样就难以在马术俱乐部内形成核心价值观并为员工所接受并成为行动指南。在绩效管理过程中,通过对考评指标维度及权重的设计,可以引导和强化员工的行为,使之符合马术俱乐部的价值导向,形成核心价值观。因此,绩效管理是建设马术俱乐部文化的有效工具,通过实施绩效管理来加强马术俱乐部文化建设,使俱乐部文化建设落到实处。

绩效管理对马术俱乐部的以上几方面作用,最根本的应该体现在马术俱乐部绩效水平的提高和竞争能力的增强上。

二、绩效管理对马术俱乐部员工的作用

员工在马术俱乐部中处在具体的职位上,是绩效管理的直接对象。员工在工作过程中一方面要履行自己的职责,另一方面也要获得自身需要的满足和实现自我的发展,绩效管理对员工具有重要作用。

(一)使员工获得工作状况及业绩反馈

在工作过程中,员工首先要了解自己工作做得怎么样,是否履行了自己的职责,自己的工作业绩如何,是否得到了别人的认可。这是员工对安全与稳定的需要,这种需要的满足可以避免由于不了解自己的工作状况及业绩情况而产生的焦虑。在绩效管理过程中,有定期进行的有关工作进展情况的面谈,并在绩效考核之后把考评结果及时反馈给员工,从而使员工及时获得工作情况及业绩反馈,满足安全与稳定的需要。

(二)提高员工工作效率

在工作过程中,员工如果能拥有自主性将会极大地提高工作效率。通过实施绩效管理,帮助员工弄清楚他们应该做什么和可以怎样去做,员工就会知道自己拥有一些什么权力,可以在什么范围内进行决策,从而能极大地提高员工的工作效率。

(三)促进员工能力提高和职业发展

绩效管理与绩效考核的重要区别在于,通过进行绩效管理不仅能使员工了解自己的工作及绩效状况,更重要的是强调如何把以后的工作做得更好,进一步提高绩效水平。在绩效管理过程中,通过持续不断的沟通,马术俱乐部管理者与员工共同对员工的工作状况及绩效进行分析,找出所存在问题的原因,找到进一步改进与提高的方向,向员工提供培训与开发的机会,促进员工能力的提高,并实现进一步的职业发展。

绩效管理对员工的以上几方面作用,最终表现为马术俱乐部员工绩效水平的提高,而员工绩效水平的提高则是马术俱乐部整体绩效水平提高的根本基础。

三、绩效管理对马术俱乐部管理者的作用

马术俱乐部管理者要对下属人员进行有效的管理,并向马术俱乐部承担相应的管理责任。绩效管理作为员工绩效管理与组织绩效管理的整合,管理者在这种整合过程中要发挥纽带的作用,绩效管理对管理者也具有重要作用。

（一）帮助马术俱乐部管理者实现管理目标

马术俱乐部管理者承担着实现马术俱乐部运营与管理目标的责任，要通过所管理的业务单元或团队来实现自己的管理目标。因此，管理者需要把企业赋予的目标分解成每个员工的具体目标，向员工传递对他们的工作期望，使员工了解各项工作的衡量标准，并掌握员工工作情况及结果的有关信息。绩效管理给管理者提供把马术俱乐部目标分解到员工的机会，使管理者能够向员工说明自己对工作的期望和工作的衡量标准。通过持续不断的沟通能掌握下属业务单元中哪些事情运行良好，哪些事情出了问题，以及每个员工的状态（能否胜任工作，在工作中需要得到什么样的支持和帮助，在哪些方面有待提高）等信息。所有这些都说明，有效的绩效管理有助于管理者实现其管理目标。

（二）提高马术俱乐部管理者的管理技能

要取得好的管理效果，马术俱乐部管理人员必须要有相应的管理技能。许多管理人员由于长期忙于具体事务的工作，从而使管理技能的提高受到限制。而马术俱乐部绩效管理的系统性则要求管理者必须履行相应的管理职责，从而也就能提高管理者的管理技能。在马术俱乐部绩效管理过程中，管理者要根据马术俱乐部目标来制订与分解目标，这有助于提高目标制订与分解的能力；管理者要帮助下属员工提高绩效，这有助于提高指导、激励和监控能力；管理者要与下属员工进行持续的沟通，这有助于提高沟通能力；管理者要对下属员工的工作绩效进行考核，这有助于提高考核能力；管理者要对下属员工的工作绩效中存在的问题进行分析与诊断，这有助于提高分析与诊断能力。所有这些都是管理技能中的重要内容，因此，通过进行绩效管理能够有助于提高马术俱乐部管理者的管理技能。

（三）提高马术俱乐部管理者的管理效率

在马术俱乐部管理工作过程中，许多管理者往往被琐事缠身，在具体事务上花费大量的时间。通过实施绩效管理，管理者与员工进行有效的沟通，与员工形成良好的合作关系，并向员工提供必要的培训，使员工能够进行合理的自我决策并进行自我管理。这样，管理者就只需在必要时介入，不必把大量的时间花在具体事务上，从而为管理者节省了时间。

马术俱乐部绩效管理对管理者的以上几方面作用，最终的结果是使管理者能够更好地履行自己的管理职责，而管理者职责的有效履行则是员工绩效与马术俱乐部绩效提高的重要保障。

从以上对马术俱乐部绩效管理作用的分析中可以看到，马术俱乐部绩效管理对企业、员工和管理者这三方面的作用是相互关联的。对马术俱乐部的作用是最根本的，能够带来马术俱乐部整体绩效水平的提高;对员工的作用是基础性的,成为马术俱乐部整体绩效水平提高的基础;对管理者的作用是保障,成为员工绩效与马术俱乐部绩效提高的保障。因此,马术俱乐部绩效管理系统地发挥着作用,也进一步证明了绩效管理的系统性质。

第三节 马术俱乐部绩效管理的方法

一、马术俱乐部绩效管理流程

马术俱乐部绩效管理的流程被看作是一个循环流程。这个循环的周期通常分为四个步骤,即绩效计划、绩效实施、绩效评估与绩效反馈。

(一)绩效计划

马术俱乐部制订绩效计划的主要依据是员工自己的工作目标和工作职责。在绩效计划阶段,企业管理人员和员工之间需要在对员工绩效的期望问题上达成共识。在共识的基础上,员工对自己的工作目标做出承诺。马术俱乐部管理人员与员工共同投入和参与是进行绩效管理的基础。所以绩效管理是一项协作性活动,由马术俱乐部管理人员和员工共同承担。

(二)绩效实施

成功地制订绩效计划后,马术俱乐部管理人员或员工自己评选出的评估人员就开始按照计划开展工作。在整个绩效工作期间,马术俱乐部管理人员主要是对员工的工作进行监督和指导,及时发现问题、及时解决问题,并根据实践合理地调整绩效计划,以利于绩效管理的顺利进行,并随时收集资料,作为绩效评估的依据。

(三)绩效评估

绩效实施期间结束后,根据预先选定好的绩效计划,马术俱乐部管理人员或评估人员对员工的绩效目标进行评估。绩效评估的依据就是在绩效实施开始时双方达成一致意见的关键绩效指标。同时,在绩效实施与管理过程中,所收集到的能够说明员工绩效表现的数据和事实,可以作为判断员工是否达到关键绩效指标要求的依据。

(四)绩效反馈

绩效管理的全过程不是到绩效评估就画上了句号,最后马术俱乐部管理人员还要与员工进行反馈面谈,使员工了解马术俱乐部组织对自己的期望,了解自己的绩效。通过绩效反馈面谈找出自己有待改进的方面,同时提出自己在完成绩效目标中所遇到的困难,从而得到马术俱乐部管理人员的指导与帮助。

完成上面四个环节,也就是完成了一个绩效管理的循环,新一轮的绩效管理也就由此开始了。在绩效管理中,各个环节的具体实施与目的及对马术俱乐部绩效管理实施的影响等,我们将在以下各节中进行详细分析。

二、马术俱乐部绩效计划

在实际工作中,有的马术俱乐部在绩效管理的实施上,准备工作是不充分的,甚至有些杂乱无章。在这些马术俱乐部中,绩效管理只有被用到的时候才被提及。每到年底的关键时刻,许多马术俱乐部的人力资源部门都处在忙碌之中,忙着做表格、发表格、收表格、存档表格。一通忙碌下来,工作没多做,怨言却不少。不但员工不满意,就连平时和平共事的经理们都在挑毛病,俱乐部高层似乎也在怀疑人力资源部门工作的质量,怀疑人力资源部经理的能力。

之所以出现这么多的问题,就是因为马术俱乐部在做绩效管理体系的时候没有很好地进行绩效计划,没有把绩效管理当作一件重要的工作,忽视了它的重要性,忽视了计划在绩效管理中所扮演的重要角色,最终导致绩效管理方案流产。所以,在实施绩效管理前,要求马术俱乐部管理人员应花足够多的时间对绩效管理做出计划,对绩效管理的实施方案进行全面细致的规划,使绩效管理的执行有切实的依据和具有可操作性,保证其落到实处。

(一)马术俱乐部绩效计划的内涵

绩效计划就是关于工作目标和标准的契约,可以认为是马术俱乐部管理人员和员工之间的共同的沟通,是员工的工作目标和马术俱乐部的计划标准达成一致的过程。绩效计划也是绩效管理的开始,在这个阶段,马术俱乐部管理者和员工通过沟通主要完成以下任务:员工的主要工作任务;衡量员工的工作(标准)的方式;每项工作的时间期限;员工的权限;员工需要的支持帮助;管理者帮助员工实现目标的方式;其他相关的问题(如技能、知识、培训、职业发展等)。

(二)制订马术俱乐部绩效计划的作用

马术俱乐部绩效计划是绩效管理的起点,也是绩效管理的关键。制订绩效计划的目的,是通过各层级人员的必要参与,使组织各层级都有明确的、上下一致的目标,以保证组织战略的实施和目标的实现。概括起来,制订绩效计划具有以下作用。

1. 有利于指导员工的工作

绩效计划可以被认为是指导员工工作的计划书。通过这一计划书，员工可以明确考核周期的工作任务和目标、完成期限、衡量标准等信息，从而明确工作方向，增强工作的计划性和目标性，为按时高效完成工作打下良好基础。

2. 有利于激发员工的热情

让员工参与制订绩效计划是一种参与式管理，增强了管理的民主性，因此能增强员工完成工作的责任感和自觉性，激发员工工作的热情。

3. 有利于减轻管理者负担

有了绩效计划，管理者就很清楚员工在考核周期内应该做什么、做到什么程度、什么时候完成，心里就有了底，管理起来也省心多了。

4. 可作为考核的重要依据

考核周期结束时，绩效计划便是考核员工的重要依据。

（三）马术俱乐部绩效计划的制订过程

马术俱乐部绩效计划的制订过程要经过准备阶段、沟通阶段、计划确认阶段这三个阶段。

1. 准备阶段

准备阶段包括信息准备阶段、沟通前的准备工作等。需要准备的信息主要有以下两类。

（1）组织信息，包括马术俱乐部及其各部门的信息，具体有马术俱乐部的战略发展目标、年度经营计划、部门的工作职能、工作计划、绩效考核期结果等信息。结合这些信息来制订绩效计划，就使绩效计划和马术俱乐部的战略目标有机地结合起来，能使绩效计划保持正确的方向。同时，员工对俱乐部发展、经营方面的信息了解得越多，也越能理解和接受所制订的绩效计划。

（2）个人信息，包括马术俱乐部员工的工作职责、工作计划、上个绩效考核期的结果等。这些信息也是制订绩效计划的重要依据。收集这些信息，一方面保证了制订的绩效计划是在员工工作职责范围内，不致于出现偏差，同时，回顾上个考核期的工作情况，便于了解员工考核期间的绩效状况，以便传达对员工考核期间的不足进行修正的要求。

2. 沟通阶段

沟通阶段是管理者与员工进行充分交流，对员工在绩效计划期内的工作目标和计划达成共识的过程。

（1）沟通的原则。沟通时，管理者要营造一个和谐的沟通环境和氛围，并遵循以下原则。

①双方平等原则。马术俱乐部与各部门主管、部门主管与员工，在制订绩效计划过程中，都是一种相对平等的关系，在沟通过程中，要以平等协商的方式，而不是强加的方

式,来制订经过努力可以达成的绩效目标。

②听取被考核者意见原则。管理者对岗位熟悉,多听取管理者的意见,有利于绩效计划更加客观;员工对自己的工作也最了解,多听取员工的意见,有利于发挥员工更多的主动性,制订的工作衡量标准也更为客观。

③共同决策原则。鼓励员工多做决定,和员工一起实施绩效管理,让员工多参与。员工做决定的成分越多,绩效管理越容易成功。

（2）沟通的内容。绩效标准、绩效目标和绩效权重的确定过程是一个双向沟通的过程,马术俱乐部管理者和员工双方都有责任。在此过程中,管理者主要应向员工解释和说明的内容有:组织整体的目标是怎样的？为了完成这样的整体目标,部门的目标是什么？为了达成这样的目标,对员工的期望是什么？员工的工作应达到什么样的标准？期限如何？员工应该向管理者表达的内容有:自己对工作目标和如何完成工作的认识;自己对工作的疑惑和不理解之处;自己对工作的计划和打算;在完成工作中可能遇到的问题和需要的支持。

3. 计划确认阶段

在本阶段,管理者要确认绩效计划是否达到了以下效果:员工的工作目标和马术俱乐部的整体目标是否紧密结合;对员工工作目标的各项标准完成的程度以及员工应该享有的权限是否达成共识。

当以上各项工作完成时,就可以建立文档,清晰注明员工工作目标、最终应实现的工作结果、衡量结果的指标和标准等,并最好双方签字确认。

当马术俱乐部绩效计划发生改变,双方需及时沟通、调整,经双方确认后并在考核表上体现。

三、马术俱乐部绩效实施

马术俱乐部绩效实施是绩效管理的一个重要的中间过程。如果说马术俱乐部绩效计划可以在短短几天甚至几个小时内完成,那么马术俱乐部绩效实施则是绩效管理中耗时最长的活动。在这个过程中,马术俱乐部管理者需要进一步明确目标、制订计划、分配资源、落实进度、合理控制。通过绩效实施,一方面保证了绩效计划中绩效目标的实现,另一方面也为绩效评估提供了重要的考评依据。因此,绩效实施是绩效管理的关键环节。

（一）持续的绩效沟通

持续的绩效沟通就是马术俱乐部管理者和员工共同工作以分享有关信息的过程。这些信息包括工作进展情况、潜在的障碍和问题、可能的解决措施以及管理者帮助员工的方式等。它是连接计划和评估的中间环节。

1. 持续绩效沟通的目的

管理者和员工通过沟通共同制订了绩效计划,形成了员工个人绩效合约,但这并不意味着后面的绩效计划执行过程就会完全顺利、不再需要沟通。我们要考虑的问题有:员工会按照计划开展工作吗?计划是否足够周全,考虑到了全部需要考虑的问题吗?管理者是否可以高枕无忧地等待员工的工作结果?很显然,答案是否定的。

(1) 持续沟通是调整绩效计划的需要。市场的竞争是激烈的,市场的变化也是无常的。不论是工作环境还是工作本身的内容、重要性等都随着市场的改变而不断变化,这导致了绩效计划有可能过时甚至完全错误。除了客观原因以外,员工本身工作状态好坏、管理者监督指导力度大小等都有可能影响绩效结果的达成。持续的绩效沟通可以保持工作过程的动态性,保持柔性和敏感性,及时调整目标和工作任务。

(2) 持续沟通是员工了解信息的需要。员工希望在绩效实施过程中了解两类信息:①如何解决工作中的困难信息;②对自己工作状态的反馈信息。

(3) 持续沟通是管理者了解信息的需要。作为管理者,需要在员工完成工作的过程中及时掌握工作进展情况的信息,了解员工在工作中的表现和遇到的困难,协调团队的工作,对员工进行工作辅导,提高员工和团队绩效。管理者通过有效沟通还可以获得必要的信息,以便对员工绩效做出恰当的评估。另外,及时了解信息还可以避免因发生意外事情的措手不及,防患于未然。

2. 持续绩效沟通的内容

管理者与员工持续的沟通是为了共同找到及达成与目标有关的一些问题的答案。管理者思考的是:作为管理者要完成职责必须从员工那里得到什么信息?为使员工要更好地完成工作需要向他们提供什么信息?从这个基本点出发,管理者和员工可以在计划实施的过程中,试图就下列问题进行持续而有效的沟通:以前工作开展的情况如何?哪些地方做得很好?哪些地方需要改善或纠正?员工是在努力实现目标吗?如果偏离目标的话,管理者应该采取什么纠正措施?管理者需要为员工提供何种帮助?是否有外界变化影响到目标的实现?如果目标需要进行改变,如何进行调整?

3. 持续绩效沟通的方式

沟通有各种各样的方式,如口头的方式与书面的方式、会议的方式与谈话的方式等。然而随着计算机和网络技术的发展,人们也越来越多地采取网络沟通。每种沟通方式都有优点和缺点,因此,关键是根据不同的情境选用最恰当的沟通方式。沟通方式可以分为正式的沟通方式和非正式的沟通方式。

(1) 正式的沟通方式。正式的沟通方式都是事先计划和安排好的。在绩效管理中常用的正式沟通方式有书面报告、定期面谈和定期会议三种方式。书面报告是绩效管理中比较常用的一种正式沟通的方式。它是指员工使用文字或图表的形式向管理者报告工作的进展情况,既可以是定期的,也可以是不定期的。定期面谈是指管理者与员工定期进行一对一的面谈,这是绩效沟通的一种常见方式。定期会议是一种成本较高的沟通方式,沟通的时间一般比较长,常用于解决较重大、复杂的问题。

(2) 非正式的沟通方式。在工作开展的过程中,管理者和员工不可能总是通过正式的渠道来进行沟通。无论是书面报告、一对一的面谈还是定期会议,都需要事先计划并选择一个正式的时间和地点。然而,事实上,在日常的工作中,随时随地都可能发生沟通,这些沟通大多是非正式的。非正式的沟通方式包括走动式管理、开放式办公、工作间歇时的沟通、非正式的会议等。走动式管理是指管理者在员工工作期间不时地到员工的工作地附近走动,与员工进行交流,或者解决员工提出的问题。开放式办公是指管理者的办公室随时向员工开放,只要在没有客人或不开会的情况下,员工可随时进入办公室与管理者讨论问题。现在这种方式已被很多公司采用。工作间歇时的沟通是指管理者可以在各种工作间歇时与员工进行一些较为轻松的话题的沟通,从而引入一些工作中的问题,并且应尽量让员工主动提出这些问题。例如,也许共进 20 分钟午餐时的交谈会比任何正式会议得到的沟通效果更令人满意。非正式的会议也是一种比较好的沟通方法,主要包括联欢会、生日晚会等各种形式的非正式的团队活动。管理者可以在轻松的气氛中了解员工的工作情况和需要帮助的地方。同时,这种以团队形式举行的聚会也可发现团队中出现的一些问题。

(二) 绩效信息的收集和分析

绩效信息的收集和分析是一种有组织的系统收集有关员工工作、活动和组织绩效的方法。所有的决策都需要信息,绩效管理也不例外。没有充足有效的信息,就无法掌握员工工作的进度和所遇到的问题;没有有据可查的信息,就无法对员工工作结果进行评价并提出反馈;没有准确必要的信息,就无法使整个绩效管理的循环不断进行下去并对组织产生良好的影响。

1. 信息收集与分析的目的

管理者收集信息的目的是为了解决问题与证明问题。要解决绩效实施过程中存在的问题必须知道究竟出现了什么问题并分析问题存在的原因,这两者均由收集到的相关信息提供答案;而要证明员工的绩效水平也必须依赖于对被评估者的绩效表现所做的观察与记录。概括来说,我们进行信息的收集与分析有以下目的。

(1) 提供绩效评估事实的依据。绩效评估结果的判定需要明确的事实依据作为支撑。在绩效评估时,将一个员工的绩效判断为"优秀""良好""一般"或者"差",需要有一些证据作为支持,要用事实说话,不能凭感觉。这些信息除了可以用在对员工的绩效进行评估外,还可以作为晋升、加薪等人事决策的依据。

(2) 提供绩效改进的事实依据。进行绩效管理的目的是改善和提升员工的绩效与工作能力。当告诉员工他做得不够好或如何做得更好时需要结合具体的事实向员工说明其目前的差距以及如何改进和提高。例如,管理者认为一个员工在对待客户的方式上有待改进,他可以说:"我们发现你对待客户非常热情主动,这很好。但客户选择哪种方式的服务应该由他们自己做出选择,因为这是他们的权利。但你在向客户介绍服务时,总是替客户做决策,比如上次……我觉得这样做是不太妥当的,你看呢?"这样就会让员工清楚地看到自己存在的问题,有利于他们改善和提高。不仅在指出员工有待改善的方面时需要提供事实依据,即使是表扬员工也需要就事论事,而不是简单地指出"你做得很好"。

(3) 发现问题绩效和优秀绩效的原因。对绩效信息的记录和收集可以使我们积累一些绩效表现的"关键事件",例如绩效突出的员工的工作表现和绩效较差的员工的工作表现。这样可以帮助我们发现绩效突出员工背后的原因,利用这些信息帮助其他员工提高绩效;还可以发现绩效不良员工背后的原因,有助于对症下药,改进绩效。

(4) 劳动争议中的重要证据。保留翔实的员工绩效表现记录也是为了在发生劳动争议时企业有足够的事实依据。这些记录可以保护企业的利益,也可以保护员工的利益。

2. 收集信息的内容

并非所有的数据都需要收集和分析,也不是收集的信息越多越好。因为收集和分析信息需要大量的时间、人力和财力,信息收集投入过多,有可能抓不住问题的关键,把握不住最有价值的信息。当然,收集的信息太少也不能满足绩效管理的需要。围绕这些目的,我们要收集的信息主要包括:

①目标和目标值达到或未达到的情况;
②员工受表扬和批评的事件;
③工作绩效突出或低下的具体数据或证据;
④成绩或问题原因分析的依据或数据;
⑤绩效问题谈话记录等。

3. 收集信息的渠道和方法

1) 收集信息的渠道

收集信息的渠道有员工自身的汇报和总结,有对同事的访谈记录,有上级的检查结果记录,也有下级的反映与评价记录。如果企业中所有员工都具备了绩效信息反馈的意识,就能给绩效管理带来极大的帮助与支持。如果各种渠道畅通,信息来源全面,就更便于做出真实客观的绩效考核,使企业的绩效管理更加有效。

2) 收集信息的方法

既然与绩效有关的信息是进行绩效考核时所必需的,那么就需要采取一些系统的方法收集绩效信息。信息收集的方法主要有观察法、工作记录法和他人反馈法等。

(1) 观察法。观察法是指管理者直接观察员工在工作中的表现并记录的方法。例如一个主管人员看到员工粗鲁地与客户讲话,或者看到一个员工在完成了自己的工作之后热情地帮助其他同事工作等,这些就是通过直接观察得到的信息。

(2) 工作记录法。员工的某些工作目标完成的情况是通过工作记录体现出来的。

例如,财务数据中体现出来的销售教学课时,记录表格中客户记录下来的业务员与客户的接触情况,发展会员人数等,这些都是日常工作记录中体现出来的绩效情况。记录关键事件是目前许多企业所推崇的工作记录方法。关键事件是员工的一些典型行为,既有证明绩效突出好的事件,也有证明绩效存在问题的事件。在实践中,企业往往会设计专门的关键事件记录表格,供经理使用。关键事件记录表格设计一般包括时间、地点、人物及事件的简要过程,要求有见证人、当事人及记录人签字。

(3) 他人反馈法。因为员工的某些工作绩效不是管理者可以观察到的,也缺乏日常的工作记录,这种情况就只有采用他人反馈法,如营销部长的绩效计划书中有一项是有关对客户管理的一项内容,就可以通过对客户满意度调查、对客户进行调查或进行电话访谈等方式来收集他的服务态度的信息资料。

应提倡各种信息收集方法的综合运用。因为单一的方法可能只了解到员工绩效的一个或几个方面,而不能面面俱到。例如,有些员工的态度并不能从每次检查或表面的观察中得知,这时候就需要通过与他共事的员工的反馈,这种方法得到的结果往往更真实可信。方法运用得正确有效与否直接关系到信息质量的好坏,最终影响到绩效管理的有效性。

四、马术俱乐部绩效考核——以平衡记分卡为例

(一) 平衡记分卡的概念

目前,财富500强企业中已有80%的企业在管理中引入平衡记分卡。国内理论界对平衡记分卡也做了不少理论阐述,许多企业也开始不断关注或准备引入平衡记分卡。平衡记分卡是一个将企业的战略落实到可行的目标、可衡量的指标和目标值上的战略实施工具。它能使企业有效地跟踪财务目标,同时关注关键能力的进展,并开发对未来成长有利的无形资产。它促使高层管理人员从财务、客户、内部流程和学习/成长四个角度平衡定义企业的战略;分析它们的相关性及其链接;根据对目标值结果的跟踪分析,尽早发现问题,及时调整战略,目标和目标值;建立战略实施的架构以确定重点。因此,平衡记分卡克服了传统绩效考核以单一财务指标考核的局限,另外兼顾了客户、内部流程、学习/成长三个重要方面,从四个方面观察企业、定义企业的战略,使企业得到全面平衡的发展。

(二) 平衡记分卡在马术俱乐部绩效管理中的应用

1. 战略与使命分析

根据平衡记分卡的基本框架我们可以清楚地看出,远景战略处于平衡记分卡最核心的地位。它根据马术俱乐部的总体战略目标,将之分解为小的目标,并为之设立具体

的绩效考核指标,并通过员工报酬与测评指标联系起来的办法促使员工采取一切必要的行动去达到这些目标。我国目前所有马术俱乐部都有一个经营愿景,但几乎大部分的俱乐部并没有把这一愿景细分成不同部门的具体目标,员工对于企业的愿景只有模糊的了解,并不知道和自己的工作有什么关系。绩效指标是组织战略落地的工具,没有经过细分和量化的组织战略,就成了一句空泛的口号。只有把长期战略目标和短期行动有机地联系起来,才有助于公司战略与整个管理体系相吻合。

2. 客户层面分析

马术俱乐部为了获得长远的业务业绩,就必须提供让客户满意的服务。平衡记分卡给出了两个层次的绩效考核指标:一是企业在客户服务方面期望达到绩效而必须完成的各项目标,主要包括市场份额、客户保有率、客户获得率、客户满意度等;二是针对第一层次各项目标进行逐层细分,选定具体的考核指标,形成具体的绩效考核量表。

根据以上两个层次的指标,我国现有马术俱乐部主要存在两方面的问题:一是传统的企业绩效评价虽然也考虑到客户方面的因素,但并未突出其核心地位,客户满意度的指标并未有效地运用到企业的绩效管理中,导致的客户保有率低,造成了很多会员的流失;二是现有的俱乐部大多把满足客户的要求当作口号,而并没有把这一要求落实到每个员工的身上,没有形成具体的绩效考核量表,使得员工感到困惑,没有明确的行动方向。

3. 内部流程分析

平衡记分卡从满足投资者和客户需求的角度出发,从价值链上针对内部的业务流程进行分析。内部流程分析是一个发现企业竞争优势的过程,也是平衡记分卡突破传统绩效考核显著特征之一。传统绩效考核停留在单一部门绩效上,仅靠改造这些指标,只能有助于组织生存,而不能形成组织独特的竞争优势。

马术俱乐部的内部流程是以客户价值为导向的。客户要求俱乐部的内部流程顺畅、组织健全、信息沟通便捷等。现有的很多俱乐部各部门之间存在功能交叉和跳跃的现象,责任不明确。当客户提出要求后,不能够及时予以解决,特别是很多俱乐部没有完整的客户投诉系统,只是单纯地惩罚教练个体,导致教练流动率大,整个俱乐部的教学水平不稳定。

4. 学习与成长层面分析

平衡记分卡实施的目的和特点之一就是避免短期行为,强调未来投资的重要性,同时并不局限于传统场地条件的改造升级,更注重员工系统和业务流程的投资。注重分析满足需求的能力和现有能力的差距,将注意力集中在内部技能上。对于马术俱乐部而言,学习和成长层面主要包括两个方面:一是良驹的调训与护理及训练场地的维修和更新,以保证会员的安全和舒适感,保持在行业内的竞争优势;二是对员工各方面潜能的开发和培养,保持人员的先进性,增强团队合作的精神,保持会员的持久满意度。

5. 财务层面分析

作为营利机构,马术俱乐部必须以盈利作为生存和发展的基础。尽管俱乐部绩效评价更注重非财务指标在评价中的作用,平衡记分卡仍将财务目标作为一个重要的目标,毕竟当俱乐部战略目标得以实现之后,俱乐部应能取得财务上的成就,因此,财务指标仍应是最基本的指标。组织各个方面的改善只是实现目标的手段,而不是目标本身。俱乐部所有的改善都应该最终归于财务目标的达成,单纯就这一点而言,目前的马术俱乐部都非常关注财务指标,尽可能地把所有的经营活动都用财务指标来衡量,依赖于财务指标进行经营决策。但由于指标本身的设置存在一定的缺陷,如客户满意度等指标难以量化,所以财务指标体系只是体现了当前的经营状况,不能完整地反映马术俱乐部的经营状态,也不能体现俱乐部的潜在问题和可开发的优势,更不能成为组织进行长远计划的依据。

第四节 马术俱乐部绩效管理存在的问题

一、马术俱乐部绩效指标设置不科学,内容缺失

选择和确定什么样的绩效指标是考评中一个重要的同时也是比较难以解决的问题。很多马术俱乐部在实践中,对于如何使考评的标准尽可能地量化而具有可操作性并与绩效计划相结合方面却考虑不周。公司的绩效考核机制属于一种非参与性的评价制度,员工被动地接受任务、目标模糊、责任不明确,工作完成后由上级采用有限的指标和主观印象对下属进行评价与考核,偏差较大。由于过多定性化指标的存在,自然无法避免在实际考评过程中出现考评组织者的随意主观性判断,影响了考评工作的严肃性与有效性。

马术俱乐部经理、管理人员、教练员,向社会提供的最终产品都是以服务为主要形式的。那么,从某种意义上说,俱乐部属服务性的组织,对于具有这样特点的组织来说,体育产品的诸多特点决定了对马术俱乐部人员绩效评估体系建立的困难性。绩效评估要评估什么、怎么评估、以什么为指标、以什么为标准是俱乐部绩效评估面临的一个难题。在此难题的困扰下转向事后评估,把公司的收支、盈利状况作为衡量教练员、经理能力的测评依据,而很少考虑到会员的提升和满意程度。在这种情况下,俱乐部的高层没有任何其他的标准去评估教练员和做决定,缺乏教练员绩效的真正信息。这从一个侧面反映出俱乐部绩效评估的现状:指标单一、缺乏任何辅助方面的标准,只有用业绩数量的大小来评估教练员。这种评估很容易造成人才流失。所以,我们要针对俱乐部的特点制订行之有效的评估管理体系,这是目前解决马术俱乐部绩效评估中存在问题的当

务之急。

二、马术俱乐部绩效评估体系制订缺乏参与、沟通

当前我国大多数马术俱乐部所推行的绩效评估是一种被动的、单向的人力资源管理方法，它是由俱乐部高层来制订、颁布、实施的。俱乐部是一种自上而下的管理模式，决定了在制订、颁布、实施绩效体系时也是一种自上而下的过程。这种传统的管理方式与特点造成了高层与教练员、经理信息沟通的不畅，加之俱乐部高层不可能获得组织发展的充分信息，这就有可能脱离实际，制订出与体育组织现实情况不相符的目标。以上为我国马术俱乐部人力资源管理的通病，这就说明了在大多数评估管理过程中组织高层与被评估者的双向交流被忽略了，只是组织高层的一厢情愿，忽视被评估者的参与，造成评估中的不平等关系，形成单向沟通，使评估过程过于被动，只能听凭高层管理者的摆布，无法提出自己的看法，缺乏对教练员、管理人员及会员积极性的调动，容易引起他们对绩效评估的抵制，而且易出现侥幸心理：评估合格是被评估者的收益，不合格是被评估者的代价。

三、马术俱乐部绩效评估易形成重结果、轻过程的管理方式

现在我国马术俱乐部人力资源的绩效评估是对一个阶段教练员、管理人员的会员数量、经营业绩等进行回顾、总结、评定，侧重于对他们在已完成的工作任务中所产生的绩效进行考核。它使俱乐部过于重视教练员、管理人员工作绩效已产生的效果与结果，忽视对工作过程的质量管理，在俱乐部中造成"只问结果、不问过程"的管理方式。对于俱乐部的教练员来说，在俱乐部对会员的培养过程中容易出现"急功近利"的现象，损害俱乐部培养会员的系统性、连续性，使俱乐部在会员心中的档次降低，最终放弃会员的身份；对于俱乐部经理来说就会出现为了提高俱乐部的经营业绩，而不惜使用一切手段来达到目的。久而久之，在俱乐部的整体管理中就会出现"功利主义"现象，忽视俱乐部的人力资源管理的系统性及俱乐部的可持续发展。

四、马术俱乐部绩效评估的动力机制单一

优秀马术俱乐部的绩效管理的主要动力来自帮助提高教练员、管理人员的职业发展、制订职业规划，其次是服务于薪酬机制。而我国目前大部分马术俱乐部的绩效评估的动力机制单一，主要依赖奖惩制度。因此带来的问题表现在：教练员、管理人员改善绩效的动力来自利益的驱使和对惩罚的恐惧。极易在马术俱乐部中产生很大的负面影响，也极大地阻碍了我国马术俱乐部长远的发展。

西南地区某大型马术俱乐部绩效管理案例

西南地区某大型马术俱乐部人力资源部张经理,最近一直为绩效管理的实施工作而头疼。

人力资源部设计了一套绩效管理体系,现已经实施了两个季度,但是一直遇到很大的阻力。各部门在绩效管理工作的配合上总是拖拖拉拉,而且总觉得是人力资源部要求他们做的。

有两件事尤其让张经理头疼,一件是CEO李总在其分管的部门经理第一季度考核表上,只是简单打了个分数,并没有按照要求对具体的指标做出评价,更没有对各经理的季度业绩表现做出分析并给出改进建议,这显然与公司绩效管理的要求不符。

还有一件事就是张经理向李总递交了第一季度绩效管理实施总结报告,都已经过去两个多月了,也没有回音。在报告里,张经理提出了不少绩效管理改进的建议,以及下一步绩效管理实施的计划,很多事情就等着李总拍板后行动,但李总迟迟不答复,张经理不知该如何是好。

思考与讨论:如果你是张经理,你打算怎么做?如何做才能更好地提高马术俱乐部的绩效管理效果?

复习思考题

1. 什么是马术俱乐部绩效管理?
2. 马术俱乐部绩效管理的内容有哪些?
3. 马术俱乐部绩效管理的方法有哪些?
4. 结合自身的社会实践,谈谈马术俱乐部绩效管理的重要作用。

(刘骁蓓)

第十一章 马术俱乐部品牌管理

内容提要

- 马术俱乐部品牌管理概述
- 马术俱乐部品牌管理的价值
- 马术俱乐部品牌管理的内容
- 马术俱乐部品牌管理的策略
- 马术俱乐部品牌管理案例分析

学习目标

- 掌握马术俱乐部品牌管理的内涵
- 熟悉马术俱乐部品牌管理的内容
- 明确马术俱乐部品牌管理的方法

第一节 马术俱乐部品牌管理概述

一、品牌的内涵

（一）品牌的概念

众多品牌的文献和著作表明,品牌(brand)一词来源于古斯堪的纳维亚语"brandr",意味着"燃烧"。从20世纪30年代起,品牌开始被应用到学术界、营销界和传播界。20世纪50年代,Gardner和Levy(1955)在《哈佛商业评论》上发表的《产品与品牌》一文标志着对品牌的研究正式开始。品牌是指不同竞争者为相互识别而赋予各自产品或服务的名称、说明、标记、符号、形象设计以及它们的组合。对于品牌的定义可以从三个角度来理解：①品牌是符号和象征,用以区分其他同类产品；②品牌是关系,它代表着与消费者或更广义的利益相关者的关系;③品牌具有经济价值,它超越品牌本身的含义,代表着一定的品牌资产。

总之,品牌实践及品牌理论发展至今,关于品牌代表着什么,什么是品牌的问题已经得到了不同角度、不同程度的回答,也产生了很多比较成熟、被广泛接受的观点,这是品牌市场实践不断总结的成果。在产品趋于同质化的今天,品牌将取代产品本身的使用功能,成为消费者购买的理由与保证。另外,品牌也是公司所能拥有的最持久的资产,其附加值、应变性和稳定性将对公司的长期利润产生深远影响。

(二)品牌的功能

1. 保护功能

品牌有助于消费者识别产品的来源或产品制造厂家,有利于消费者权益的保护。《中华人民共和国消费者权益保障法》规定:"保护消费者的合法权益是全社会的共同责任""消费者因购买、使用商品或者接受服务受到人身、财产损害的,享有依法获得赔偿的权利""经营者应当标明其真实名称和标记"。由此可见,品牌有利于消费者权益的保护。另外,品牌也表明应该达到一定的质量水平和其他指标,因此品牌是企业与消费者间的一份无形契约,是对消费者的一种保证,有品牌与无品牌的产品相比,消费者更多地信赖有品牌的产品。

2. 承诺功能

品牌有助于消费者避免购买风险,降低消费者的购买成本。品牌是一种外在标志,把产品中无形的,仅靠视觉、听觉、嗅觉和经验无法感觉到的品质公之于众,给消费者安全感。品牌代表着产品的品质、特色,认品牌购买缩短了消费者的购买过程,减少了时间,降低了精力成本。品牌是消费者选择产品的依据,消费者曾经在一棵品牌树上摘到一颗甜果子,他就有信心相信该品牌的另一颗果子也是甜的。这种消费经验的积累与运用,无论对消费者还是企业都是有意义的事情。

3. 信息功能

品牌是消费者个性、身份、地位的象征。消费者购买品牌不仅仅是钟情于品牌所具有的功能性利益,更在意品牌的某些社会象征意义。品牌的社会象征意义,可以显示出消费者与众不同的个性特征,加强突出个人的自我形象,从而帮助消费者有效地表达自我;可以获得消费同种品牌的消费者群体的认同,或产生与自己喜爱的产品或公司的特殊感情,从使用该品牌中获得一种满足感。

4. 情感功能

品牌有助于培养消费者忠诚。品牌一旦形成一定的知名度和美誉度后,企业就可利用品牌优势扩大市场,促成消费者的品牌忠诚,品牌忠诚使销售者在竞争中得到某些保护,并使他们在制订市场营销企划时具有较大的控制能力。

5. 盈利功能

品牌是企业实现利润最大化的保证。强势品牌能减少价格的不稳定性,增强对动态市场的适应性,减少未来的经营风险;品牌可以降低新产品进入市场的风险,每一个新产品的推出,都可以借原品牌增加价值;品牌是规避单纯价格竞争的一种手段,因为品牌特有的附加价值,消费者可以多一点额外的付出。

6. 竞争功能

品牌有利于企业保持竞争优势。对竞争者而言,品牌是一种制约。在某些领域,市场形势已经尘埃落定,强势品牌已经形成,留给后来者的市场机会非常小,而在没有形成强大品牌的领域,竞争者将面临大好的市场机会,受到的制约相对较小。

二、品牌管理

(一)品牌管理定义

品牌管理的含义有广义和狭义两种。狭义的品牌管理含义是对已经建立起来的品牌进行有机管理,以使品牌在整个企业管理中起到很好的驱动作用,不断提高企业的竞争能力和品牌资产,造就百年品牌。品牌的本质在于调动企业全部力量,以品牌为核心,实施对消费者购买认知与购买行为的全过程管理。广义的品牌管理指的是对品牌创建到品牌生命终结的整个品牌生命周期进行管理的过程,包括品牌调研、品牌创建、品牌定位、品牌推广、品牌维护、品牌检测、品牌更新和品牌终结等。

(二)品牌管理的步骤

品牌管理体系的建立意味着企业已经从纯粹的产品管理和市场管理中超越出来,企业的经营是将产品经营和品牌无形资产经营融为一体的商业模式。而品牌管理的对象,涉及品牌创造的全过程及各方面工作。对此,品牌创造与管理过程分八大步骤,每个步骤包含一项或若干项品牌创造与管理工作。

1. 建立品牌管理组织

企业内部的品牌管理组织,由主管副总、品牌委员会、品牌项目经理(管理一个大类多个品牌)、品牌经理组成。还可利用外部品牌管理专业机构介入的方式,请他们担任品牌管理与部分执行工作的代理人。欧美国家在品牌管理方面还分成了专门的职能管理制及品牌经理制,如奥美国际提出了"品牌管家"的管理思想。

2. 制订品牌创造计划与预算

品牌创造计划,应包括品牌战略方针、目标、步骤、进度、措施、对参与管理与执行者的激励与控制办法、预算等。

3. 品牌长期定位的市场调研

通过市场调研，找到一个合适的细分顾客群，找到顾客群心目中共有的关键购买诱因。并且还要了解并清楚目前有没有针对这一诱因的其他强势品牌。

4. 品牌设计

一个完整、丰满的品牌设计包括四大内容：品牌识别体系、品牌个性定义、品牌核心概念定义、品牌延伸概念定义。

5. 阶段性或间隔性的品牌传播

该步骤是品牌设计的执行阶段，主要分为两大类工作，沟通性传播和非沟通性传播。

沟通性传播包括广告、公共关系、销售促进、口碑传播等途径。非沟通性传播指产品与服务、价格、销售渠道。从传播角度看，这些因素也是向顾客传递信息的载体，也纳入传播控制之中。

6. 实施持续的、扩大的整合传播

品牌创造，需要一个较长的时间周期和覆盖一个较大的市场范围，没有多个回合是不可能完成的。在长期、持续、扩大的整合传播过程中，必须保持品牌的一致性，这是一个重要原则。

7. 形成广泛认同的品牌印象

品牌管理的目的，就是让既定的品牌设计为足够规模的顾客群与潜在顾客群所接受，并转化为高度认同的品牌印象。

8. 品牌评估

通过权威机构对品牌的评估，把品牌确定为量化的资本财富，这是将品牌资产运用到融资与合作、合资上的必要手段。

三、马术俱乐部品牌管理

（一）马术俱乐部品牌管理的定义

马术俱乐部品牌管理的定义为：马术俱乐部管理者为培育品牌资产而展开的以消费者为中心的规划、传播、提升和评估等一系列战略决策和策略执行活动。这一定义包含四层含义：第一，马术俱乐部品牌管理的对象是品牌资产，而品牌资产是由品牌本身所驱动而带来的市场价值或附加价值，是一种超越生产、商品、所有有形资产以外的价值。第二，马术俱乐部品牌管理是以提升品牌所代表的无形资产和市场价值为目的的。第三，马术俱乐部品牌管理是一个不断积累、丰富和完善品牌资产的过程，它需要时时关注消费者对某一品牌的喜好、评判和取舍。第四，马术俱乐部品牌管理更多地表现为一种对外的、关注市场表现的"外向型"行为。

（二）马术俱乐部品牌管理的核心任务

品牌推广对树立良好的企业和产品形象、提高品牌知名度有着重要意义。随着近年来马术俱乐部数量的急剧增加，如何经营马术俱乐部已经成为重中之重，因此建立一个深入人心的马术俱乐部品牌形象显得尤为重要。品牌建设不仅仅是对品牌的创立、维护，更多需要的是在马术俱乐部运营的全过程中，营销体系以及金融保证等体制上的配套完善。

马术俱乐部创立品牌，打造品牌是前期阶段。但是中期与后期的维护和管理更重要。若是品牌不能够得到维护，那么品牌的口碑和价值就会弱化，甚至消失。马术俱乐部管理品牌主要有以下四个核心任务。

1. 明确马术俱乐部品牌管理部门的主要职能

马术俱乐部品牌管理部门是创建强势品牌的组织保证，通过对品牌进行良好的管理，可促进品牌的整体发展，推动品牌的战略实现。

2. 选择合适的马术俱乐部品牌扩张策略

品牌扩张就是要做到多品牌和品牌延伸。多品牌能够帮助马术俱乐部最大限度地占领各细分市场，避免马术俱乐部将品牌管理的风险集中在某一个产品品牌的成败上，而成功的品牌延伸能降低马术俱乐部的营销成本，提高品牌资产与价值，丰富品牌形象。

3. 定期进行马术俱乐部品牌价值评估

马术俱乐部品牌价值不是一成不变的。量化马术俱乐部的品牌价值，可突显其行业主导地位，引导社会资源向优秀品牌企业聚焦，同时，进行品牌价值评估可发挥品牌价值在投融资、兼并收购以及对外合作过程中的作用。跟踪马术俱乐部品牌价值变化，可指导马术俱乐部及时调整品牌策略，促进无形资产的保值、增值。

4. 重视马术俱乐部品牌保护

品牌保护的核心是对马术俱乐部品牌知识产权的保护。品牌保护能够巩固和提高品牌的竞争力和市场影响，延长其市场寿命，维持品牌与消费者的长期忠诚联系，使品牌资产不断增值。没有对品牌切实可行的保护，就没有品牌永久、无价的生命力。

第二节　马术俱乐部品牌管理的价值

好的品牌管理，对于产品参与市场竞争并获胜有着至关重要的意义。首先，一个好的品牌本身即具有识别商品的功能，为广告宣传等促销活动提供了基础，对消费者购买商品起着导向作用；其次，品牌还有法律保护的商标专用权，将有力遏制不法竞争者对本企业产品市场的侵蚀；再者，管理好的品牌会使商标赢得好的声誉，有利于新产品进入市场；最后，名牌商品对顾客具有更强的吸引力，有利于提高市场占有率。

一、马术俱乐部品牌定位管理对企业竞争力有战略指导作用

企业战略是企业发展的方向和纲领性规划,企业都把品牌定位作为其竞争战略的核心,在每一个品牌的战略平台上,各自都努力将品牌的识别特征独树一帜,并通过推出品牌的过程,达到定位的目的。马术俱乐部品牌定位是企业竞争战略制度和执行的出发点。马术俱乐部品牌定位的不准确将会使市场和消费者没有任何参考依据和理由偏爱其品牌,该品牌产品也将失去赢得竞争的优势,其他与之相配套的营销战略的制订与实施也将无从下手,最终使马术俱乐部竞争中的投资起不到应有的效果。

二、马术俱乐部品牌定位可以增加品牌资产

品牌定位就是通过对品牌信息的系统、持续、差异化传播,力争在消费者的脑海里产生记忆和认同,以便在适当的时候被激活,而成为消费者品牌购买决策的理由。马术俱乐部采用定位的方法进行传播活动,就能够强化品牌信息对消费者的影响,进而强化品牌资产。经过有计划的定位传播,可以快速有效地在消费者头脑中形成对品牌的整体印象,形成品牌定位。

三、马术俱乐部品牌文化管理可以降低交易成本

从马术俱乐部内部交易成本来看,马术俱乐部员工的行为往往会面临不确定性,由于人的有限理性以及环境的不可能完全预测性,使得马术俱乐部正式合约不可能完备,而品牌文化作为一种弥补正式合约失败的替代机制,可以弥补正式合约没有覆盖的范围,减少面临不确定的时空范围,当正式合约未能约定的意外事件发生时,品牌文化可以为员工提供行为的框架和价值体系,引导和约束员工的行为。因此,强势品牌文化可以降低马术俱乐部内部的不确定性。

四、马术俱乐部品牌文化对企业的长远发展具有指导意义

品牌文化中的价值观、经营理念、行为准则等对马术俱乐部创建品牌和发展品牌具有重要的现实作用和长远的指导作用,因为品牌文化不仅立足于马术俱乐部的现在,更着眼于马术俱乐部的未来,它必将为马术俱乐部的发展指明方向。品牌文化对马术俱乐部的持续发展和经济的稳定增长提供保障。马术俱乐部一旦形成品牌文化,作为一只"无形的手",它将对马术俱乐部经营活动产生长期的、持续的积极影响。

五、马术俱乐部品牌资产是马术俱乐部的无形资产

马术俱乐部品牌资产本身具备的品牌资产的专有性,注定成为马术俱乐部赖以提升竞争能力的核心资源。消费活动具有忠诚性,经营品牌资产是提高马术俱乐部竞争力的有力措施。马术俱乐部从经营产品向经营品牌的战略思想的演变充分体现了社会经济高度发展后以人为本的价值回归。马术俱乐部拥有强势品牌和经营品牌的能力,才是真正属于马术俱乐部的竞争力。经营品牌资产,就是对品牌资产进行评估、分类,通过投资和运营,充分利用不同品牌资产,实现马术俱乐部可持续发展的过程。品牌资产的经营对提高马术俱乐部竞争力具有重要作用。

六、对马术俱乐部进行科学的品牌危机管理,可以实现"零品牌危机"

如果马术俱乐部未能及时、准确、全面地捕捉到市场环境的变化趋势及程度,其品牌管理不能很好地适应环境变化,或者马术俱乐部管理、市场营销活动出现了任何漏洞,都有可能引发品牌危机。只有进行科学、高效管理,及时、准确、全面地捕捉到市场环境的变化趋势及程度,这样马术俱乐部的品牌管理才能很好地适应环境变化,将导致品牌危机的因素消灭在萌芽状态,使得品牌危机永久性地待在"潜伏期",实现"零品牌危机"。这样使马术俱乐部免受品牌危机带来的品牌形象和企业信誉减损、产品销售减少甚至滞销、企业利润下降等,从而使马术俱乐部竞争力相对得到提高,企业的产品在市场竞争中仍然立于不败之地。

第三节 马术俱乐部品牌管理的内容

一、马术俱乐部品牌管理的研究对象

马术俱乐部品牌管理的内容应是围绕实现马术俱乐部品牌价值增值而必须进行的一系列活动。马术俱乐部品牌管理包括品牌识别、品牌定位、品牌成长、品牌发展、品牌延伸、品牌危机管理、品牌资产的创建及品牌资产维系和提升的过程。

品牌识别在于提供区别于其他品牌的符号或形象,一次使消费者或顾客对品牌产生丰富、独特、正面的品牌联想,反映了品牌在市场中的独特定位和主张。品牌识别包含的内容有品牌体格、品牌个性、品牌形象等。在品牌管理的初始阶段,必须导入品牌识别系统的概念,它能为品牌管理提供明确的坐标。

品牌定位是在品牌识别的基础上,明确品牌的独特性,为其提供方向。马术俱乐部在品牌定位的指引下,开展后续的品牌管理。正确的、适当的品牌定位会提高品牌传播的效率,更会突显品牌的差异性并且能为消费者提供一个明确的购买理由。品牌定位研究对象是品牌定位的内涵、品牌定位的流程及品牌定位的策略等。

品牌成长则是品牌维护中必须经历的阶段,产品生命周期经历了新产品阶段、成长阶段、成熟阶段及衰退阶段,品牌生命周期理论认为品牌同产品一样,有生命周期。因此,品牌生命周期反映的也应该是品牌创建、品牌成长、品牌成熟及品牌后成熟。不同的品牌阶段需要不同的品牌策略与之相适应,它为品牌的维护提供了一个基本思路。

品牌发展则是在企业成功树立品牌后,还必须密切关注品牌的发展战略或策略。这些战略或策略可以使企业在品牌实践中找到相应的对策和方法,从而为有效利用品牌价值、提升品牌价值提供有效的战略战策。品牌发展主要的策略包括单一品牌策略、多品牌策略、品牌组合战略及品牌整合营销传播。

品牌延伸是企业在已有相当知名度与市场影响力的品牌基础上,将原品牌运用到新产品或服务中以期望减少新产品进入市场发生风险的一种营销策略。

品牌危机是近年来品牌发展过程中,经常出现并困扰企业的常见问题。由于品牌运营过程受多方面因素的影响,而"危机"似乎成为无法避免的事情。品牌危机可能导致不利的负面影响,对品牌形象造成损害,使品牌信任度下降。因此,企业对品牌维护的过程中,必须时刻关注品牌的情况,关注是否有出现品牌危机的可能性,以及出现品牌危机时如何防范,或者出现品牌危机时应采取的对策。

品牌资产主要是基于品牌本身能给企业带来溢价的无形资产的角度,强调企业如何正确认识品牌资产的价值,如何创建品牌资产并管理好品牌资产,并最终提升品牌资产。在品牌资产的相关问题中,正确认识客户的品牌资产是其核心。围绕基于客户的品牌资产的创建、评估及管理等一系列问题,品牌资产的提升应是品牌管理中最终要实现的目标之一。

二、马术俱乐部品牌管理的主要内容

(一)马术俱乐部品牌定位

1. 马术俱乐部品牌价值观定位

马术俱乐部品牌价值观定位是品牌的基础定位,体现品牌的价值取向,与其价值观相符的消费者会对品牌产生认同感,并以联想的形式,影响消费心理和消费行为。

品牌价值观实际上是经营者用有关品牌的活动来表达自己对周围的客观事物的意义、重要性的总体评价和总体看法。一方面表现为价值取向和追求,凝结为一定的价值目标;另一方面表现为价值尺度和准则,成为人们判断事物有无价值及价值大小的评价标准。品牌价值观一旦确立,便具有相对稳定性。但就经营者而言,由于人员更替和环境的变化,经营者的价值观念又是不断变化的。传统价值观念会不断地受到新价值观的挑战。

2. 马术俱乐部品牌经营理念定位

马术俱乐部品牌经营理念定位是对品牌内涵定位的具体化,突出了品牌的价值取向和意义,该定位是使品牌经营能够把握目标人群的消费心理和消费习惯,使品牌经营的习惯和消费者接受的消费习惯在根本上保持一致,塑造一种以品牌观认同为基础的品牌经营理念。

品牌经营理念定位的内容直接影响到品名与品质的设计、功效和价格(档次)的确定等一系列在经营层面的操作原则,是未来所有品牌经营活动的指导原则。

3. 马术俱乐部品牌经营风格定位

马术俱乐部品牌经营风格定位是指与品牌经营有关的所有人员的管理水平、经营特点和经营风格的定位,是反映在品牌运营过程中,品牌被人格化以后具有的品牌个性与风格的定位。品牌经营风格定位包括了品牌的视觉识别和行为识别定位、形象定位,以及文化定位等,是品牌外延定位的另一个重要方面。

(二)马术俱乐部品牌设计

在马术俱乐部品牌形象系统中的名、图、字、色四要素中,品名是首位。确立品名识别,对于品牌塑造而言是很重要的一步,深入了解名称以发现做出该选择的理由是十分必要的。这其中的道理,正如西方谚语所说的,"名称预示着一切""好名字预示着好的开始"。一般来说,一个品名有两层含义。第一层含义是指"用以识别"功能的产品名称,是品名的基本含义层,商标名称是与品名最为接近的法律词汇,二者的识别功能是一致的,只是适用的范围有所不同而已,有关商标的理论完全可以适用于品名的初步设计。当产品名称得到消费者的广泛认知,产生了品牌关系后,品名就有了第二层的含义,即品牌的品名。这时的品牌品名与商标名称是完全不同的概念,品牌品名具有深刻的内涵。一般来说,提及商标名称是指商标名称的标准,提及品牌品名一般是指品牌品名的设计,属于品牌的符号或形象识别系统。

(三)马术俱乐部品牌文化管理

马术俱乐部品牌文化的定义有狭义和广义之分,品牌文化的狭义定义是为品牌赋予的文化内容。其中,文化内容通常仅指传统的或历史的文化内容。广义的品牌文化是指由马术俱乐部构建的被目标消费者认可的一系列品牌理念文化、行为文化和物质文化,是品牌中的经营观、价值观、审美因素等观念形态及经营行为的总和。品牌文化结构的划分有多种方法,一般来说,品牌文化可以划分为三个层次或系统,即品牌价值观、品牌行为文化与品牌物质文化。

1. 品牌价值观

正如马术俱乐部文化是建立在其自身经营理念的基础之上一样,品牌文化也是建立在该品牌的理念的基础之上的。从管理文化的角度看,品牌价值观就是马术俱乐部的经营理念或思想,是指马术俱乐部经营的指导思想和方法论。由于品牌不仅仅限于马术俱乐部使用,为了不与马术俱乐部文化理念混淆,因此有必要将品牌价值观界定为以品牌为主体的品牌运作行为的信念和准则。

2. 品牌行为文化

马术俱乐部正在发生和已经发生的品牌行为对消费者的影响极大,同时消费者对即将发生的品牌行为的预期也不能忽视。品牌理念是代表思想的部分,相当于人类大脑思考的功能,它同时起到统领全局的作用。而品牌行为则代表了说和做,即表达和行动的内容。一个品牌有了思想主张,也必须将之付诸理论和指导行动,传达给目标消费者,这样才能取得效益。理念是抽象的,必须转化为具体的行为。所有的品牌行为都应始终坚持的原则是:品牌行为必须能够提升品牌价值。

3. 品牌物质文化

马术俱乐部品牌物质文化是品牌文化的外层,指表现品牌的一切物质文化要素,包括品牌产品、设计、包装、色彩、品牌名称、吉祥物、商标、品牌宣传标语等内容。它们是品牌文化的有形载体。品牌产品的设计、文字、图形和颜色的选择以及包装等工作最终将体现出品牌外在形象的吸引力。尤其重要的是,它将影响到目标消费者对品牌的第一印象。但是,品牌的一切有形表达,都必须围绕阐释品牌理念这一主题展开。

(四)马术俱乐部品牌战略管理

1. 马术俱乐部品牌战略的定义

马术俱乐部品牌战略就是运用战略管理的方法对品牌进行规划和实施,其目的是在内外部环境不断变化的情况下明确一个马术俱乐部的根本品牌方向和基本活动范围,进而通过对资源的战略性配置来获取持续性的品牌优势。

2. 马术俱乐部品牌战略管理的特点

(1)长期性。品牌战略着眼于发现和解决长期的品牌发展问题,是一项长期且复杂的经营活动。

(2)全局性。品牌战略管理过程涉及马术俱乐部资源、竞争能力、内部管理等方面,并直接影响到马术俱乐部管理的各项经营决策。

(3)竞争性。品牌战略管理的目的是试图使一个马术俱乐部获得某种重要、独特和持续的品牌优势,并使其利益性和竞争性的目的明确。

(4)稳定性。品牌战略在一段时间内应保持相当的稳定性,应避免过多较大幅度的变化。

(5)现实性。品牌战略应与所处的外部环境相适应,与所支配的内部资源相匹配。

（6）风险性。马术俱乐部面临非常复杂且具有高度不确定性的经营环境,品牌战略也不可避免地面对极高的风险。

（7）创新性。品牌战略的核心就是品牌内涵发展的创新,应建立或扩展马术俱乐部的资源和能力来创造机会或利用它们创造新的价值。

3. 马术俱乐部品牌战略管理内容

马术俱乐部品牌战略管理由集团品牌战略管理和SBU品牌战略管理两个层次组成。集团品牌战略管理是马术俱乐部最高管理层指导和控制俱乐部一切行为的概念性纲领。它受到马术俱乐部总体战略的制约,必须与俱乐部总体战略保持一致。SBU品牌战略管理是在集团品牌战略管理的指导下,各个相对独立的经营单位制订的次级战略,SBU品牌战略管理受到集团品牌战略管理的影响和控制,核心任务是如何在市场上持续不断地积累品牌资产。

（五）马术俱乐部品牌危机管理

1. 马术俱乐部品牌危机及品牌危机管理的概念

马术俱乐部品牌危机是在内外部环境变化时由于马术俱乐部（组织）的某些不当行为或事件所引起的顾客负面评价并在短时期内集中疏远品牌的现象。马术俱乐部品牌危机管理,即马术俱乐部在发生危机时对俱乐部的品牌进行管理,让品牌资产保值、增值。

2. 马术俱乐部品牌危机的特点

（1）突发性。突发性是品牌危机的首要特征。事件的发生一般难以预料,媒体的传播更是难以预料,即便是在理论上存在发生的可能性,但具体何时爆发、爆发的形式、爆发的规模、爆发的强度等仍难以预料,一切都在动态的变化过程中,非人力所能左右。

（2）危害性。品牌危机具有极大的危害性,甚至是颠覆性、毁灭性的打击。品牌危机一旦发生,消费者对马术俱乐部的信心立刻动摇,产品和服务的销售立即受到影响。

（3）必然性。品牌危机的发生不是个别的偶然的事件。市场风云变幻莫测,突如其来的危机对于一个品牌来说防不胜防,品牌从诞生之日起就注定与危机相随。马术俱乐部不可能时时处处都能对品牌的各个方面监控到位,从企业形象、产品质量、技术、服务等方面突然爆发的危机都有可能对品牌造成严重的伤害。

（4）扩散性。"好事不出门,坏事传千里。"一个负面消息的传播足以抵消千百万篇正面的报道和千百万次广告。危机常常成为社会舆论关注的热点和焦点。一旦马术俱乐部陷入此类品牌危机,就会陷入万劫不复的境地。

（六）马术俱乐部品牌传播

1. 品牌传播理论

品牌传播理论的发展过程,基本上经历了三个阶段。每个阶段都以一种占领导地位的营销传播理论为基础,即 USP 理论、品牌形象理论和品牌定位理论。这三个品牌传播理论都符合当时的时代背景,且在理论基础上相互补充。

(1) USP 理论。USP 理论,其中文意思为"独特的销售主张"。该理论共包括三个层次。首先,每个广告都必须向消费者陈述一个主张,是一个实在的利益点或者诉求点。其次,该主张必须是竞争者不能、不会或不曾提出的,它一定是独特的,是品牌的专有特点或是在特定的广告领域中未被提出过的说辞。最后,这一独特的销售主张能够影响消费者的消费行为,能够引发品牌消费习惯。

(2) 品牌形象理论。到 20 世纪 60 年代,许多企业在营销实践中发现,企业的声誉或形象比任何一个具体的产品特色都更加重要。大卫·奥格威总结其在广告业实践的经验后,提出了品牌形象理论。他认为,在产品功能利益点差异越来越小的情况下,消费者的购买行为更多地受到心理的影响,看重的是在使用这个产品的过程中可以获得的情感上的满足,而形象化的品牌就是带来品牌的心理利益。在营销领域解释心理价值的概念是让渡价值,让渡价值是消费者感知价值和成本的差,是消费者对产品的实际利益和心理利益的总和,可以推知,品牌形象理论就是使得消费者实现让渡价值最大化的理论。

(3) 品牌定位理论。进入 20 世纪 70 年代,国际市场的竞争更为激烈,产品同质化现象日益严重。人类进入了一个信息传播量过度与产品生产过度的时代,消费者面对海量的产品和品牌信息,获得有用信息的难度越来越大。在这样的背景下,1972 年,两位美国的广告人艾尔·里斯和杰克·特劳特提出了全新的定位理论。其基本思想是:要在预期消费者的头脑里给产品定位,定位本质上并不是要改变产品,产品的价格和包装事实上丝毫未变,定位只是在消费者脑子里占据一个有价值的位置,而且这个位置必须是别人还没有占有的。

2. 品牌传播的要素

(1) 品牌传播的载体。在品牌关系中,产品是品牌的载体,是品牌传播的第一要素,通过产品和服务品牌才能展现它的诉求,实现它的价值。当然,品牌个性应符合它最具代表性的产品,当品牌融入产品中,品牌的特性才能传达一定意义。

(2) 品牌信息。品牌信息是品牌内涵的高度概括。很显然,无论从主观还是客观来看,品牌信息都是专门用来传达品牌特征的。这并不意味着品牌信息纯粹建立在品牌内涵的基础上,应当求助于理性过程来界定品牌的适用范围。品牌信息包括了品牌的名称、符号、宣传理念等。

(3) 品牌特性。品牌特性是品牌信息和品牌载体的综合性质,能反映出品牌的风格。许多品牌长期用某个特征来描绘其风格或个性,能够起到强化和抽象品牌特性及符号的作用,有些公司以产品创始人的名字命名(如 P&G 宝洁公司),也有公司直接以品牌为标志。另外,某些有特性的符号也可以成为品牌与顾客沟通的感情节点。

(4) 品牌传播媒介。品牌管理是沿着现代传媒技术发展的轨迹而逐次升级演变的,传播媒介对于品牌传播的意义是其存在和发展的基础。传播媒介的发展会从根本上改变品牌传播的手段，对品牌传播的影响也最为深刻。

（七）马术俱乐部品牌资产管理

1. 品牌资产的内涵

品牌资产的概念自 20 世纪 80 年代产生以来，就一直是学术界和业界关注的热点，随着世界经济环境的急剧变化、企业竞争手段的日益丰富和人们认识水平的不断深化，品牌资产的概念在不断更新。

（1）基于企业的品牌资产概念。基于企业的品牌资产概念是从营销和财务两个角度出发提出的。从财务角度出发提出的品牌资产概念是为了方便计算企业的无形资产，以便向企业投资者或股东提交财务报表，在企业并购、合资等商业活动中提供依据。这种概念认为，品牌资产本质上是一种无形资产，一个强势品牌应被视为具有巨大价值的可交易资产。

（2）基于消费者的品牌资产概念。Keller 指出，品牌资产是消费者品牌知识（consumer brand knowledge）的效应，这种效应发生在消费者对品牌营销活动的反应中。若消费者发现品牌产品之后，对产品本身、产品价格和宣传都产生好感，则品牌资产是良性的。从信息经济学的角度看，基于消费者的品牌资产是品牌作为信号的价值，它证明了产品的可靠性。

（3）基于企业与消费者互动的品牌资产概念。从企业和消费者互动的角度创建品牌资产是市场发展的迫切需要。现代科技进步和经济发展使消费者和企业之间的信息不对称和不完备性大为降低，消费者见识更广，选择更多，因而更加理性。传统的营销方法已难以奏效，企业必须努力让消费者参与品牌资产的创造过程，吸引消费者的注意和情感的认同，才能在残酷的竞争中生存和发展。

实践证明，企业通过与消费者互动能成功建立良性品牌资产。从企业和消费者互动的角度出发，可以将品牌资产定义为企业与消费者共同创造、最终在消费者头脑中形成的、对企业及其产品的整体理性认识和情感印象。理性认识帮助消费者判断企业营销网络和产品质量的可靠性，情感印象促使消费者产生偏好。同时，理性认识和情感印象又能相互作用，对质量的判断增进了情感印象，强烈的情感倾向又使消费者偏向于有利于企业的理性判断。企业通过与消费者互动建立品牌资产，从而引导消费者。

2. 马术俱乐部品牌资产管理要素

（1）品牌知名度。品牌知名度就是人们对某一品牌名称知晓的广度。具体来讲，就是在某个特定的区域中，人们知晓该品牌所占的比例。

（2）品牌认知度。品牌认知度是指大众对品牌相关信息知晓的深度，它是在知晓品牌名称的基础上对品牌的各方面信息的了解程度，是消费者对某一品牌在品质上的整体印象。它的内涵包括功能、特点、可信赖度、耐用度、服务度、效用评价、商品品质的外观。它是品牌差异定位、高价位和品牌延伸的基础。品牌认知度研究表明,消费者对品牌品质的肯定,会给品牌带来相当高的市场占有率和良好的发展机会。

(3)品牌联想度。品牌联想度是指消费者在看到某一品牌时所勾起的所有印象、联想和意义的总和,是对产品特征、消费者利益、使用场合、产地、人物、个性等的人格化描述。这些想法可能是来自消费者在日常生活中的各个层面,如消费者本身的使用经验、朋友的口耳相传、广告信息以及市面上的各种营销方式等。上述各个不同的来源,往往通过组合,在消费者的心中树立起根深蒂固的品牌形象,进而影响消费者对该品牌产品的购买决定。

(4)品牌忠诚度。品牌忠诚度是在购买决策中多次表现出来的对某个品牌有偏向性的(而非随意的)行为反应,也是消费者对某种品牌的心理决策和评估过程。品牌忠诚度的形成不完全依赖于产品的品质、知名度、品牌联想及传播,它与消费者本身的特性密切相关,来源于消费者的产品使用经历。

(5)品牌其他资产。品牌其他资产是指品牌有何商标、专利等知识产权,如何保护这些知识产权,如何防止假冒产品,品牌制造者拥有哪些能带来经济利益的资源,如客户资源、管理制度、企业文化、企业形象等。在品牌资产中,品牌知名度、品牌认知度、品牌联想度是代表消费者对于品牌的知觉和反应。品牌知名度、品牌认知度、品牌联想度及品牌其他资产有助于品牌忠诚度的建立。

第四节 马术俱乐部品牌管理的策略

一、马术俱乐部品牌定位策略

马术俱乐部品牌定位是俱乐部间智慧的较量,但这种较量并不是盲目的,必须讲究策略和方法。一个品牌可以有多种定位,但如何将这些定位信息传递给消费者就要依赖正确的品牌定位策略来完成。品牌定位策略的目的是获取竞争优势。市场细分和评估细分的过程也就是认识和选择马术俱乐部竞争优势的过程,但这种竞争优势不会自动在市场上显示出来,马术俱乐部需要借助各种手段和策略将之表现出来,这个过程就是企业运用品牌定位策略的过程。

(一)差异定位策略

差异定位就是建立自己的品牌区隔,能够显著区别于竞争对手,具体分为产品特性定位、独特制作定位和市场专长定位。

（二）首席定位策略

首席定位即追求品牌成为本行业中领导者的定位。如广告宣传中使用"正宗的""第一家""市场占有率第一"等口号，就是首席定位策略的运用。首席定位的依据是人们对"第一"印象最深刻的心理规律。

（三）比附定位策略

比附在行业领导者们身边，直接以高姿态展现自己的"个性"，进而靠着市场领导者的名望直接晋级市场第一军团，这就是比附定位，也就是攀附名牌的定位策略。通俗一点来说，就是马术俱乐部通过各种方法，与某个知名品牌建立一个内在联系，从而使自己的品牌迅速进入消费者的心里，从而达到"借鸡生蛋"的目的。当马术俱乐部不能取得第一位和某种有价值的独特属性时，将自己和某一名牌划归到同一范围，强调自己是某个具有良好声誉的小集团的成员之一，也是比附定位的一种方式。

（四）空当定位策略

空当定位即寻找为许多消费者所重视的但尚未被开发的市场空间。任何马术俱乐部的业务都不可能占领同类业务的全部市场，也不可能拥有同类业务的所有竞争优势。市场中机会无限，就看马术俱乐部有没有善于发掘机会的人，谁善于寻找和发现市场空当，谁就可能成为后起之秀。

（五）对比定位策略

对比定位，即通过与竞争品牌的客观比较，来确定自己的市场地位的一种定位策略。在市场经济发达的国家和地区，产品（服务）、品牌成千上万，马术俱乐部要发现市场空当不是一件容易的事情。此时，马术俱乐部要让自己的品牌在消费者心目中占有一席之地，只有设法改变竞争者品牌在消费者心目中现有的形象，找出其缺点或弱点，并用自己的品牌与之进行对比。

二、马术俱乐部品牌推广策略

按照品牌发展的阶段理论，品牌发展分成四个明显的阶段：新品牌导入期、品牌成长期、品牌成熟期、品牌衰退期。

（一）新品牌导入期

马术俱乐部品牌的第一个推广阶段是新品牌导入期，导入期就是品牌第一次面对消费者或第一次参与竞争的阶段。对于消费者来说，它是陌生的、全新的品牌，消费者对其个性和经营风格一无所知。马术俱乐部品牌在推广前一定要充分论证其可行性,并且制订一套有连续性和针对性的推广步骤。值得注意的是,品牌在导入期的推广模式因行业不同和产品不同而不会一成不变,这就要求马术俱乐部根据具体市场、具体产品、具体目标人群来选择适合自己的推广模式,简单地照搬成功案例很可能会弄巧成拙。例如,根据名人代言策略的适用性研究表明,处于导入期的品牌不适合直接使用这一策略,因为此时的品牌对于消费者而言,还没有任何认识基础,品名和徽标还没有成为熟悉的符号,此时安排名人代言极有可能出现品牌被名人覆盖的现象,消费者的注意力都落在名人身上,而忽略了他(她)所代言的品牌。

(二)品牌成长期

经过新品牌导入期阶段,马术俱乐部品牌推广就进入一个新的阶段——品牌成长期。成长期是品牌推广的关键时期。适应性地调整产品定位、品牌定位和推广方式在这一阶段是必要的,提升美誉度和忠诚度是这一阶段工作的重点。

成长期的特点:品牌在行业内已有一定的知名度,越来越多的消费者表现出了对品牌的赞誉,并开始使用该品牌的产品,并且,品牌在前期试用者中已有一定的忠诚度,品牌资产的无形价值已经初步形成。品牌的销售量和市场占有率进入快速上升期。

(三)品牌成熟期

马术俱乐部品牌成熟期也可称为品牌全盛期或收获期。成熟期的特点是:品牌已有很高的知名度,目标人群相当明确且认知度很高。品牌已经具有了可以延伸的能力且已经拥有了相当数量的品牌忠诚者,销售量和市场占有率达到前所未有的高度,成为各媒体关注和报道的对象,对社会公共事业有一定的影响力。品牌竞争力和品牌影响力已经在行业内达到数一数二的位置,品牌的无形价值也已经提高到新的高度。

处在成熟时期的马术俱乐部品牌还是存在许多软弱的地方,如品牌的核心优势的丧失、目标人群偏好的转移、消费者的忠诚度的降低等方面。当品牌进入全盛时期时,应当及时地、全方位地检查自己存在的劣势,这些劣势可能会成为品牌被攻击的弱点。因此,放大优势、修补劣势,是此阶段品牌管理的重点工作。

(四)品牌衰退期

品牌衰退期,是指品牌的美誉度和忠诚度表现出逐渐下降的趋势,品牌竞争力和品牌影响力正处于逐步衰退的阶段。

衰退期的特点:马术俱乐部品牌的知名度仍然很高,但影响力远不如从前。目标人群的认知度仍在延续但力度逐渐下降,销售额和市场占有率明显萎缩,越来越多的经销商开始退出合作,品牌资产的无形价值正在以极快的速度降低。

品牌进入衰退期既是必然,又是偶然。当品牌定位和诉求不再适应,推广方式不当,抑或是竞争者加大投入、出现了先进的竞争产品、竞争者诉求和定位更加适应市场而使本品牌失去消费者，或是突发事件处理不当等，都会使品牌由盛转衰。由此看来，品牌衰退期并不必然使品牌走向衰败和消亡，只要处理得当，仍然可以延续品牌的生命力。

三、马术俱乐部品牌资产管理策略

（一）建立马术俱乐部品牌知名度

马术俱乐部品牌知名度的真正内涵是认知及回忆度。品牌知名度的建立至少有两个作用：第一，消费者从众多品牌中能辨识并记得目标品牌；第二，能从新产品类别中产生联想。

由此，建立品牌知名度通常可采用的做法有以下几种。

（1）创建独特且易于记忆的品牌。就是给产品或服务取个好记的名字，这也是广告存在所遵循的基本原则。

（2）不断展示品牌标志。除了声音之外，品牌名、品牌标志、标准色也具有很强的沟通能力。目标物重复暴露出现，可以提高人们对目标物的正面感觉，使消费者不论走到哪里始终看到一样的视觉印象。

（3）运用公关的手段。广告效果虽显著，但相对代价昂贵，且易受其他广告的干扰。但是，运用公关的传播技术，制造出一些话题，通过报纸杂志来引起目标消费者注意常常可以取得事半功倍的效果。

（4）运用品牌延伸的手段。运用产品线的延伸，用更多的产品去强化品牌认知，即所谓的统一式识别。

（二）维持马术俱乐部品牌忠诚度

品牌忠诚度就是来自消费者对产品的满意感并形成忠诚的程度。对于一个企业来讲，开发新市场、发掘新的消费者群体固然重要，但维持现有消费者品牌忠诚度的意义同样重大，因为培养一个新的消费者的成本是维持一个忠诚消费者成本的5倍。

品牌忠诚消费者可减少企业的营销成本，因为维持一个忠诚消费者比吸引一个新的消费者代价低得多。在销售渠道方面，品牌忠诚消费者可产生交易力量，同时有助于吸引新的消费者，减少竞争压力，赢得竞争时间。因为品牌忠诚消费者不会去寻求新品牌，也不会因新品牌的优势而转换品牌。

可以说，消费者对一个品牌的忠诚度越高，以及一个品牌拥有的忠诚消费者越多，该品牌的价值就越大。因此，培育品牌忠诚的目标任务就是不断提高消费者的忠诚程度，在维系好已有忠诚消费者的同时，不断吸引新的消费者，以不断扩大忠诚消费者群体。

(三) 建立马术俱乐部品牌认知度

品牌认知度是消费者对某一品牌在品质上的整体印象。消费者对品牌的认知度完全来自产品使用或服务享受之后,其品质并不完全是指产品或服务本身,它同时包含了生产品质和营销品质。建立品质认知度可从以下几个方面着手。

(1) 注重对品质的承诺。马术俱乐部对品质的追求应该是长期的、细致的和无所不在的,决策层必须认清其必要性并动员全体员工参与其中。

(2) 创造一种对品质追求的文化。因为品质的要求不是单纯的,每个环节都很重要,所以最好的办法是创造出一种对品质追求的文化,让文化渗透到每一个环节中去。

(3) 增加培育消费者信心的投入。经常关注、观察、收集消费者对不同品牌的反应是不可或缺的做法,强化对消费者需求变化的敏感性。

(4) 注重创新。创新是唯一能够变被动为主动进而去引导消费者进行消费的做法。

(四) 建立品牌联想

联想集团有一句很有创意的广告词:"人类失去联想,世界将会怎样。"同样,建立马术俱乐部品牌联想对于品牌资产管理非常重要。品牌联想是指消费者想到某一个品牌的时候所能联想到的内容,然后根据内容分析出买或不买的理由。这些联想包括产品特性、消费者利益、相对价格、使用方式、使用对象、生活方式与个性、产品类别、比较性差异等。

因此,积极、肯定、独特的品牌联想能为品牌的竞争创设心理优势。具体来说,借助于品牌联想,有助于品牌认知,使一个品牌与竞争品牌相区别,产生差异化,进而开辟一个细分市场,避免与同类产品品牌直接竞争。品牌联想还能为消费者提供购买理由。在此基础上,品牌联想还有助于培养积极、肯定的品牌态度。特别是有些品牌联想能使一个品牌变得有个性、有魅力、有生命力等。品牌联想还是品牌延伸的心理基础,因为品牌联想能将品牌名称与新产品有机地联系在一起,促使消费者购买品牌延伸的产品,从而奠定了延伸的基础。

四、马术俱乐部品牌危机处理策略

(一) 制订危机处理基本方案

对于已经爆发的马术俱乐部品牌危机,危机管理组织应该根据危机调查和评估的结果,尽快制订危机处理方案。其主要内容应包括:确定品牌危机处理的目标和原则;选择危机处理的策略;制订对利益受害者的赔偿措施;明确危机沟通的对象、方式、策略;确保危机处理所必需的人、财、物等资源的支持;拟定马术俱乐部品牌形象恢复或重建计划等。

（二）补救措施

在处理方案的执行中，需要尽快实施的是补救措施。狭义的补救措施包括对消费者及其他利益相关者发生的利益损失进行经济补偿和精神安抚，响应社会公众对企业的正当要求和期望。广义的补救还包括全面修订品牌战略，纠正马术俱乐部自身存在的不当行为，公布马术俱乐部未来的行动意图和方案。在长期的目标和战略中体现马术俱乐部所做出的争取公众认同的努力。由于危机发生后反应的时间和资源有限，马术俱乐部的危机应对措施应该有主次之分，首先解决威胁性大、传播迅速的问题，再解决连带问题。

（三）危机公关

1. 马术俱乐部内部沟通

通过员工大会、企业简报、内部论坛、短信邮件等多种方式，向马术俱乐部内部成员通报有关品牌危机的调查结果和事实情况，表明企业承担责任的诚恳态度，说明马术俱乐部正在采取的措施及工作进程；稳定员工情绪，鼓励员工建言献策，积极参与危机应对，维持马术俱乐部正常的经营运作；团结一致，共渡难关。

2. 消费者公关

应通过媒体向所有受影响的消费者及社会公众致以诚挚的歉意，公布马术俱乐部的处理和改正措施，承担相应的责任，最大限度地争取公众的谅解。品牌危机主要表现为消费者同品牌之间关系的疏远或恶化，因此消费者是企业进行品牌危机处理中应该给予高度重视的群体。不论是公开道歉、事实说明，还是产品召回、经济赔偿，企业都应该积极表示出诚恳、对公众负责的态度，任何的推诿或回避都只会让消费者更加反感和失望。企业可以邀请消费者代表参与危机处理过程，认真听取消费者对事件的意见和愿望，及时通过多种渠道向消费者传递正面的信息。

3. 媒体公关

媒体是舆论监督的工具，也是马术俱乐部和公众沟通的桥梁。品牌危机处理过程中，企业应该坦诚对待媒体，积极主动地让媒体了解事实真相，争取传媒界的理解与合作，引导其客观公正地报道和评价事件。成功的媒体沟通可以弱化公众对俱乐部在其危机处理过程中暴露出来的失误及犹豫不决等消极印象，避免对企业形象的不利报道，使被误导或迷惑的公众反应和社会舆论向正确、积极的方面转化。

（四）品牌终止或重建

在危机评估之后，如果该品牌造成难以挽回的负面评价和影响，为避免波及马术俱乐部的其他品牌和马术俱乐部自身的生存，马术俱乐部可以选择品牌终止的策略。显然,这是马术俱乐部的无奈之举,意味着马术俱乐部以往对建立及推广该品牌所做的努力都化为乌有。而乐观的情况是经过马术俱乐部的品牌危机处理,消费者对品牌的信心开始恢复,对品牌评价逐渐好转,品牌形象得以恢复甚至增强。

北京天星调良国际马术俱乐部

随着社会经济的不断增长,马术俱乐部的发展前景很被看好,近年来马术俱乐部的数量急剧增加,如何经营马术俱乐部已经成为重中之重,因此建立一个深入人心的马术俱乐部品牌形象显得尤为重要。北京天星调良国际马术俱乐部自1999年建场以来,一直以踏实、稳健的作风积极从事马术基础培训,组织和承办国内外赛事,推广群众马术运动,促进国内外马术运动交流,它是业内公认的老牌马术文化传播者和实践者。

北京天星调良国际马术俱乐部的主要业务类型和优势包括以下几方面。

1. 马术培训

北京天星调良国际马术俱乐部目前提供针对成人和青少年会员的基础马场马术教学、障碍和舞步教学、马房管理理论和实践课程以及针对4~6岁儿童的牵马课。作为目前国内唯一获得国际马术俱乐部认证(British Horse Society Approved,BHS)的最高星级马术俱乐部,依据BHS体系除了针对马术从业人员及不同级别的教练员制订相应的培训课程外,对于马房工作人员、线路设计人员、兽医等也有相应的专业和培训。

2. 组织和承办国内外赛事

北京天星调良国际马术俱乐部自身定期组织和举办不同级别、极具特色的成人及青少年舞步及障碍赛,国内各级别业余骑手和国家专业骑手均可参加。

3. 马术文化传播和实践

北京天星调良国际马术俱乐部一直致力于推广我国马术运动,促进国内外马术运动交流,是业内公认的老牌马术文化传播者和实践者。

4. 出色的马匹寄养及管理服务

北京天星调良国际马术俱乐部目前有马匹150余匹(含欧洲进口温血马、纯血马、美国夸特马、葡萄牙古典宫廷舞步马、西班牙古典宫廷舞步马、国产马等),10余年富有经验的专业培训体系和出色的马匹寄养及管理服务为俱乐部树立了良好的口碑。

5. 专业协会会员

北京天星调良国际马术俱乐部为中国马术协会团体会员、中国马业协会团体会员和北京马术协会团体会员,无论是场馆基础设施建设,还是技术人员与马匹质量,均为全国一流水平。

6. 专业权威机构认证

自 2006 年起，北京天星调良国际马术俱乐部先后获得了国内马术俱乐部最高星级认证及国内唯一国际马术培训及考试中心认证、国内唯一国际马术骑乘中心认证和国内唯一国际马术马房管理认证。同时，北京天星调良国际马术俱乐部也是国内唯一一家比利时温血马协会尊贵会员单位。俱乐部的所有执教教练员均获得了中英马术俱乐部认证体系认证。

7. 社会营销

来自中国及其他 40 多个国家及地区的成人与青少年长期在这里接受马术培训，其中绝大多数为私营业主、使馆人员、企业高管等高端人群，对马术文化共同的热爱将各界爱马人士与明星名流汇聚在一起，组成了天星调良亲切友爱的大家庭，也令如今的北京天星调良国际马术俱乐部成为顶级赛事的参与观战所、优秀骑手的聚集地、出色的马术培训机构和优良的马匹选育中心。

8. 组织和参与国内外大型马术赛事

北京天星调良国际马术俱乐部出类拔萃的专业马术队伍由俱乐部教练员选拔组成。俱乐部每年都积极参与国际马联（场地障碍）挑战赛、全国马术（场地障碍）锦标赛、精英赛、冠军赛等国内外大中型比赛，是多项国内外最具影响力马术赛事的组织者和参与者，得到了业内外人士的一致肯定，也获得了国内外主流媒体的长期关注与鼓励。

9. 国际交流

俱乐部每年还邀请英国、荷兰、比利时、澳大利亚等国的教练、兽医、钉掌师、马牙医等专业人员为马匹服务，并定期派遣本俱乐部工作人员出国考察学习，进行骑术和教学等方面的培训。

10. 打造一流的硬件服务设施

2014 年伊始，刚刚扩建的国际一流室内外场馆全面投入使用。由知名设计师打造的高档会所、多功能厅、餐厅、红酒雪茄吧、品牌马具专卖店和会员专属精品客房为天星调良马术的硬件设施添加了精彩的一笔。

11. 商务合作

出色的商务和文化活动组织经验也吸引了众多汽车、珠宝、户外服装、酒类品牌的关注，俱乐部更以自身富有特色的马术文化氛围与众多银行、企业集团、文化基金会、五星级酒店、外资医院、国际学校和高尔夫球俱乐部等达成了紧密而友好的合作关系。

思考与讨论：通过本案例，结合所学品牌管理的相关知识，为北京天星调良国际马术俱乐部制订一个合适的品牌推广方案。

复习思考题

1. 什么是马术俱乐部品牌管理？

2. 马术俱乐部品牌管理与企业竞争力有什么关系?
3. 马术俱乐部品牌管理的内容有哪些?
4. 请利用学过的知识,结合实例,谈谈马术俱乐部品牌管理的作用。

(刘骁蒨)

第十二章 马术俱乐部营销管理

内 容 提 要

- 马术俱乐部营销管理概述
- 马术俱乐部营销管理渠道
- 马术俱乐部营销管理趋势分析
- 马术俱乐部营销管理案例分析

学 习 目 标

- 掌握马术俱乐部营销管理的概念及内涵
- 了解马术俱乐部营销管理渠道
- 了解马术俱乐部营销管理的趋势

第一节 马术俱乐部营销管理概述

一、马术俱乐部营销管理的概念

马术俱乐部营销管理是指为了实现马术俱乐部目标,建立和保持与目标市场之间的互利的交换关系,而对设计项目的分析、规划、实施和控制。马术俱乐部营销管理的实质是需求管理,即对需求的水平、时机和性质进行有效的调解。在营销管理实践中,马术俱乐部通常需要预先设定一个预期的市场需求水平,然而,实际的市场需求水平可能与预期的市场需求水平并不一致。马术俱乐部营销管理的设立是为了达到更好的营销效果。

二、马术俱乐部营销管理的功能

一个完整的马术俱乐部营销分为基本功能和辅助功能。马术俱乐部营销基本功能就是服务顾客和销售产品,即服务功能和营销功能,而辅助功能主要包括沟通功能、心理功能、公关功能、凝聚功能等。

(一)服务功能

这是马术俱乐部的主要功能,它要求马术俱乐部能够根据自己行业及产品特点向顾客提供服务(产品知识普及、送货上门等)以及增值(举办生日会、科普联谊会、郊游、兴趣小组活动等)。

(二)营销功能

对营利性马术俱乐部来说,服务产品销售是其根本工作,从而给会员制的消费者独特的价值享受。会员可以定期收到俱乐部寄给他们的产品信息以及各种优惠券等信息,所有这些都为销售打下良好的基础。

(三)沟通功能

只有沟通才没有距离,品牌和消费者之间关系也存在同样的道理。马术俱乐部会员经常在一起举办各种主题性活动,既深化了品牌与消费者之间的情感,又加强消费者与消费者之间的沟通,同时也影响到潜在的消费者情感的传递。

(四)心理功能

顾客在购买产品之后或之前,仍然存在各种需求,当然消费者的需求有精神上也有物质上的,这种需求往往就是消费者情感精神所在,当这种情感转换到品牌上,消费者自然对品牌的精神和文化寄予很高期望,从而满足消费者自我实现价值的需要。

马术俱乐部营销则是通过组织吸引会员参加,并提供适合会员需要的服务,以培养忠诚消费者进而获利的一种锁定消费者情感的营销模式。它将以专业的服务态度、服务技能和质量,以及温馨的服务环境感动消费者,使消费者产生购买行为,同时把消费者培养成为不断重复消费的忠诚消费者,锁定消费者对品牌独特的情感。

马术俱乐部营销服务对象可以是终端消费者,也可以面向经销商;可以是营利性,也可以是非营利性的。不管马术俱乐部是否以盈利为目的,它对信息交流、情感沟通起到不可替代的作用。它是品牌和消费者互动沟通的主要场所,是企业提供服务品质的主要阵地。其实,未来市场之争就是服务品质之争。市场信息拓展,品牌的发展提升需要策略性思维,亲情服务就是其中一种营销模式。

(五)公关功能

马术俱乐部是企业的品牌和消费者联系的纽带,同时也是企业形象展示的窗口,通过马术俱乐部的各种主题活动展开以及消费者与消费者联谊、娱乐、学习等各种活动交流,大大刺激了俱乐部消费者的情感,从而对企业的品牌文化传播起到良好的推进作用。

(六)凝聚功能

凝聚力是一个企业、组织价值的核心力所在,一个企业只有保持更多的人凝聚在自己的周围,才能获得更好的品牌根基,才能获得品牌文化深远的传播。因此打造马术俱乐部营销的凝聚力是品牌生命力持久性至关重要的一环。

三、马术俱乐部营销的价值

(一)可以获得消费者的第一手资料

对一个企业来说,如果所有品牌行为以消费者为中心,所开发的产品一切来自消费者的心声,同时也降低了产品上市的风险,马术俱乐部本身就是一块良好的"试验田",获得"试验田"通过的产品一定能获得消费者的认同及社会的回报,企业因此可以良性发展。

(二)能够紧密地"团结"企业80%利润的重点消费者

马术俱乐部的会员消费者是俱乐部的血脉所在,应把俱乐部的一般消费者发展为重点消费者或关键性消费者。

(三)有利于品牌营造和企业形象树立

形象与品牌需要良好的沟通和传播。口碑是品牌的美誉度提高的主要渠道,而马术俱乐部营销就是通过会员的良好口碑,通过个人一对一的传播,为品牌形象的塑造打下良好的基础。按照传播学理论,一个人的看法至少可以影响到九个人。

(四)缩短很多中间环节,减少产品流通成本

大大减低营销费用,这些节约下的营销费用,可以通过开展活动的形式转让给会员,让他们真正感受到独特的亲情服务。

(五)让消费者放心,给消费者安全感

由于彼此互相信任,对企业的各种营销活动能给予支持和理解,大大推动企业的行动力,消费者一开始总会出于安全因素而徘徊观望,而马术俱乐部营销由于能提供一个全程跟踪消费的解决模式,大大减少了消费者的担心,从而迅速启动市场。

(六)建立良好的消费者关系,直面终端消费者,提供个性化服务

与消费者建立良好的关系,通过消费者关系管理对消费者行为的准确分析和消费

者的合理分类,然后根据企业合适消费者和关键消费者的需求特点设计产品和服务,从而为他们提供个性化服务。

(七)异业结盟,协同服务,实现消费者价值最大化

在供应链管理环境下,供应链中的企业都具有各自的资源优势,如果各企业之间进行优势互补,以自身的优势资源弥补其他企业的不足,马术俱乐部可以与供应链上的企业结成联盟,共同实现消费者价值最大化。

第二节 马术俱乐部营销管理渠道

马术俱乐部营销管理渠道是通过不同的方式和手段,达到使马术俱乐部提升知名度和竞争力、提供个性化服务的目标。

马术俱乐部营销管理渠道主要包括会员管理、市场营销策略优化、竞争战略选择、个性化课程开发、创新服务设计等。

一、会员管理

(一)销售各种短期消费卡

销售各种短期消费卡,如月卡、季卡、年卡等。这种方式的好处是卡的设置极其灵活,可以吸引不同的消费层次,销售数量比较大,顾客选择种类比较多。不足之处是顾客忠诚度不高,顾客流失率较大,需要进行重复销售,俱乐部收益波动性很大。由于重点放在对外销售,对内部管理和顾客满意度重视不够。

(二)销售各种贵宾卡

销售各种贵宾卡,如金卡、银卡、VIP卡等,持卡人在消费时可以得到不同程度打折优惠,特点是使用方便,无须记名,容易抓住顾客的心理特征,在其他服务行业流行比较广泛。但顾客持卡消费的频率可能不高,或多人持同一张卡享受优惠,而且无法针对顾客消费特点进行个性化服务。

(三)永久会员制

永久会员制,即俱乐部根据消费对象不同设立各种永久性会籍,顾客必须首先购买相应会籍成为永久会员,终身享受俱乐部提供的各种服务。为维持会员资格,会员须每月缴纳一定数额月费,但金额较之非会员顾客要低得多。此种营销管理模式的最大优

点在于顾客群一旦形成将会非常稳定,顾客流失率很低,而且随着会员人数的不断增多,俱乐部经营收益稳步提高。但会员制俱乐部对管理和服务质量的要求更高,如果服务质量出现问题造成顾客满意度下降,又没有采取措施及时解决时,有可能造成短时内会员离开的"雪崩效应",使俱乐部遭受致命打击。

二、市场营销策略优化

(一)定价策略

价格是马术俱乐部营销成败的关键因素之一,在市场营销中定价是较为困难的,既需要考虑成本又要考虑顾客对价格的接受能力,在马术服务产品定价时要充分考虑市场及顾客对产品的需求程度,以及与竞争对手产品的差异和优势,避免与竞争对手陷入相互压价的恶性循环。马术俱乐部作为服务企业要充分考虑其服务产品的差异化和专业化,针对不同服务产品采取不同的定价策略。如果是与竞争对手相比具有优势的主打产品,为了保证产品在市场中的优势,同时为俱乐部可持续发展创造更多利润,应将此类产品定价高一些;如果是与竞争对手相近的一般性产品,则定价应保持与同行业持平,以满足俱乐部产品的多样化。

(二)灵活运用促销策略

促销是马术俱乐部吸纳顾客进店消费的主要手段,促销的目的是取得并保持顾客对俱乐部服务产品的接受和认可。常见的马术俱乐部促销方式有以下几种。

1. 人员促销

销售人员亲自与消费者进行互动沟通,既可以面对面也可以采用电话、网络等媒介方式,俱乐部的人员促销主要是会籍顾问将潜在顾客引入俱乐部进行体验,让他们了解俱乐部及相关服务,这种促销的成功率较高。

2. 非人员促销

这种促销方式是通过广告、公共关系、营销宣传等方式实现的,俱乐部通过传播媒介向大量顾客传递俱乐部及服务产品信息,非人员促销可以有效地提高俱乐部的知名度。

三、竞争战略选择

马术俱乐部要想在行业发展中形成核心竞争力就必须着眼于竞争战略的选择。波特将竞争战略分为三类,它们的实质都是通过战略的实施以实现价值创新。波特的竞争战略包括:①总成本领先战略,这种战略强调的是产品功能不变,通过降低成本实现价值增值。②差异化战略,通过产品功能的创新来实现价值增值。③目标集中战略,强调将产品做精做强,既致力于成本的降低,又追求差异化战略,强调功能创新。

马术俱乐部的成本主要是固定成本,在俱乐部创建初期,场地、器材等投资较大,在俱乐部经营过程中员工工资、场馆租金、器材保养、水电等费用需求成本必不可少。总成本领先战略寻求的成本降低对俱乐部而言显然不可行。而差异化战略追求产品功能创新以实现价值增值显然适合商业性马术俱乐部塑造核心竞争力的需求。

马术俱乐部实施差异化战略是将俱乐部提供的产品和服务差异化,在行业内形成一些具有特殊优势的产品,以满足顾客个性化需求,从而形成俱乐部的竞争优势。马术俱乐部实施差异化战略有利于俱乐部形成竞争优势,俱乐部在同行业中所具有的优势产品有利于顾客对俱乐部的忠诚。顾客在选择产品时,因俱乐部所具有的特殊优势会在俱乐部服务产品定价方面给予支持,有利于俱乐部商谈价格时的主动性。

四、个性化课程开发

马术俱乐部的差异化战略实施主要体现在课程设置的不同,课程开发需要深入分析俱乐部的市场定位、核心客户的需求及俱乐部自身的优势。定位不同的俱乐部其顾客对课程的需求是不同的,如定位比较低的中小型俱乐部,顾客对课程的多样化和个性化要求较低,而定位较高的大型俱乐部,顾客要求则比较高,既要有多样化的课程供其选择,还要求课程适合自身条件,满足个性化需求。不同层次的俱乐部核心顾客也不同,课程开发同样要根据市场分析发现本俱乐部的核心客户是属于哪几个客户群体,针对核心客户开发具有俱乐部优势的课程。顾客具有个性化需求,而不同的课程也呈现出不同的特点,马术俱乐部课程的开发正在发生变化。

五、创新服务设计

在服务行业中,服务质量是体现企业管理水平的首要指标,也是与同行业竞争者区别的主要工具,马术俱乐部的差异化战略不仅体现在课程设计上,服务设计差异化同样能够增强俱乐部优势,体现俱乐部特色,创造更多的顾客价值。当前商业性马术俱乐部不仅课程设置相仿,服务也呈现出同质化趋势,各俱乐部提供的服务很难区分,顾客在选择俱乐部时很难通过服务的差异选择符合自己需求的俱乐部。在课程设置与服务设计同质化的市场环境下,价格成了俱乐部的主要竞争手段,这加剧了市场的恶性竞争,价格大战使行业发展前景不容乐观。

创新服务设计是马术俱乐部从满足顾客需求、实现顾客价值增值出发,在分析市场环境及竞争对手服务特点、调查核心顾客需求的基础上,结合俱乐部自身条件,设计与众不同的服务,塑造一条与竞争对手不同的、被核心顾客接受的价值曲线,以实现顾客价值增值。不同类型的马术俱乐部，其核心顾客的需求不同，俱乐部创新服务设计不是要在顾客需求差异方面寻求突破，而是要锁定核心顾客，针对核心顾客的共性需求进行服务设计。

马术俱乐部的服务设计一定要认真考虑几个问题：①本俱乐部的核心顾客是谁？②核心顾客选择本俱乐部主要看中哪些方面？③俱乐部可以削减哪些开支而不会影响自身服务质量？④俱乐部在核心顾客看中的哪些方面增加投入可以创造更多的利润？⑤俱乐部可以提供哪些核心顾客乐于接受而竞争对手不能提供的服务？马术俱乐部在明确以上五个问题的基础上，对现有的价值曲线进行有针对性的改造。

第三节 马术俱乐部营销管理趋势分析

一、部分马术俱乐部的高端化

此类俱乐部为大型集团法人、高层白领、社会显贵阶层服务，一般提供综合性较强的娱乐休闲设施，如豪华酒店、会议包租、高尔夫球场、温泉，此类马术俱乐部只需要缴纳会费，然后便可以享受专业高端的骑术专业指导、马匹日常保养、娱乐等服务。这类俱乐部一般都装潢豪华、设施考究、服务精细，大多数用于商务会议、公司聚会等。

二、马术俱乐部经营项目的多元化

马术俱乐部经营项目小到以骑乘为主的散养马场、以单项马术运动为主的俱乐部，大到马术文化主题公园，除了简单的马上休闲以外，俱乐部的经营项目走向多元化，利用马术运动场与城市公园的共性，通过科学、合理的马场设计，将两者功能融合，发挥不同作用，如举办嘉年华、派对、中小型赛事、马术用品展等。

三、马术俱乐部的职能分化

俱乐部的场地维护、马房管理、会籍营销、赛事组织管理都可以进行外包，这样各个环节专业性都会变强，且资源整合合理，并不断促进每一行业的规范化和优质化。如专业的咨询公司可以提供专业的国际性的马匹投资、养护管理、调查研究等咨询服务；专业成熟的赛事运营策划管理公司，对广告商、赞助商及媒体的成功运作可以扩大俱乐部举办马术赛事的影响力。

四、马术俱乐部发展的联盟化

马术俱乐部发展的联盟化是指马术俱乐部通过联盟的方式跨国合作,举办赛事,如国际纯血马锦标赛就设 14 个赛场,分别在不同的具有举办国际一级赛事资质的国家和地区举行。经 ISBC 获准纯血马登记具有身份证书的马匹可以顺利参加由 ISBC 及其成员国举行的赛事、拍卖。

五、马术俱乐部经营存在的瓶颈

马术作为"贵族运动"的一种,与其他体育项目相比,马术运动涉及马匹的繁育、饲养、进出口检验、日常护理及马具和骑士用品采购等众多环节,马术俱乐部自身的建设费用和日常运营成本十分高昂,实属高投入高回报。如今大多数马场是企业、财团运营的项目之一,作为企业的一张名片,并不单纯靠盈利,只是为企业本身提供一个更广泛的交流平台。

案例分析1

邦成马术俱乐部营销之道

邦成马术俱乐部成立于 2006 年,位于内蒙古自治区鄂尔多斯市达拉特旗,北与草原钢城——内蒙古最大的城市包头隔河相望,南接陕西北部重要的煤炭基地,处于内蒙古经济最发达的"呼包鄂"金三角腹地。该区不但自然资源丰富,一向以"扬眉吐气"(羊绒、煤炭、矿土、天然气)著称,且交通条件便利,紧邻包西、包胜等高速公路,距离鄂尔多斯和包头机场都较近,更重要的是还拥有深厚的马文化基础。

为了满足开展大型马文化赛事表演的需求,邦成马术俱乐部还专程从欧美购置了各类竞赛马和表演马。2012 年初俱乐部派出几批育马专家分头奔赴美国西部各大农场,经过一个多月奔波辗转和精心挑选,最终确认购置 67 匹夸特马。同时,邦成马术俱乐部还派专人赴欧洲挑选合适成熟的表演马匹,最终购置 11 匹葡萄牙卢西塔诺马和西班牙安达卢西亚马,为了调教和养护马匹,邦成马术俱乐部重金聘请了全国一流的养马、育马和赛马培训技术团队,包括专业的兽医、育马师、驯马师和马术教练共 30 余人。与国内同行相比,俱乐部的专业团队在马匹伤病治疗、饲料配比、育马以及马匹调教方面均处于领先水平,每年都有大批的爱马人士专程前来牧场参观学习和接受马术训练。在专业技术团队的指导下,俱乐部在休闲骑乘、速度赛马、马术项目等赛事方面也崭露头角,并曾荣获多项全国及地方赛事的奖项。

俱乐部通过马术会所经常性地举办各类骑术学习班,让更多的骑乘爱好者掌握和提高骑术水平；组织会员进行骑术比赛，为会员提供相互交流学习、共同切磋技艺、不断提高骑术的机会；开展会员马匹寄养、认养优质马匹业务，竭尽全力养护好会员的马匹；及时提供业内最新信息及资料，让会员及时了解、掌握现代马术的发展动向。如今的邦成马术俱乐部已经逐渐成为当地马术爱好者和高端人士休闲娱乐的最佳去处。

2011年8月，邦成牧场联手鄂尔多斯市人民政府、《马术》杂志共同举办了首届鄂尔多斯国际马文化节，活动以"传承马背文化，体验绿色休闲"为主题开展各项马术赛事，包括英式障碍、美式绕桶、阿根廷马球、葡萄牙古典马术，以及盛装舞步、工作骑乘、速度赛马等，表演异彩纷呈，这也是国内迄今规模最大的国际马术盛宴。来自英国、葡萄牙、加拿大、澳大利亚、巴西等国家和地区的56位世界马术高手参与了此次马术盛宴，分属19个品种的120多匹国际名马在马文化节上隆重亮相。

首届鄂尔多斯国际马文化节的成功举办，不但受到当地群众和政府领导的交口称赞，也因此获选人民网2011年度十大最受关注节会，共同获选该荣誉的还有金鸡百花电影节、哈尔滨国际冰雪节、青岛国际啤酒节等国内著名节庆，而这也是全国诸多与马相关的各类表演和竞赛活动首次获此殊荣。

首届鄂尔多斯国际马文化节丰富了当地人民的生活，也打造了一张鄂尔多斯马文化的金名片，同时利用马文化节聚集人气、带动旅游产业发展、改善投资环境，吸引更多各地精英来内蒙古地区投资发展。首届鄂尔多斯国际马文化节也为2012年第二届国际马文化节的开展奠定了良好基础，鄂尔多斯国际马文化节将成为邦成马术俱乐部的一个长期品牌，在文化产业的大繁荣中不断发展壮大。

思考与讨论：通过本案例，试分析邦成马术俱乐部成功的要点，并由此总结马术俱乐部营销策划的具体途径。

案例分析2

温州凯易路马术俱乐部营销管理

温州凯易路马术俱乐部成立于1996年，原名"温州市立峰马术俱乐部"。俱乐部坐落于浙江省温州市瓯海区丽岙镇，占地68000平方米，建有国际标准的室内训练馆、室外调教圈、室外练马场、长度为1000米的三项赛训练场地、三座马房，以及停车场、接待服务大厅、餐厅、客房、大堂吧、棋牌室、烧烤场地等配套设施，另在泰顺县建有一个温血种马繁殖基地，俱乐部现有良马90余匹，各类管理、服务与技术人员25名，注册会员100多人。

围绕马匹，凯易路马术俱乐部推出了一系列经营项目，包括基本骑乘、马术培训、马匹的寄养与领养、马匹与马具的销售、马匹与场地的租借、马匹配种、礼仪服务等。鉴于并非每位来到俱乐部的顾客（尤其是随会员同来的亲友）都有兴趣或能力体验骑乘，而且即使是为骑马而来的顾客，也会有其他需求，因此凯易路还利用会所等设施，提供住宿、餐饮、烧烤、棋牌、娱乐、会务等服务。这样的多元化经营可以照顾到顾客多方面的需求,吸引更广泛的群体,创造更多的盈利渠道。

宣传与营销对于马术俱乐部这样的服务型企业而言尤为重要。凯易路深谙于此,除了与浙江省体育局合作共建浙江省马术队外,还通过组织马术体验活动和赛事来加强宣传,通过利用马匹和马车提供婚庆等礼仪服务来拉近与民众的距离。在产品营销方面,俱乐部针对不同的消费群体制订了不同的收费标准和服务套餐,不仅有专门为女性骑马者设计的"丽人骑乘卡",也有为青少年设计的"马术夏令营",通过对客户的细分照顾到各个群体的需求,从而让更多的人参与到马术休闲中来。

俱乐部能取得这样的成绩还有赖于其地缘上的优势。凯易路依托的温州尽管只是一个地级市,但温州地处沿海,对外交流活跃,经济发达,民众思想开放,乐于接受新生事物,因此"敢为天下先"的温州人成为国内最早接受马术的人群之一,何况温州孕育了大量财力雄厚的私营企业主,完全具备消费休闲马术的经济实力。此外,数以百万的温州人在海外创业、生活(仅俱乐部所在的丽岙镇就有旅居海外的华侨、华人24000多人),多数分布在马术休闲最为发达的西欧诸国,其中一部分人在耳濡目染之余爱上这一休闲运动并将此风带到国内也在情理之中。事实上,每到暑假就会有很多的温州侨胞带着自己的小孩回乡探亲度假,而这些小华侨正是俱乐部暑期最主要的顾客群体。

思考与讨论:通过本案例,试分析温州凯易路马术俱乐部营销管理的具体做法及启示作用。

复习思考题

1. 何谓马术俱乐部营销管理?
2. 马术俱乐部营销管理渠道有哪些?
3. 马术俱乐部营销管理的功能有哪些?
4. 试述马术俱乐部营销的价值。
5. 试分析马术俱乐部营销管理的趋势。

(吴　钟)

参考文献

[1] 彭立群,徐乐,王强.我国马术运动发展研究[J].体育文化导刊,2010,(3):50-53.

[2] 林厚儒.中国马术运动[J].体育文化导刊,1987,(4):70-71.

[3] 于建涌.国际马术运动简史[J].体育文化导刊,1991,(3):78-79,71.

[4] 安小光,曹竟成.淮海经济区马术俱乐部现状调查与发展对策研究[J].运动,2012,(21):131-133.

[5] 李想,夏云建.现代马术俱乐部的特点及发展趋势[J].武汉商业服务学院学报,2013,27(2):5-8.

[6] 管慧香.中国马术发展的困境及前景研究[J].辽宁体育科技,2013,35(4):13-15.

[7] 杨跃之.管理学原理[M].北京:人民邮电出版社,2012.

[8] 冯拾松,赵红英.管理学原理[M].3版.北京:机械工业出版社,2015.

[9] 理查德·L.达夫特.管理学原理[M].北京:机械工业出版社,2012.

[10] 喻晓玲,马琼.管理学原理[M].长沙:湖南大学出版社,2010.

[11] 斯蒂芬·P.罗宾斯.管理学[M].北京:中国人民大学出版社,2012.

[12] 李金梅,李重申.丝绸之路体育图录[M].兰州:甘肃教育出版社,2008.

[13] 张亮,王明旭.管理学基础[M].北京:人民卫生出版社,2006.

[14] 余凯成,程文文,陈维政.MBA人力资源管理[M].3版.大连:大连理工大学出版社,2006.

[15] 人力资源经理杂志社.人力资源管理实务及案例[M].广州:中山大学出版社,2001.

[16] 秦志华.人力资源的开发与管理[M].北京:经济管理出版社,1997.

[17] 丁心基,岳中刚.知识经济时代人力资源管理模式的新趋势——美国、日本人力资源管理模式比较分析[J].北方经贸,2003,(8):106-107.

[18] 韩建立.实施基于胜任力的企业员工培训[J].继续教育,2003,(2):28-29.

[19] 时勘,王继承,李超平.企业高层管理者胜任特征模型评价的研究[J].心理学报,2002,34(3):306-311.

[20] 杨东涛,朱武生.基于胜任力的人力资源管理研究[J].中国人力资源开发,

2002,(9):8-10.

[21] 邹秀明.成功企业人力资源管理制度范例[M].广州:广东经济出版社,2002.

[22] [美]西奥多·舒尔茨.报酬递增的源泉[M].北京:北京大学出版社,2001.

[23] 孙彤.组织行为学教程[M].北京:高等教育出版社,1990.

[24] 黎毅,齐灶娥,李建良.财务管理[M].大连:东北财经大学出版社,2015.

[25] 宋传联,陆丝,于蕾.财务管理[M].北京:机械工业出版社,2013.

[26] [美]斯蒂芬·A.罗斯,等.公司理财[M].6版.吴世农,等译.北京:机械工业出版社,2005.

[27] [美]斯蒂芬·A.罗斯,等.公司理财精要[M].2版.张建平译.北京:人民邮电出版社,2003.

[28] [美]詹姆斯·C.范霍恩,等.现代企业财务管理[M].10版.郭浩,等译.北京:经济科学出版社,1998.

[29] 中国注册会计师教育教材编审委员会.财务管理[M].2版.北京:中国财政经济出版社,2002.

[30] 傅元略.财务管理[M].厦门:厦门大学出版社,2003.

[31] 林涛.客户服务管理[M].北京:中国纺织出版社,2002.

[32] 洪冬星.客户服务管理工具大全[M].北京:人民邮电出版社,2014.

[33] 马学召.客户服务管理实操细节[M].广州:广东经济出版社,2006.

[34] 石伟.组织文化[M].上海:复旦大学出版社,2004.

[35] 王若军,雷高岭.组织文化:传承与创新[M].北京:人民日报出版社,2016.

[36] 杨继瑞,薛晓,汪锐."互联网＋"背景下消费模式转型的思考[J].消费经济,2015,31(6):3-7.

[37] 黄善南.基于JSP健身俱乐部信息管理系统的设计与实现[D].长春:吉林大学,2014.

[38] 寇健忠.体育风险管理研究导论[J].咸宁学院学报,2010,30(9):126-127.

[39] 林健聪.四川省户外运动安全管理体系研究[D].成都:成都体育学院,2012.

[40] 李俊,凌洁.户外运动俱乐部活动组织的风险管理操作程序研究[J].浙江体育科学,2008,30(3):13-16.

[41] 陶宇平.登山户外运动风险管理研究[J].四川体育科学,2012,(3):5-8.

[42] 向治霖.马术俱乐部乱象调查[J].方圆,2016,(5):50-53.

[43] 王梓旭.辽阳市户外运动行业风险调研报告[D].大连:大连理工大学,2012.

[44] 刘秀英,苏志霞,吴智育.绩效管理[M].杭州:浙江大学出版社,2011.

[45] 李宏权,靳厚忠.商业体育俱乐部绩效管理研究——基于平衡记分卡(BSC)视角[J].网络财富,2010,(12):49-50.

[46] 彭剑锋.人力资源管理概论[M].上海:复旦大学出版社,2008.

［47］凯勒.战略品牌管理［M］.卢泰宏,吴水龙,译.北京：中国人民大学出版社,2009.

［48］周云,姚歆,徐成响.品牌管理［M］.北京：经济管理出版社,2013.

［49］吕瑛.品牌管理［M］.北京：北京邮电大学出版社,2011.

［50］郑佳.品牌管理［M］.杭州：浙江大学出版社,2010.

［51］陈祝平.品牌管理［M］.北京：中国发展出版社,2005.

［52］刘毅,何炼成.会员制体育健身俱乐部的营销管理及发展趋势［J］.安徽商贸职业技术学院学报,2006,17(5):27-29,33.

［53］吕金.价值链管理提升商业性健身俱乐部核心竞争力的研究［D］.北京:北京体育大学,2010.

［54］康洁.成都市商业健身俱乐部价值链管理研究［D］.成都:四川大学,2007.

［55］王璐.我国商业健身俱乐部服务营销的研究［D］.成都:四川大学,2005.

［56］佟宁.S商业健身俱乐部营销方案设计［D］.长春:吉林大学,2016.

［57］迈克尔·波特.竞争战略［M］.陈小悦,译.北京:华夏出版社,2005.